本书获得中国社会科学院大学中央高校基本科研业务费新文科后期出版资助项目经费支持，谨以致谢！

中国社会科学院大学文库

新技术革命下的全媒体运营

王凯山 陈 迟 著

中国社会科学出版社

图书在版编目（CIP）数据

新技术革命下的全媒体运营 / 王凯山，陈迟著．—北京：中国社会科学出版社，2022. 8

（中国社会科学院大学文库）

ISBN 978-7-5227-0382-4

Ⅰ．①新… Ⅱ．①王…②陈… Ⅲ．①传播媒介—运营管理 Ⅳ．①G206. 2

中国版本图书馆 CIP 数据核字（2022）第 109996 号

出 版 人	赵剑英
责任编辑	张 玥
责任校对	郝阳洋
责任印制	戴 宽

出 版	中国社会科学出版社
社 址	北京鼓楼西大街甲 158 号
邮 编	100720
网 址	http://www.csspw.cn
发 行 部	010-84083685
门 市 部	010-84029450
经 销	新华书店及其他书店

印 刷	北京明恒达印务有限公司
装 订	廊坊市广阳区广增装订厂
版 次	2022 年 8 月第 1 版
印 次	2022 年 8 月第 1 次印刷

开 本	710×1000 1/16
印 张	14. 5
插 页	2
字 数	239 千字
定 价	79. 00 元

凡购买中国社会科学出版社图书，如有质量问题请与本社营销中心联系调换

电话：010-84083683

总　序

张政文*

恩格斯说："一个民族要想站在科学的最高峰，就一刻也不能没有理论思维。"人类社会每一次重大跃进，人类文明每一次重大发展，都离不开哲学社会科学的知识变革和思想先导。中国特色社会主义进入新时代，党中央提出"加快构建中国特色哲学社会科学学科体系、学术体系、话语体系"的重大论断与战略任务。可以说，新时代对哲学社会科学知识和优秀人才的需要比以往任何时候都更为迫切，建设中国特色社会主义一流文科大学的愿望也比以往任何时候都更为强烈。身处这样一个伟大时代，因应这样一种战略机遇，2017 年 5 月，中国社会科学院大学以中国社会科学院研究生院为基础正式创建。学校依托中国社会科学院建设发展，基础雄厚、实力斐然。中国社会科学院是党中央直接领导、国务院直属的中国哲学社会科学研究的最高学术机构和综合研究中心，新时期党中央对其定位是马克思主义的坚强阵地、党中央国务院重要的思想库和智囊团、中国哲学社会科学研究的最高殿堂。使命召唤担当，方向引领未来。建校以来，中国社会科学院大学聚焦"为党育人、为国育才"这一党之大计、国之大计，坚持党对高校的全面领导，坚持社会主义办学方向，坚持扎根中国大地办大学，依托社科院强大的学科优势和学术队伍优势，以大院制改革为抓手，实施研究所全面支持大学建设发展的融合战略，优进优出、一池活水，优势互补、使命共担，形成中国社会科学院办学优势与特色。学校始终把立德树人作为立身之本，把

* 中国社会科学院大学党委常务副书记、校长、中国社会科学院研究生院副院长、教授、博士生导师。

思想政治工作摆在突出位置，坚持科教融合、强化内涵发展，在人才培养、科学研究、社会服务、文化传承创新、国际交流合作等方面不断开拓创新，为争创“双一流”大学打下坚实基础，积淀了先进的发展经验，呈现出蓬勃的发展态势，成就了今天享誉国内的“社科大”品牌。“中国社会科学院大学文库”就是学校倾力打造的学术品牌，如果将学校之前的学术研究、学术出版比作一道道清澈的溪流，“中国社会科学院大学文库”的推出可谓厚积薄发、百川归海，恰逢其时、意义深远。为其作序，我深感荣幸和骄傲。

高校处于科技第一生产力、人才第一资源、创新第一动力的结合点，是新时代繁荣发展哲学社会科学，建设中国特色哲学社会科学创新体系的重要组成部分。我校建校基础中国社会科学院研究生院是我国第一所人文社会科学研究生院，是我国最高层次的哲学社会科学人才培养基地。周扬、温济泽、胡绳、江流、浦山、方克立、李铁映等一大批曾经在研究生院任职任教的名家大师，坚持运用马克思主义开展哲学社会科学的教学与研究，产出了一大批对文化积累和学科建设具有重大意义、在国内外产生重大影响、能够代表国家水准的重大研究成果，培养了一大批政治可靠、作风过硬、理论深厚、学术精湛的哲学社会科学高端人才，为我国哲学社会科学发展进行了开拓性努力。秉承这一传统，依托中国社会科学院哲学社会科学人才资源丰富、学科门类齐全、基础研究优势明显、国际学术交流活跃的优势，我校把积极推进哲学社会科学基础理论研究和创新，努力建设既体现时代精神又具有鲜明中国特色的哲学社会科学学科体系、学术体系、话语体系作为矢志不渝的追求和义不容辞的责任。以“双一流”和“新文科”建设为抓手，启动实施重大学术创新平台支持计划、创新研究项目支持计划、教育管理科学研究支持计划、科研奖励支持计划等一系列教学科研战略支持计划，全力抓好“大平台、大团队、大项目、大成果”等“四大”建设，坚持正确的政治方向、学术导向和价值取向，把政治要求、意识形态纪律作为首要标准，贯穿选题设计、科研立项、项目研究、成果运用全过程，以高度的文化自觉和坚定的文化自信，围绕重大理论和实践问题展开深入研究，不断推进知识创新、理论创新、方法创新，不断推出有思想含量、理论分量和话语质量的学术、教材和思政研究成果。“中国社会科学院大学文库”

正是对这种历史底蕴和学术精神的传承与发展，更是新时代我校“双一流”建设、科学研究、教育教学改革和思政工作创新发展的集中展示与推介，是学校打造学术精品，彰显中国气派的生动实践。

“中国社会科学院大学文库”按照成果性质分为“学术研究系列”“教材系列”和“思政研究系列”三大系列，并在此分类下根据学科建设和人才培养的需求建立相应的引导主题。“学术研究系列”旨在以理论研究创新为基础，在学术命题、学术思想、学术观点、学术话语上聚焦聚力，注重高原上起高峰，推出集大成的引领性、时代性和原创性的高层次成果。“教材系列”旨在服务国家教材建设重大战略，推出适应中国特色社会主义发展要求，立足学术和教学前沿，体现社科院和社科大优势与特色，辐射本硕博各个层次，涵盖纸质和数字化等多种载体的系列课程教材。“思政研究系列”旨在聚焦重大理论问题、工作探索、实践经验等领域，推出一批思想政治教育领域具有影响力的理论和实践研究成果。文库将借助与中国社会科学出版社的战略合作，加大高层次成果的产出与传播。既突出学术研究的理论性、学术性和创新性，推出新时代哲学社会科学研究、教材编写和思政研究的最新理论成果；又注重引导围绕国家重大战略需求开展前瞻性、针对性、储备性政策研究，推出既通“天线”、又接“地气”，能有效发挥思想库、智囊团作用的智库研究成果。文库坚持“方向性、开放式、高水平”的建设理念，以马克思主义为领航，严把学术出版的政治方向关、价值取向关与学术安全关、学术质量关。入选文库的作者，既有德高望重的学部委员、著名学者，又有成果丰硕、担当中坚的学术带头人，更有崭露头角的“青椒”新秀；既以我校专职教师为主体，也包括受聘学校特聘教授、岗位教师的社科院研究人员。我们力争通过文库的分批、分类持续推出，打通全方位、全领域、全要素的高水平哲学社会科学创新成果的转化与输出渠道，集中展示、持续推广、广泛传播学校科学研究、教材建设和思政工作创新发展的最新成果与精品力作，力争高原之上起高峰，以高水平的科研成果支撑高质量人才培养，服务新时代中国特色哲学社会科学“三大体系”建设。

历史表明，社会大变革的时代，一定是哲学社会科学大发展的时代。当代中国正经历着我国历史上最为广泛而深刻的社会变革，也正在进行着人类历史上最为宏大而独特的实践创新。这种前无古人的伟大实践，必将给理论创造、学术繁荣提供强大动力和广阔空间。我们深知，科学研究是永无止境的事业，学科建设与发展、理论探索和创新、人才培养及教育绝非朝夕之事，需要在接续奋斗中担当新作为、创造新辉煌。未来已来，将至已至。我校将以“中国社会科学院大学文库”建设为契机，充分发挥中国特色社会主义教育的育人优势，实施以育人育才为中心的哲学社会科学教学与研究整体发展战略，传承中国社会科学院深厚的哲学社会科学研究底蕴和40多年的研究生高端人才培养经验，秉承“笃学慎思明辨尚行”的校训精神，积极推动社科大教育与社科院科研深度融合，坚持以马克思主义为指导，坚持把论文写在大地上，坚持不忘本来、吸收外来、面向未来，深入研究和回答新时代面临的重大理论问题、重大现实问题和重大实践问题，立志做大学问、做真学问，以清醒的理论自觉、坚定的学术自信、科学的思维方法，积极为党和人民述学立论、育人育才，致力于产出高显示度、集大成的引领性、标志性原创成果，倾心于培养又红又专、德才兼备、全面发展的哲学社会科学高精尖人才，自觉担负起历史赋予的光荣使命，为推进新时代哲学社会科学教学与研究，创新中国特色、中国风骨、中国气派的哲学社会科学学科体系、学术体系、话语体系贡献社科大的一份力量。

献给我的母亲李军女士*

---

* 这本书融汇了本人王凯山的博士学位论文部分内容，经合作者陈迟同意，谨以此书献给我的母亲李军女士。

序

《新技术革命下的全媒体运营》是一本综合了理论研究成果和实践经验总结的学术著作，其创新性较为突出，对当今时代纷繁复杂的媒介现象具有系统性的整合与深度的研究，其中对全媒体实践研究，尤其在全媒体教学实践研究方面体现出了一定的创新性。最后总结部分，打造全媒体的研究发现与建议，体现出对于媒介发展趋势的洞察，对于全媒体人才的重视，对于全媒体运营中用户价值的强调，以及在新媒介技术背景下全媒体运营思路的探索和理解，都具有较为深入的思考和实践总结。

在纷繁复杂、快速变化的互联网时代，该书从传统媒体分类入手，进一步探究互联网如何转型，并借鉴国内外的先进经验进行深度探索，从媒体转型成败的结果入手，分析出全媒体时代的内容运营不应该只强调专业属性和制作环节，更应该用产品化思维来挖掘技术的潜力。通过对现阶段成功的互联网媒体运作方式的深度剖析，分析其关注用户的思维，在全媒体的运营方式上融入针对本土用户的互动，并建立服务意识；通过对互联网运营模式的深度分析，结合传统媒体的运营方式，提出以突出互联网时代特征创新人才管理和结构方式，作为驱动全媒体发展的动力，来凸显人才的价值。在此基础上，作者进一步整理出在全媒体发展轨迹和趋势方面，需要从管理层到执行层和用户层之间建立一种“媒介互动、意识共通、产品共融”的普遍共识，并在理解媒介生态变化规律的基础上规划媒体融合与生态的执行路线，以达到对传统媒体转型引导，理论创新，挖掘和提升全媒体运营效率的作用。

该书的研究成果从媒体的传统分类标准着手，对信息载体的业务形态进行分类，对其线性的客观发展逻辑推演，有助于更好地理解从传统媒体到全媒体的进化路径。同时，按照主流新媒体业务的发展逻辑进行非线性的综合分析，兼顾了媒介发展的多重可能性，并重点挖掘了支撑发展路线背后的新媒介技术逻辑。因而，该书是一本在媒介环境快速变化阶段具有路标和指引作用的学术成果。同时，鉴于其研究领域覆盖到广大网络用户的媒介素养和有着时代标志性的媒介现象，因而具有广泛的社会意义和丰富媒介运行认知的作用。该著作的面世将对于社会大变革时期，深度理解媒介技术快速发展以及复杂社会媒介现象提供了有价值的分享与有意义的指导。

本书对于业内学者、媒体和自媒体从业者以及对全媒体感兴趣的用户来说，是一本兼具实践价值和理论价值的重要著作。然而鉴于媒介生态环境的快速变迁和媒介技术的飞速发展，全媒体在内容生产、用户媒介使用习惯和素养、运营模式等多层面也日益丰富，为能保持该书主题的理论创新性和实践应用前沿性，建议作者对有影响的社会媒体现象和前沿媒介技术持续关注，以便不断丰富和完善全媒体理论体系，力求探索出有中国特色的全媒体建设和发展路线，为国家的经济建设和传媒行业的健康发展做出更多学术贡献。

胡正荣

2022 年 2 月

前　言

媒介融合是西方学者基于对媒介技术发展跟踪研究后提出的全新概念。目前为止，在文献中首次提出这个学术新知的是伊契尔·索勒·普尔(Ithiel De Sola Pool)①。他在1983年的文章中写道，网络为媒介的合而为一提供了可能，即各类传统媒介经过网络的改造具备了同一类的互联网基因。这种颇具工具理性的提法凸显了研究的重点，相比之下并未将具体的媒体机构（涵盖新闻从业者）研究以及受众研究置于更为显著的地位。

媒体融合概念的提出与发展和我国的国情紧密相连。我国的新闻事业具有鲜明的特色：宣传部门及其管理的新闻机构是党的事业的重要组成部分，作为党的“喉舌”，其承担着宣传党的思想、鼓舞人民群众的重任。媒体融合的概念最早于2005年被引入中国，2014年习近平总书记提出了推动传统媒体和新兴媒体融合发展②。在媒介融合实践过程中，一方面努力追求和适应技术改变带来的媒介形态的嬗变；另一方面也表明，当前的媒体发展现状并没有达到党所期待的发展状况，并未实现传统主流媒体既定的改革目标。因此媒体融合的提出，意味着在强化传统媒体内容生产的优势的同时，依托技术发展带来的传播效能的提升，加大平台的传播力度，来实现推动传统媒体的改革，提升主流媒体的舆论引导能力。进一步解读，可以理解为在保障传统媒体机构的资产不流失、人才队伍稳定的同时，一方面寄希望于原有人员接受新媒体的生产逻辑、转换新闻生产思维，追上新媒体的发展步伐；另一方面也力图通过吸纳更多的适应新媒体

---

① 伊契尔·索勒·普尔，美国马萨诸塞州理工大学教授。

② 参见《习近平关于全面建成小康社会论述摘编》，中央文献出版社2016年版，第117页。

产业发展所需的人才，实现换道超车、跨越式发展。媒体融合选择的发展路径是鼓励传统媒体立足于既有的口碑以及专业特长，利用新媒体开辟更多的新闻端口，以更为小众化的内容和特色优势，吸引细分后的特定人群，以社区的方式或者垂直社区的形式让不同的人群接触到喜闻乐见的内容，从而对这些媒体产生黏性，继而接受新型主流媒体的宣传与引导工作。这里的社区媒体可以理解为某个社区的公号，同样可以理解为县域的微信公众号或者媒体公号，乃至进化为今天市县区域的融合媒体中心；而垂直媒体，则以特定的国际政治、财经特色等牢牢吸引对应的用户群体，今天人民日报系的侠客岛、麻辣财经等就是以特定的内容赢得了广泛的关注。

如今，媒体融合经过长时间的发展，已经实现了可视化、社交化和移动化的转变，而架构上也能够实现从中央到省、市、县多级融媒体平台的拓展，并形成了一系列有应用价值和服务能力的具体模块，其功能也逐步地突破了传统以新闻和节目为特色的内容生产，延伸至以信息服务和多模块融合的各个领域之中，从而能够给媒体融合带来更加广泛的整合空间和发展空间。同时，伴随着媒介技术的进步和国家对于媒介技术重要性的不断强调，也进一步加大了媒体对于媒介技术的认知和影响力的学习，进一步地提升了媒介技术在应用层面的创新和价值。

在媒体技术方面，人工智能已经呈现出专业化、场景化的应用方式，互联网科技巨头已大举进入传媒领域，并且利用高效的传播技术来扩大自己的社会影响、制造舆论，促进商业的发展。与此同时，传统的主流媒体包括人民日报社、新华社、中央广播电视总台也纷纷加入人工智能，并且逐步积累相关的经验，以应对时代发展的挑战。除此之外，在传统的内容生产环节有许多新的形式，包括机器写作、虚拟主播可视化、数据新闻等，基于智能分发系统实现个性化推荐已经成为基础应用和主流模式，而在图像识别方面，已经能够通过机器对海量内容实现内容识别风险控制。

除此以外，我们对于传统信息流动的认知可以更加精确。借助计算机可以大量处理媒介用户的反馈数据和海量信息，从而更清楚地理解信息从生产到传播的路径和效果。在商业领域，传统的媒体和企业都在借助智能分发系统、智能内容生产系统以及智能监测系统，来实现自己影响力的扩大化，并通过精准营销，个性推荐、持续追踪，从而提高营销的效果，应对时代的挑战和提升自己的媒介素养和竞争力。

以上种种的应用方式还可以结合新的技术手段进行调整。伴随着5G的普及、大数据、云计算的充分应用，传播的内容和形式将会发生巨大的改变，推荐和对用户的理解研究，以及交互性的应用和体现也将会与以往的主流传播模式有巨大的不同。因此，对于新技术的观察和应用形式的创新，最终将会持续地改进和提升媒介融合的竞争力，并拓宽媒介融合的主要路径。

面对这样的一个竞争的媒体市场进行媒体融合，也许应该更快地实现跨形式、跨媒介融合，重塑媒体产品生产的流程。围绕新的网络传播手段，通过对媒体用户深度洞察，结合新的技术应用，以创造有影响力的传播产品，从而对媒体融合主流媒体的转型升级和创新发展产生强有力的规范和引导作用。

一　全媒体建设的关键环节和要点

全媒体建设要取得全面发展，首先，要从传统的媒体内容生产流程开始。2008年，烟台日报传媒集团率先提出“需要培养全媒体记者”的理念；从2014年开始，南方都市报社开展了规模宏大的“全媒体无处不在”的探索：要在理念上秉持互联网思维，而这在本质上是以新技术为基础，强调用户体验，以用户为中心，提供优质产品和服务的一种方式。其次，要在功能上加强服务。通过对传统媒体的技术升级，建立起能够提升对群众的引导服务，将基于舆论引导的能力转变成为服务的能力，从而进一步提升主流媒体的社会影响力。为了挖掘全媒体潜力、媒介融合的充分建设和可持续发展，我们还需要注意以下的资源和内容，从而能够更好地实现媒介融合的有效提升和可持续发展。

第一，人才。需要大量跨专业、多元化的人才队伍。对于人才的需求遍布媒体融合的多个领域，但在不同时代和不同环境下对于人才的需要是不一样的。在传统媒体的主流时代，我们需要记者和编辑这种分工明确且有不同专业技能的工种；在如今的融媒体时代，我们需要的不只是单纯的信息搜集、加工和分发这样分类的专门化人才，更需要的是一些在策划设计、信息加工、资源整合、媒介运营等多个领域都能够体现出特质的人才，以便于更加适应这个快速变化的融媒体环境。

第二，资金。传统媒体的资金来源大多与其承担的社会责任有关。一方面肩负着弘扬真善美，塑造健康的娱乐和文化环境的职能；另一方面作为党和国家的喉舌，也承担着舆论宣传和引导的职责。同时由于传统媒体具有明显的优势，因此只需要实现相关联的内容制作和生产，即可实现对广大受众进行教育和信息服务的功能。但是，市场化环境下的融媒体，不仅要实现其原有的舆论引导功能和作用，而且还需要在信息过载的市场环境下，与商业媒体进行竞争，更好地适应被互联网媒体培养出来的广大用户，从而在运营和跨领域融合方面进行深度的改革。因此所需要的资金，并不仅仅局限于内容生产和推广方面的资金，而是需要在更大程度上适应商业媒体的运营规律以及对于充裕资金的普遍需求。

第三，商业模式。多元化的商业模式能够更好地引领服务并将其渗透到生活之中。对于媒介用户来说，在现在的背景下具有更多的可能性能够与应用的场景去做融合，也就意味着能够更大限度地走进用户的生活，从而提升对其影响力。因此，伴随着对生活的渗透，多元化的商业模式也必然具有全方位的影响力。通过引领服务提升对网络应用的影响，是一条正在发展的道路。建立在互联网技术上的新媒体探索，是面向媒体发展必须进行的持续性研究，一方面可以让我们更好地保持一种对于新技术的敏感；另一方面可以让我们能够更好地拓展基于新技术的创新应用，从而能够更好地实现新技术的创新性发展。

第四，技术。传统媒体在面对互联网新技术的冲击时，往往应接不暇。而通过对传统媒体的融媒体改造形成的新型媒介融合，也需要在技术方面给予一定的保障。事实上对于大多数人而言，除了需要有适应时代节奏的内容之外，还需要在内容的生产、制作方面，更多地考虑到新技术的新特性，更充分地应用这些独特的技术特征，从而能够制作出让人眼前一亮的新媒体产品。

第五，业务领域。从新闻媒体拓展到服务领域，传统媒体向融媒体转型的一大特点就是要与媒介用户的需求相互结合，从而将传统媒体的信息服务拓展到日常生活的功能性需求中，进一步提升业务与融媒体环境的匹配程度。因而，传统媒体的业务在融媒体发展的领域中，应该有更大程度的提升，需要对其进行深入分析，使其在新的媒介环境中成为广大用户所使用的一种产品形式。

第六，内容。全媒体时代的内容呈现将是划时代的。传统媒体时代的信息传递是片断的、零碎的，难以满足用户对内容完整的持续性需求。相比沉浸式、场景化的以直播为常态的报道方式与内容，元宇宙横空出世填补了人们对有价值内容的深度渴求，以 VR、AR 为出发点的内容打造将成为趋势。

二　电商模式逐渐适应新媒体营造创新传播方式

阿里妈妈是基于为“淘宝网”的卖家服务而打造的营销平台，通过对短视频和淘宝网上面内容的架构、研究、分析，进一步推出新的工作和营销方式；同时通过电商平台所提供的社交媒体和相关媒介平台，更好地推动人们对于商品的认知，以促进传播的效果。从以上案例中我们能够看到，新媒体技术的快速迭代带来了整个媒介生态的快速进步和发展。

不同视频平台的快速发展，让大家都认为目前的短视频和直播是如日中天的技术形式，也逐渐地催生出许多新的技术平台。因而，视频这种信息的表达形式正在快速发展。自从网络视频这种技术形式作为一个新的赛道产生，也就意味着会有更多的社交活动、营销活动、商业活动正在从传统的以图片和文字为主要表现形式的内容架构方式进行深度的转译，转变成以长视频、中视频、短视频、直播等多种形式作为主要载体，实现商业变现以及娱乐和信息传递的大迁徙。在前期的过程中将会产生一些新的商业模式，这意味着未来发展的空间和转变的方向，更倾向于这些新的模式。资本加持了新技术之后，人们对于这种新兴的事物倾注了更多的热情，而且用户在商业领域也有了积极的反馈和良好的认知。

有些时候，不同长度的视频形式，也意味着存在不同题材、不同深度的内容，而短视频之所以能够成为一种备受欢迎的应用形式，还是在于其更高的传播效率和更有冲击力的表达方式，这也是互联网这种基础架构和带宽的更新和改变。

对于电商来说，直播缩短了供应链，加快了信息反馈的速度和质量，使得按需定制成为一种可能。人们对于产品的认知和迭代生产，也逐渐成为一种独特的现象。大多数时间里，直播作为一种技术手段，不仅能够为传统的娱乐进行赋能，从而改变娱乐的样态并升级成去中心化的社交关系；同时也能够为传统的电商赋能，在电商选择的过程中，能够赋予品牌商和广告商以更多的引导和销售，并在与短视频充分链接的同时，也能更好地实现传统电商的升级和改造。在直播生态较为成熟的区域，我们还能够看到许多直播达人能够聚集起较多的用户和需求，从而能够在产品的研发、设计、品牌、物流和售后等诸多领域给出更多的建议和引导，从而深化整个电商局部生态的变革。

三 媒介生态改变拓宽了媒介融合研究的范围

事实上，根据业界最近所作出的一系列发展规划来看，新媒体的主要功能已经开始从传统的信息和娱乐，转移到了电商和广告领域。这意味着互联网的信息服务直接与商业进行了链接，诞生了新的商业模式，并对传统的商业模式进行了深度的替代，同时在传播效率上有了大幅度地提升。商业上的演进和迭代则是建立在信息技术快速进步的前提和基础上，相对于传统的内容形式而言，以短视频和智能分发技术作为新的突破口，传统的内容生产收集和分发与新媒体的运营存在几个较大的不同：

（一）在信息的分发模式上，相较于传统媒体按部就班地先采集后发布，互联网经历了从编辑、搜索、社交、算法推荐的不同阶段。同样，新媒体的传播方式是基于信息技术在某些领域里重要的进步，进而能够实现信息生产和传播模式的较大改变；

（二）在用户行为领域，相比传统媒体时代的观众和听众追逐知名主持人和明星，在今天注意力稀缺的背景下，用户行为发生了显著改变：内容推荐、主动搜索、达人的关注以及基于兴趣的偏好行为等成为用户触媒行为改变的最好诠释。这是信息生产和传播生态模式上的改变，只是在此基础上，所有信息服务的对象应该是相对应的人；

（三）在内容的生产上，信息来源也并不一样。传统的信息来源渠道是通过记者有目的地主动采集信息，精英主义的内容生产也存在较大的滞后性和有限性，而主动搜索则突破了信息的有限性。类似于百度这样搜索领域的巨头，其主要内容来自通过计算机在网络上爬取的内容。在社交网络中，内容由用户产生，并通过社交关系汇聚成为一个带有内容的社区。在最新的借助人工智能进行内容分发的领域，内容的生产和分发流程则受到信息和数据的引导，类似于今日头条之类的互联网平台就能更好地应用算法推荐，以提升信息与用户需求之间匹配的价值；

（四）信息、平台、用户三者之间的关系会受到技术因素的影响，从而产生相对变化的关系和格局，主要原因在于用户处理信息的方式，以及平台在信息传递过程中所发挥的具体作用。

总之，在传统媒体为大家提供信息服务的较长时间内，信息传递的模式具有相应的特点：它是单向的、缺少反馈的、由权威生产信息并传播的模式。而在社交网络层面，信息的传递是双向互动的，更容易形成一种社区的传播方式。在算法推荐的传播模式之下，更容易形成“信息茧房”，算法对受众不同兴趣爱好的标签进行分析，据此而推送一些个性化的内容，千人千面，使受众停留在编制的信息空间里难以逃脱出来。

正是基于这样的思考，媒体融合要在吸纳对技术、媒介自身深刻理解的基础上，努力开辟出自己的新路。媒体融合的发展过程，就是技术驱动与内容传播深化的过程。这一切的实现离不开生产者与用户的深度参与，需要从人本的角度加以观照。从更宏大的视域来看，媒体融合的一体化发展的客观需求，要求我们的研究重心聚焦各类传统媒体与新媒体，从相加到相融阶段，对包括人力资源在内的各种资源、生产要素进行有效整合，以及发展用户喜闻乐见的具体新媒体应用等。这样的视角，在当前可以用一个专业术语概括：中国媒体融合生态及应用研究。顺着这样的认知逻辑得出结论，我们就会明了全媒体是怎样打造的。需要强调，本书论述的全媒体，可以理解为在媒体融合技术的加持下，以突出内容生产为主导、传播正能量的全媒体体系与产品。

目　　录

第一章

媒体融合的理论探析及时代背景

第一节　理论探析：媒体融合

随着数字技术的发展，媒体形态的多元与发展态势的多维，媒体融合以显学的方式呈现在世人面前。综观当今世界媒体形态的变化，基于视听技术和在线媒体的有机融合，产生了网络产品。这是作为新媒体的互联网，在吸收报纸、广播、电视等传统媒体优势的基础上，进化出来的新型媒体形态。与此同时，这一幕传统媒体与新媒体共存的图景，不仅构建了媒体融合的生态，同时也印证了基于技术路线的媒介融合现象的客观存在，并发挥着关键作用。

一　媒体与媒介

理解媒体融合和媒介融合，首先要对媒体和媒介有一个清晰的认识。关于媒体和媒介的概念，之前有从导体引申到媒介的陆谷孙说①，以及单词指具体媒体机构，而复数指媒介的杜骏说②等各种学说界定。因此，媒体的具体含义要包括两部分内容：一是传播新闻的载体，例如新闻网站；二是保障载体运行的组织形式，例如网络公司。对于媒介的含义，如果从传播学的视角看，基于满足受众对外界变动的心理期盼，而专门负责搜

---

① 英文单词"media"是"medium"的复数形式，作名词用时是指传导体或工具等，19 世纪末引申为新闻或传播媒介等。

② 媒介如果作为一个抽象名词，严格来说它是不可数的；而当它是一个具象名词时，它是可数的。人们谈起媒介，通常使用它的复数形式，而说到媒体总是使用单数。进一步深究媒体和媒介，两者意义差别很大。

集、处理与分发的机构，就成为今天的媒介机构。从加拿大传播学家麦克卢汉提出的媒介即万物，万物皆媒介的理论来判断[①]，在传播学的层面上，“媒介”已由最初的“使双方发生关系的人或事物”，发展到今天，就成为人们约定俗成所理解的媒体形态与媒体机构。

需要指出，“media convergence”一词被引入中国时因为更多被翻译为“媒介融合”而广为人知。故而在本书中承袭惯例，涉及“媒介融合”概念时，除非引用其他学者文章尊重其原文所用词汇外，都统一使用“媒介”一词。而在强调媒介的物质属性，涉及具体的广播、电视、报纸和网站等媒介形态时，仍然采用“媒体”一词。具体概念含义要结合具体的语意场景分析。

二　新媒体 VS 传统媒体等相关概念

媒体融合正是因为新媒体的出现，才促成传统媒体与新媒体融合进程的开始。对媒体融合的深入理解，不仅需要界定清楚新媒体和传统媒体，同时也需要界定清楚新媒体与自媒体、新媒体与社交媒体等相关概念。因此有必要对这些相关概念有一个清晰的把握。

（一）新媒体与传统媒体的界定

1. 新媒体的界定

研究媒介融合，需要对新媒体有清晰的界定，从其诞生至今，人们众说纷纭，并没有一个完全令人信服的概念。从 1967 年新媒体概念第一次被提出[②]至今，学界对新媒体的界定有相对概念说[③]，但显而易见的是它

① 所有媒介都可以与人体发生某种联系，例如书籍是眼的延伸，广播是耳的延伸等，媒介无时不有，无处不在。凡是能使人与人、人与事物或事物与事物之间产生联系或发生关系的物质都是广义的媒介。

② 1967 年，美国哥伦比亚广播电视网（CBS）技术研究所发表的一份开发电子录像（EVR）商品的计划。在这一计划中，该研究所所长戈尔德马科第一次提出了“新媒体”（New Media）一词。由于当时电视等媒体的发展已经渗透到社会生活的各个角落，人们对媒体的传播威力有了一定认识，因而对媒体的未来发展充满了期待，“新媒体”一词开始在美国社会上流行。

③ 以匡文波、熊澄宇、陈永东、周鸿铎等为代表的“相对概念派”，认为是报刊、广播和电视等传统媒体之后发展起来的媒体形态，包括了网络媒体、手机媒体和数字电视等，这一派的观点目前在新媒体研究领域占有重要地位。这种观点可以包容今后出现的各种新式媒体。

回避了对新媒体内涵的准确定义，不利于人们准确认知新媒体。技术说①，尽管在一定程度上对新媒体的物理特性进行了界定，但是并没有对其作为传播媒介与受众交互的特征予以准确界定。人机交互说②，尽管部分涉及数字媒介的特性，但是仍然没有完整体现满足受众需求，并对新媒体有完整的界定，因而有失偏颇。笔者更倾向于认同这是一个与时俱进的理念，即以数字化技术为基础，以网络技术和移动互联网技术为中介，能够充分满足受众个性化需求的数字媒体。

2. 对新媒体与传统媒体的理解

传统媒体与网络融合之后产生的新媒体，应当是一个涵盖传统媒体的样态，并充分发挥双方各自优势特质的新组合形态。媒介融合并非排斥传统媒体的单一特质，而是在媒介融合的竞争过程中，传统媒体日趋“内卷”的态势下，其既需要固守已有的特质，同时也要借助网络媒体的优势试图达到传播效果最优化。恰如网络广播即使具备了电视的视频功能、网络的即时互动功能，其凸显的媒体优势仍然来自广播的伴随性收听与声音传播的魅力属性。当然在融合之后产生的新媒体努力向虚拟空间拓展的同时，也不能忘记要充分发挥双方的特质，即将具有两种代际特征的媒体形态在发挥各自优势最大化的同时，不断深化服务与市场的理念。恰如网络广播要更加注重节目内容与网络传播的匹配度，移动收听平台的打造，以及利用微信和微博等对受众的吸引与保留，从而在形成规模效应之后的二次售卖。反之，若仅仅满足于传统媒体与新媒体在传播形态上的嫁接，而不研究适应新兴媒体播出特征的产品与内容，则很容易陷入一种困境，恰如网络广播，如果只是把广播日常播出的内容上网，不去研究基于不同的受众人群，应该分类生产对应节目，其播出效果必然难以令人满意。

（二）相关概念

在研究媒体融合过程中可以发现，业界乃至学界在对新媒体以及自媒体、社交媒体等概念使用方面，存在着一定的随意性，需要进一步的规范与界定。

---

① 以宫承波、黄升民、吴征、周进等为代表的“技术派”，从有线、无线、数字技术等角度对新媒体界定。

② 魏武挥、丹·吉尔默以及美国《连线》等从人机交互角度对其有所认知，即通过计算机输入、输出设备，实现人与计算机对话。

1. 新媒体与自媒体

2002 年丹·吉尔默向外界分享了一个创新性的构想①，自媒体是凸显个性化的一种新媒体。第二年，谢因·波曼与克里斯·威理斯又专门对自媒体提出了新定义②。在他们看来，自媒体的基本属性：数字化、自主化成为其与新媒体联系与区别的关键，自媒体是在新媒体技术的基础上成长起来，相比门户网站、垂直网站等新媒体的早期网络载体，自媒体更加注重交互性。在统一的时空中，用户在自媒体上既是对方网站的浏览者，也是自身网站的建设者；并且由于用户可以自由建构个人的社交网络，在其中呈现个性化的表达方式，也使得自媒体用户在更大程度上获得了话语的自主权。当前微信、微博、抖音、快手以及 B 站等成为自媒体的典型代表。

2. 新媒体与社交媒体

社交媒体是基于新媒体的技术发展起来的，旨在增进用户之间沟通、分享、交流的新媒体平台，碎片化与内容整合性成为其重要特质。由于同样注重用户感受，强调互动性与包容，因此包括社交网站、微博、微信等都具备了社交媒体的特质。社交媒体属于新媒体的一种，当前引发学界与业界关注的新媒体现象，更多是社交媒体导致的。若强调社交媒体与自媒体的区别，则自媒体是在社交媒体的众多属性上，更强调了个人特质，而众多的自媒体交汇就构成了社交媒体的网络图景。

基于对上述媒介形态概念的辨析，在媒介融合的技术背景下会发现，以内容生产、即时分发、及时反应为特征的传播模型，促使传播机构已从单纯营销产品转变成了创建社区，而社区运营的核心则是用户，即抓住用户的需求，提供对方满意的服务，从而拥有主导核心产业的能力。新媒体与社交媒体以及新媒体与自媒体两组概念则源自对本书主题研究深化之后的思考。对媒体融合的研究缘起，正是基于以社交媒体和自媒体为代表的新媒体与传统媒体碰撞融合过程中产生的研究兴趣。

---

① 自媒体是具有个性化的网络新媒体，具备了以散点传播与开放链接为主的两大特性。

② 在数字技术与全球文化的链接下，普通市民能够分享自身真实看法与身边新闻的传播途径。

三 媒体融合与媒介融合：概念辨析

（一）概念界定

媒介与媒体的具体含义有区别，由此引发的媒介融合与媒体融合的概念同样有区别。媒介融合是新旧媒体的合作与融合，媒体融合体现了新闻再造，新闻生产的二次革命。

概念最早由浦尔教授提出①，他认为媒介呈现出的多功能一体化趋势就是媒介融合。另外一位美国学者则把研究的注意力放在了传播机构类似结盟的态势。② 尼尔森认为，各种形态媒介达成联盟的发展态势就是媒介融合。李奇·高登则从概念的外延角度出发，构想了如下几种融合：（1）拥有权融合，以媒体托拉斯为典型，下辖媒体充分开展资源与资讯的整合；（2）合作性融合，以某个特殊阶段为合作期限，在此期间分属于不同性质的媒介机构各方，发挥各自优势开展报道，进行传播；（3）外包式融合，满足媒体的分发需求，寻求媒介机构之外的报道力量，达成预设目标；（4）采访手段融合，在如今的新技术背景下，信息的获取必须依托新技术加持，而这导致的集中结果就是各种采访工具与技巧层出不穷；（5）表现形式融合，新兴采访技术与手段的运用，必然推动传播形式的嬗变。

针对本书的研究对象媒介融合，陈浩文的广义和狭义说，区别在于，前者强调这是一种涵盖所有媒介要素的新媒介生态，后者强调这只是单一的媒介形态。③ 喻国明的技术趋同说，则聚焦技术推动下的传统媒体与新兴媒体的趋同式发展④。程曼丽则从大的媒介环境角度提出，新旧媒介的共续共存与相互渗透就是对媒介融合的一种诠释。丁柏铨认为，这是媒介间交融的状态：一是物质层面的融合。这种工具层面的融合，突破了传统

---

① 20 世纪 80 年代，美国马萨诸塞州理工大学教授浦尔认为，媒介融合就是指各种媒介呈现出多功能一体化的发展趋势。本书前文已有详述。

② 美国新闻学会媒介研究中心主任安德鲁·纳奇森将“融合媒介”定义为“印刷的、音频的、视频的、互动性数字媒体组织之间的联盟”。

③ 陈浩文提出，狭义：将不同的媒介形态“融合”在一起，形成一种新的媒介形态，如电子书、手机新闻等；广义：一切媒介及其要素的汇聚乃至融合，不仅包括媒介形态的融合，还包括媒介的功能、传播手段、组织结构等各种要素的融合。

④ 喻国明提出，媒介融合是建立在传统媒体与新兴媒体技术趋同的现实基础之上，以信息技术为中介，综合运用卫星、IT 等技术手段，将各种信息整合在多元平台上的技术呈现。

媒体自身的本体性质；二是操作层面的融合。新闻实践如何能够适应飞速发展的技术迭代？与之对应，位于上下游的新闻实践和新闻教育如何更好地衔接？也成为考虑问题的关键所在；三是理念层面的融合。新闻传播理论发展到今天，无论是从西方引入的媒介融合概念，还是本土化的媒体融合理念，都要从学科自身出发，对媒介融合予以深刻的思考，从而寻求一种可持续发展的研究路径。

针对学界还在探讨媒介融合与媒介整合的意义，本书认为双方最大的不同在于推动力的来源，融合的推动力来自内部，整合的推动力来自外部。当前这种源自传播技术变革带来的媒介融合，市场是推动其发展的主力。媒介整合更多依靠外部的推动力量，其中众多失败的案例已经显示，这样的整合不但不能推动媒介更好的发展，反而阻碍其前进。

国家层面也在大力推动媒介融合的发展，值得注意的是，在官方指导意见用词上，均是“媒体融合”①。媒体融合，顾名思义，最初缘起于两家或多家媒体在业务层面的合作，乃至渗入组织内部架构的深度融合。这种尝试从业务层面引发学界较多的关注，始于20世纪初的我国媒体竞争大战，典型案例就是各地报业集团掀起的旨在争夺市场份额的报业大战。当时，融合更多的是基于同质化的传统媒体之间的业务延伸。

2005年，媒体融合的概念被引入国内。② 时至今日，其内涵已有了深刻的变化，从政府规制、市场氛围、运营模式、营销手段等方面已经形成了促进传统媒体与新媒体之间一体发展、深度融合的内外部环境，媒体融合已是大势所趋。

2020年10月29日，中国共产党第十九届中央委员会第五次全体会议③，提出了“推进媒体深度融合，实施全媒体传播工程，做强新型主流

---

① 在2014年4月14号举行的推动媒体融合发展座谈会上，时任中宣部部长刘奇葆提出，推动媒体融合发展是促进媒体改革发展的重要举措。在此基础上，2014年8月18日召开的中央全面深化改革领导小组第四次会议，审议通过了《关于推动传统媒体和新兴媒体融合发展的指导意见》，即推动传统媒体和新兴媒体在内容、渠道、平台、经营、管理等方面的深度融合，形成立体多样、融合发展的现代传播体系。

② 蔡雯在完成赴美考察之后，将“媒体融合”的概念引入中国。她指出，媒体融合不仅是指各种媒介之间的合作模式，而且是各类型媒介通过新介质，真正实现汇聚和融合形成的一种独立运行、流程完整、操作规范的新闻生产模式。

③ 在这次会议上，《中共中央关于制定国民经济和社会发展第十四个五年规划和二〇三五年远景目标的建议》明确提出了实施全媒体传播工程。

媒体，建强用好县级融媒体中心”。黄楚新[1]对中央提出的媒体深度融合进行了阐述，从2013年中央明确提出媒体融合至今已经9年时间，当前已经进入媒体深度融合阶段，这就给四级融媒体分别指出了发展方向与前进路径，循路前行，必然会达成预期设定的目标。

综上所述，讨论新旧媒体的融合有两种思路：一种从技术层面予以界定，即报纸、广播、电视以及网络媒体在共同依托数字技术的基础上，将各种信息整合在一个平台，在此过程中强化了不同媒介之间的互通互联，从而推动媒介一体化的趋势向纵深发展；另一种视角，则不仅从技术层面理解传统媒体与新媒体基于技术打造同一平台的融合，更多的是指媒介人才的教育培养、媒介内部管理、媒介从业人员理念等全方面的融合。在这样的基础上，将媒介融合与媒体融合两个概念对比可以发现，媒体融合不仅是集中于媒介融合中的一种狭义的新型媒介形态，更多的是集中于广义上媒介融合的含义，从内容生产到经营管理乃至未来的发展趋势。由此可见，媒体融合与媒介融合在特指统一到我国的国家相关政策和指导意见的前提下，内涵相近。

然而，就传统大众传媒和新媒体的融合而言，从媒介的概念上来说是很难实现的，因此，我们强调的是媒体融合。这是因为二者有着不可调和甚至相互冲突的属性。从平台化的视角看，无论传统媒体还是新媒体，都可以看作是一个平台；而决定了这些平台命运的，就是今天被称为用户的受众。因此，如何在技术保障的基础上，推动用户数量最大化以及传播效果最优化，最终实现用户忠诚度的高黏性化，都取决于将新旧媒体自身资源优势的充分转化，打造出一体化的融合效果。

（二）基于媒介形态的差异化

媒介形态变革，推动媒体转型，适合受众使用的应用类 App 显著增多，造成了媒体融合生态的繁荣，其必然趋势就是全媒体的形成。

在我国现有的国情下，媒介之间的融合趋势对于媒介形态发生了极其深刻的影响，或改变了原有的媒介形态，或催生了新的媒介形态；与之对应，对媒介融合的研究也要跟上业界的步伐，而不是亦步亦趋地跟在实践

---

① 《黄楚新：开启“十四五”媒体融合发展新征程》，中国社会科学网，http：//xinwen.cssn.cn/sy_ 50320/zdtj/zxxsgd/202101/t20210112_ 5244141.shtml，2021年1月12日。

后面。

学者根据彭兰①的阐述，对中国的媒介融合进程产生了如下的思考，媒介融合一定是要在经历了高速发展后，逐渐趋于平稳，恰似高速奔跑后，一定要有喘息的时间。这种机遇的获得来自产业发展的实践，以及吸取自东西方的思想精髓。由个体在实践过程中予以发扬光大，从而推动宏观政策的调整与施行。

媒介形态的变革与媒体融合转型紧密相关。本书关注的是基于媒介生态变化的媒体融合。媒体融合与媒介融合中间的主要差异在于，媒体融合更多关注使用媒介的人和组织，而媒介融合则更多关注技术进步所带来的媒介生态的变化，以及新技术能够带来的种种可能性。就现阶段媒体融合的现实需求而言，是如何整合资源和提升媒体效率，以及在主流舆论中发挥关键作用。媒体融合更关注的领域在于能够帮助媒体从业者发挥出主观能动性，对技术进步给媒介生态带来的新局面有整体观，明确媒体人在这种新局面中如何发挥作用，如何充分发挥主流媒体人的价值，挖掘新的媒介技术价值，以期达到更好的传播效果，形成与社会上多种媒体形式既能融合又能引领的局面。

总而言之，生态融合是媒介融合未来的进化方向，生态融合的理念也便于我们理解媒介形态融合中存在的问题并寻找相应的对策。本书的目的在于让主流媒体和媒体从业者意识到，媒体融合将在新的媒介生态中发挥引领和主导的作用，同时通过机制的变革让媒体从业者能够发现新的技术机遇，为建立媒介生态全景化的认知和下一步的媒介变革所带来的冲击做好充分的准备，未雨绸缪。

四　媒体融合的文献回顾

理解媒体融合，从时间纵轴来看，国外先于国内；从逻辑维度，绕不过技术归因，离不开对媒介融合的阐释。为此，梳理相关文献，将沿着国外到国内的思路，评述媒体融合的发展进程，部分会涉及媒介融合因素。

尼古拉·尼葛洛庞蒂是最早一批被引入中国的传播学者，在他的《数

---

① 彭兰提出中国的媒介融合实践要经历圈地运动、产品革命和确认产业杠杆支点三个发展阶段。

字化生存》感召下，国内的学界和业界对数字化生活的向往成为一种潮流。他于1978年提出计算机技术与编辑出版业、广播电影业三圆交汇之处就是未来媒体产业的发展方向。这样的预测今天已经变为现实，这种基于对现实的深刻洞察提出对未来的预测，会成为一种观察媒体融合发展的有效方法，激励更多后来的学者投身其中。

博尔特和格鲁辛（Bolter & Grusin）提出再媒介化，即媒体融合是电视、电话和电脑三种重要技术的互相再媒介化，例如电视和电话结合，是视频通话；电脑和电视结合，是在线视频；网络和电话，则为在线通话。以上每一个组合都是各种技术与社会、经济实践的融合，从电话、电脑的提法中可以看出，这个较早提出的概念明显带有时代特征。

1983年伊契尔·索勒·普尔在《自由的科技》（*The Technologies of Freedom*）一书中提出了传媒形态融合（the convergence of modes），正是数码技术的出现，导致曾经泾渭分明的媒介形态发生了聚合。

曼纽尔·卡司特尔在《信息时代》（*The Information Age*）中对网络技术带来的社会形态的改变予以了论述。网络社会这个概念在随后的国内外社会学、传播学研究中被大量引用。

美国传媒学者约瑟夫·R.多米尼克（Joseph R. Dominick）在《大众传播动力学——数字时代的媒介》（*The Dynamics of Mass Communication Media in Transtion Communication*）中把媒体融合定义为各种传播技术的混合，这种纯粹从技术角度解读的方法，代表了相对一部分人对媒体融合的渐进认知过程[①]。

詹金斯（Jenkins）通过《融合文化》（*Convergence Culture Where Old and New Media Collide*）一书描述了这样一个场景，内容在多个平台的运作下，通过各类终端，让全球的用户得以第一时间阅读；并且即使受版权所限，内容也不再局限于一个媒介或者一家媒体本身，其以碎片化方式在各家平台上分享。当前受众观看习惯，已经从电视转向了移动终端，形成受众—用户—消费生产者（Prosumer - Producer - Consumer）的模式，这种改变了传媒与用户媒体认知的因果关系，呈现了连锁反应。受追捧的文学作

① 参见［美］约瑟夫·R.多米尼克《大众传播动力学——数字时代的媒介》，蔡骐译，中国人民大学出版社2003年版。

品可以在书刊上连载，也可以通过产业合作，即跨地域/跨领域/跨产业的资本合作，推动传播形态的改变，从而实现在平台上观看。本书从传播者与用户的视角，将媒体融合看作是一个过程，并非终点，期间鼓励用户努力把分散的内容自我整合。

丹麦学者延森（Klaus Bruhn Jensen）在《媒介融合：网络传播、大众传播和人际传播的三重维度》（*Media Convergence*：*The Three Degrees of Network*，*Mass*，*and Interpersonal Communication*）一书中，界定了媒介的三个维度：第一重是人的身体以及它们在工具中的延伸，对人类面对面的交流予以诠释；第二重是大众媒介对传播文本的复制、储存与呈现，以跨越时空扩散信息的技术特性而著称；第三重是数字技术。作为一种元技术，其不仅可以复制前两者的所有特征，还可以将人、媒介和社会重新整合在一个统一的软硬件平台。回望20世纪末期，传统媒体占据主导的时代，人们眼中的世界被分割在电视、广播、报纸、杂志等不同媒体主导的虚拟世界之中。而媒体融合发展到今天，作为一种数字媒介，其将各种沟通模式通过超文本的形构整合起来。

国内学术文章中，蔡雯在《新闻传播的变化融合了什么——从美国新闻传播的变化谈起》① 一文中向国人引进了“媒介融合”的理念。21世纪之初，在传统媒体集团内部开展了业务合作，例如报纸与互联网结合的“融合媒介”（Convergence Media）和以坦帕模式为代表的“融合新闻”（Convergence Journalism）采制过程。这种面向国人的推介，展示了这样的一种场景：在数字、网络的背景下，异质性的内容、渠道与终端融合到了一起。

2007年，王菲的著作《媒介大融合——数字新媒体时代下的媒介融合论》，是我国首部以媒介融合作为主题的专著。此后陆续有相关媒介融合发展的研究论文与著作发表和出版。传统媒体在保有较强优质生产能力，依托传统媒体的美誉度积累，在议程设置、舆情引导等方面存在着较大优势的同时，也存在资源分散、分发与传播效果不足、创新不受重视等短板。而新媒体在集中资源、实现较强传播力、创新驱动为根本优势的基础

① 蔡雯：《新闻传播的变化融合了什么——从美国新闻传播的变化谈起》，《中国记者》2005年第9期。

上，存在优质生产能力不足，引导效能偏弱等缺点。因此，此类研究的整体思考路向，锚定了大众媒体机构和自媒体，体现了媒介的本位主义。

随后对于媒介融合的理解，陈浩文的结合论认为，“媒体融合”是信息传输通道多元化下的新作业模式，是报纸杂志、电视台、广播电台等传统媒体，与互联网、各种移动终端等新兴媒体传播通道的有效结合。在媒介互相融合的基础上，传媒用多维的传播形式，将信息传播给多元的用户。将信息而喻国明则将“碎片化”作为研究的视角，并由此延伸出结论，伴随传统媒介与新兴媒介边界逐渐模糊，传播场景日趋扩大，媒介的功能将日趋强大。与此同时大众时代过渡为分众时代，媒介受众的角色嬗变，不容忽视：由单向接受者逐步转变为多向主体索取者。陈作平在《媒介分析》一书中对媒介融合时代的新闻信息生产进行了这样的阐述，不仅职业的新闻记者，还有广大受众参与到新闻生产的过程中，通过互联网传递给普罗大众。[①] 程曼丽提出新媒体的出现，意味着媒介融合的开始，新媒体推动的媒介融合正在进行，时刻发展。

媒体融合必然会带来媒介之间的流动。学者熊澄宇认为，传媒形态整合被划分为三种类型：信息与服务等传媒功能的整合；新闻生产前后端对传媒生产与传播渠道的整合；传媒机构在业务、资源、战略方面的整合。刘鹏将媒介融合的概念外延有意识地扩大到产业层面。刘鹏提出的四个转型，核心竞争力转型，从“内容生产商”到“平台运营商”；产品形态转型，从媒体产品到泛媒体产品；经营模式转型，从规模经济、范围经济到微创新、微创业；发展战略转型，从传媒集团到文化产业集团。宋建武注意到了平台的现实意义，内容和传播方式都有向平台化发展的趋势，可以使公众在这个平台上进行充分的信息交流。李良荣提出了趋势说，他认为媒体融合是各种媒体形态的边界逐渐消融，多功能复合型媒体逐渐占据优势的过程和趋势，不是单纯媒体形态的融合，而是全方位、深层次的融合。[②] 韦路对此进行了进一步阐释，媒体融合是复合型媒体形势逐渐占优的发展趋势，他认为媒体融合是人类传播活动各种要素边界模糊的不可逆转的状态。[③]

---

① 参见陈作平《媒介分析》，中国人民大学出版社 2015 年版。

② 参见李良荣、周宽玮《媒体融合：老套路和新探索》，《新闻记者》2014 年第 8 期。

③ 参见韦路《媒体融合的定义、层面与研究议题》，《新闻记者》2019 年第 3 期。

然而，从社会的维度理解“媒介融合”，是基于卡斯特关于网络社会的论述，黄旦将国内学者对“媒介融合”的概念归纳为媒介组织视角中的媒介融合：（1）侧重融合，忽略媒介。从内容生产环节和资源的整合，逐渐延伸到产业层面。（2）人是主体，媒介是客体。如何培养媒体融合的人才，如何利用不同媒介特点传输或使用不同内容。（3）思考的路向，基本以原有的大众媒介为构想依据。即在新技术影响下，大众机构发生了怎样的变化。（4）融合在平等媒体中如何更好相处。如何将数字技术与传统媒体实现一加一大于二的效益，包括社会以及经济效益。（5）由封闭转向开放。都是围绕大众媒介如何适应新传播技术，从媒介机构往外看，而不是从新媒体技术带来传播形态变化而反观媒介机构。他认为，跳出媒介机构视野的“媒介融合”，应当转向社会形态的“媒介融合”。

相比于其他学者，胡正荣认为所有媒体全媒体的发展过程，是一个实现全媒体化的手段，是一个过渡概念，全媒体才是终极目标和最终形态。①

第二节　时代背景：媒体融合在中国发展的逻辑

一　宣传工作的需要

当前基于网络空间的新媒体，与基于现实空间的传统媒体的边界呈现融合加快的趋势。受众一方面工作生活在现实的空间，另一方面随着网络在人们工作生活中的重要性不断加强，人们也将更多的精力投入网络空间。在这个虚拟社会空间里，来自不同国家与地区、不同制度与文化、不同种族与民族的人们畅快交流、宣泄情感、畅所欲言的表达，充分体会到网络带给人们超越现实社会限制，张扬个性、开放自由的精神快感。但是毕竟现实空间是人类生产与生活的基础空间，很多方面线上永远替代不了线下。因此尽管网络空间大有超越现实空间之势，二者仍然处于相互融合之势，无法相互取代。与之相对应，新媒体与传统媒体在相互融合中并未

① 胡正荣：《传媒的紧迫任务，从媒体融合到全媒体》，搜狐网，https：//www. sohu. com/a/297696386_ 570245，2019 年 2 月 26 日。

呈现非此即彼的相互替代态势，而是在此消彼长的融合进程中以一种全新的发展态势快速融入人们的生产与生活之中。当然媒介融合的大发展不能仅仅从媒介进化自身探寻原因，仍然要从其背后更深层次的原因寻求答案。传统媒体环境下，大众传媒既有进入该领域的技术与经济壁垒，同时在平衡政治、经济与各种利益。当今人类政治、经济、科技、文化等各领域正在发生着翻天覆地的变化，正印证了“世界是平的”这样一个论断。[①]在这个“平的世界”里，扁平化的社会结构揭开了现实社会贴在人们身上的种种标签：性别、年龄、职业、出身、信仰等，新媒体的横空出世，在虚拟社会中打破了人们的各种社会差异，以一种全方位、立体式的媒介形态迅速融入人们的生产和生活。在这种迥异于以往任何社会模式的背景下，传统媒体尽管仍然发挥着自有的作用，而新媒体已经成为各国政府日益重视的媒介手段。通过围绕网络治理、政府资助等议题研究，以及对我国多年政府规制实践的总结，笔者可以发现我国政府媒体融合治理的逻辑起点：媒体融合不仅是信息传播技术进步的产物，社会转型和国家治理能力现代化的内生需求，更是我国应对国际舆论斗争险峻形势的积极回应。因此，媒体融合是一种不可避免、不可阻挡的现实。

正如我国在经济改革和政治改革等其他领域的探索和实践一样，我国媒体融合的探索应围绕核心问题抓重点。探索初期针对广播电视网与互联网的台网融合，无论在理论方面还是实践方面，始终是研究与试验的重点。2010 年 1 月 13 日，我国启动“三网融合”的试点工作。经过 3 年的不懈努力，2013 年 11 月党的十八届三中全会，《中共中央关于全面深化改革若干重大问题的决定》中首次提出媒体融合，“整合媒体资源，推动传统媒体和新兴媒体融合发展”。[②]

2014 年 8 月 18 日，中央全面深化改革领导小组第四次会议通过了《关于推动传统媒体和新兴媒体融合发展的指导意见》（以下简称《意见》），习近平总书记在会议上强调，推动传统媒体和新兴媒体融合发展，要遵循新闻传播规律和新兴媒体发展规律，强化互联网思维。需要指出，《意见》中强调的“媒体融合”是指通过增加新闻和信息平台的数量，将

① 参见［美］托马斯·弗里德曼《世界是平的“凌志汽车和橄榄树的视角”》，赵绍棣、黄其祥译，东方出版社 2006 年版。

② 参见侯惠勤、范希春编《十八届三中全会精神十八讲》，人民出版社 2014 年版。

媒体资源得到充分利用以及最优化的配置，使传播能力最大限度地提升，以实现坚守媒体舆论阵地，牢牢把握话语权的目的。以此《意见》和总书记的系列重要讲话为标志，媒体融合正式上升为国家战略，2014 年也被称为“媒体融合元年”。

2014 年 8 月 26 日，时任中共中央宣传部部长刘奇葆在人民网发表题为《加快推动传统媒体与新兴媒体融合发展》的文章。随后，一系列政策的出台，相关的学术研究与日俱增，涉及媒体融合的政策环境、法律法规、思维理念、体制机制、操作流程、问题对策、发展路径前瞻等诸多方面。

在《意见》出台之后，相关部门纷纷响应并出台推动媒体融合策略。2014 年 10 月，国家新闻出版广电总局出台了《深化新闻出版体制改革实施方案》。2015 年 7 月，国务院印发了《国务院关于积极推进“互联网 +”行动的指导意见》；同年 8 月印发了《促进大数据发展行动纲要》。9 月 4 日，国务院办公厅印发了《三网融合推广方案》，提出加快在全国全面推进三网融合的举措。2016 年 6 月底，国家新闻出版广电总局印发了《关于进一步加快广播电视媒体与新兴媒体融合发展的意见》，着重指出：媒体融合的总体目标是力争两年内广播电视媒体与新兴媒体融合发展在局部区域取得突破性进展，形成几种基本模式，并提出了“十大体系”的建设及其目标。2017 年，国家新闻出版广电总局发布《新闻出版广播影视“十三五”发展规划》，提出“智慧广电”战略和新闻出版数字化转型升级行动全面推进。同年 12 月 25 日，全国工业和信息化工作会议召开，会议提出，2018 年将推动互联网、大数据、人工智能与制造业深度融合，发展壮大数字经济。2019 年 1 月 25 日，中央政治局围绕“全媒体时代和媒体融合发展”主题开展第十二次集体学习，再次凸显媒体融合在当前国家战略中的重要地位。在这次新年的第一次集体学习中，习近平总书记强调，“推动媒体融合发展，建设全媒体就成为我们面临的一项紧迫课题”，提出了“人工智能参与新闻传播”等理念。① 2020 年 9 月 26 日，中共中央办公厅、国务院办公厅印发了《关于加快推进媒体深度融合发展的意见》（以下简称《意见》）。《意见》要求深刻认识全媒体时代推进媒体融合的

---

① 参见《习近平谈治国理政》（第三卷），外文出版社 2020 年版。

重要性紧迫性，坚持正能量是总要求、管得住是硬道理、用得好是真本事，坚持正确方向，坚持一体发展，坚持移动优先，坚持科学布局，坚持改革创新，推动传统媒体和新兴媒体在体制机制、政策措施、流程管理、人才技术等方面加快融合步伐，尽快建成一批具有强大影响力和竞争力的新型主流媒体，逐步构建网上网下一体、内宣外宣联动的主流舆论格局，建立以内容建设为根本、先进技术为支撑、创新管理为保障的全媒体传播体系。《意见》强调，要大力培养全媒体人才，实行更加积极、开放、有效的人才引进政策，提高主流媒体人才吸引力和竞争力。要优化人才队伍结构，把更多熟悉新媒体的中青年优秀人才充实到关键岗位，充分释放人才活力。① 上述一系列党中央大力推行的举措表明，提升我国媒体在国内外传播力和舆论影响力的活动不仅在积极展开，同时加快推进我国传统媒体和新兴媒体的融合进程也势在必行。

需要指出，在媒体融合的过程中，随着不同媒介产业的技术边界逐渐模糊乃至消失，不同媒介产业将从原有的产业分立状态过渡至产业融合状态。在数字技术与网络技术的推动作用下，传统媒介产业和其他相关信息产业（如电信产业、互联网产业）之间的技术壁垒和业务壁垒也不复存在，在媒介规制政策整体趋于放松的背景下，不同产业间开始打破原有的信息传输封闭式回路，纵向产业链发生解体，跨越不同产业部类的横向产业链逐渐形成，朝着“三网融合”的大媒体产业方向迈进。媒体融合不仅为新媒体研究提供了语境与背景，同时也提供了研究的路径与方向。为了更好地理解媒体融合这一复杂的媒介现象、社会现象，党中央将媒体融合置于突出位置，力图解释与应对围绕媒体融合治理的矛盾、冲突和挑战，这也为学者提出有价值的对策建议，参与制定应对融合挑战的媒体政策，提供了难得的机会。各学科都从不同的角度对我国的政府规制、学界研究、业界实践，提供了现实性的价值与创新性的理论，对推动新闻传播学科建设，意义重大。

二 技术进步的结果

1983 年美国学者本·巴格迪肯在《媒体垄断》（*The Media Monopoly*）

① 《中共中央办公厅 国务院办公厅印发〈关于加快推进媒体深度融合发展的意见〉》，人民网，https：//sx. people. con. cn/n 2/2020/0927/c352664 - 34319406. html，2020 年 9 月 26 日。

一书中担心媒体的集中化将导致几家媒体公司决定所有美国人每天听什么、看什么。这种担心提出了一种社会现象，却没有给出隐藏其后的复杂答案。政府规制是一个答案选项，媒体竞争也是一个选项，但是更要看到通信技术、电信技术、终端设备生产制造技术等技术进步因素，在其中发挥着隐形的关键作用。

科技改变了新闻的生产方式，新闻生产方式改变了传播方式，传播方式则会改变人们的思维方式。传统媒体时代，印刷、电子等传播科技对应着传统媒体的运作方式，通过报纸、广播、电视等传播渠道，接受信息的读者、听众、观众等受到威权思想的影响较深。这与新媒体时代，通过社交媒体、自媒体等新兴传播工具触摸世界的受众，拥有强烈的平权思想，形成了鲜明的对比。由此可见，媒体融合是技术进步的必然结果，也深刻塑造着今天的用户。

回溯媒体融合的发展路径，这一社会实践肇始于21世纪之初的美国坦帕媒体集团。当时美国传统媒体的发展居世界前列，媒体技术的进步，推动了广播、电视、报刊等与互联网的结合，从“＋互联网”一步步衍生出的新媒体，逐渐过渡到以互联网逻辑指导的“互联网＋”的移动终端。2020年9月26日，中共中央办公厅、国务院办公厅印发的《关于加快推进媒体深度融合发展的意见》明确指出，要以先进技术引领驱动融合发展，用好5G、大数据、云计算、物联网、区块链、人工智能等信息技术革命成果，加强新技术在新闻传播领域的前瞻性研究和应用，推动关键核心技术自主创新。国家已经敏锐地意识到信息技术对我国社会进步、媒体发展的关键性作用，鼓励运用新技术发挥好媒体的传播效能，尤其鼓励对核心技术的掌握。①

技术是媒体融合的基础。信息处理技术、信息传输技术、网络技术等关键性技术推动了媒介融合进程。技术的不断发展必然导致媒介形态的变革，电子出版、IPTV、网络直播、短视频、H5成为媒介融合时代的代表产物。面对媒体融合的发展趋势，国内外媒体都在积极探索。从技术层面看，相当一部分媒体以建设全媒体新闻平台为主导，变革新闻生产流程；

① 参见《中共中央办公厅 国务院办公厅印发〈关于加快推进媒体深度融合发展的意见〉》，人民网，https://sx.people.con.cn/n 2/2020/0927/c352664－34319406.html，2020年9月26日。

面对当前媒体融合存在的技术问题，采取了系列技术对策，促进了媒体融合的进一步发展。媒体融合技术带来一系列重大变革的同时，也带来了大量价值挑战。要避免其带来的种种负面影响，技术理性精神和媒介伦理建设必不可少。媒体融合技术在各个阶段也有自己的发展目标与基本原则，如可靠性与可用性、智能性和可扩展性、安全性等。未来的媒体融合，将随着超高速网络技术、大数据技术、虚拟现实与增强现实技术、人工智能技术等新技术的推广及运用而获得更大的改观和发展。这既培养了被称为"网络土著"的年轻一代的读写习惯，又契合了他们的现实需求，进而推动了大数据、云计算、物联网等智能传播技术在媒体应用上的长足发展，媒体融合技术正以多种方式帮助人类认识社会和改变世界。当然，应当认识到，技术是媒体融合发展的驱动而非决定因素，当下科技发展给传播领域带来了重大机遇与挑战，抓住数字治理机遇，是媒体融合问题破解的出路。

回扣主题，时至今日，活跃在当代中国的主要媒体：人民日报系、抖音、今日头条、小红书等，就在决定着你每天的视界，这样的媒体生态背后仍然是传播技术在发挥着决定性作用。

三　社会发展的结果

技术进步自有其内在规律，但是人的主观能动性，可以让技术的发展加速或者延迟。因此在技术发展的逻辑链条上，人的因素不能忽视。从这个角度，研究媒介技术发展史，对相关社会的研究，以及对相关社会中的人的研究不可或缺。

美国传播学者曼纽尔·卡斯特的《网络社会》向人们描述了一幅可以预见的场景，在这样的环境中，网络成为社会发展中不可或缺的基础设施，每一个 IP 地址都成为网络中的连接节点。无论传统媒体还是新媒体，各类传播要素都在融合发展的过程中，呈现出边界模糊的发展态势，沉浸其中的人们不禁思索，在人类传播活动诸多要素出现相互渗透的同时，社会关系是否一定会被重构？这些文化形态将在多大程度上得以形成？新的文化形态有哪些特征？与原来的文化形态和他国的文化形态有何不同？中国式媒体融合是否会产生中国特色的文化形态？

对此，浙江传媒学院互联网与社会研究院院长方兴东着眼于媒体融合的改革路径指出："基于过去半个多世纪的经验积累和实证研究，我们可以发现，技术驱动下的社会变革，形成了新的社会形态、社会结构和社会运行机制，对应新的传播方式、媒体形态和业务逻辑。"

网络社会，将本地的境况融入交流与交互的全球化循环之中，并与社会活动中分散的物理空间实时相连。网络社会既包含了在场的个体与语境，同时也包含了不在场的个体和语境。[①] 一切社会交往中的基本成分都已变成了以技术为中介，以及基于技术中介的内容，与此同时并没有削弱其间的真实性。[②] 这样的网络社会与 SNS 有机结合构成了人类互联网社会交往的现实图景。

SNS，全称 Social Networking Services，社交网站，专指社交网络服务，包括了社交软件、App、网站以及网络平台。相比于因为组织架构人为绑定在一起的社交行为，网络上的社交行为都是基于"自愿人际关系"而建立，指那些基于双方相互喜爱和共同兴趣而主动建立的关系。[③] 这种关系类似于吉登斯所称的"纯粹的关系"，双方关系的发展是从关系本身来衡量的。美国传播学者埃里克·尤斯兰利提出，网络上人们更愿意与具有不同背景的"熟悉的陌生人"交流，而因特定关系聚集、交换信息以及提供帮助，通常也发生在陌生人之间，这种虽然存有强烈与亲密的关系，一般仍然被归类于"弱连接"关系。[④] 与之相对应，我国社交媒体——微信则是依托社会化的网络 App、网络平台，在人与人之间形成了一种类似熟人关系的"强连接"关系。

前文中采用了"类似熟人关系"的措辞，而所谓的"强连接"也逐渐呈现出"弱连接"的发展趋势。在 2021 年微信之夜上，微信高级副总裁张小龙认为，在微信中设置三天可见的网友已经超过了两亿。[⑤] 技术的进

---

① 参见王凯山《未成年人互联网社会交往的基本状况》，载季为民、沈杰《中国未成年人互联网运用和阅读实践报告（2017—2018）》，社会科学文献出版社 2018 年版。

② 参见［丹麦］克劳斯·布鲁恩·延森《媒介融合：网络传播、大众传播和人际传播的三重维度》，刘君译，复旦大学出版社 2012 年版。

③ 参见王凯山《未成年人互联网社会交往的基本状况》，载季为民、沈杰《中国未成年人互联网运用和阅读实践报告（2017—2018）》，社会科学文献出版社 2018 年版。

④ 参见张燕《技术、利益、伦理风险社会与网络传播》，社会科学文献出版社 2014 年版。

⑤ 张小龙：《可能有两亿以上的用户朋友圈设置三天可见》，新浪科技，https://finance.sina.com.cn/tech/2021-01-19/doc-ikftpnnx9392808.shtml?cref=cj，2021 年 1 月 19 日。

步随时发生，包括我们已经熟知的微信应用，也要不断适应社会发展过程中人们不断嬗变的理念。很多人的朋友圈发展到今天，已经出现了熟人与陌生人混杂的局面。为了保护个人的隐私又避免贸然屏蔽对方的失礼行为，三天可见的设置应运而生。

纵观互联网的变迁史，可以发现互联网的媒介形态一直在演变。从博客到微博，从图片到视频，其整体转变的过程，是为了适应更多的普通人，更便利地生产和消费。例如传播内容的碎片化，适应了人们的快节奏生活；表达方式的微视频化，则从内容生产到娱乐消费，都凸显了轻松的意涵。恰如微信官方试图通过微信直播，让联系的双方可以看到对方正在关注的内容，这样一种“终极”的传播方式，把个人体验做成视觉化的展现，让对方同步感受你正在接收的信息。这不仅验证了“社交的本质是找到同类”这样的一种论断，更从社会发展的角度诠释了媒体融合的合理性与可行性。

第二章

全媒体与媒体融合

第一节　理论探析：全媒体的概念与特征

一　全媒体 VS 融媒体的概念辨析

在探讨全媒体的概念之前，我们试着对一组容易混淆的概念——全媒体和融媒体——进行辨析。

全媒体指传播者利用多态的信息表现手段、通过多元的媒介形态，实现用户的多屏终端接收，满足用户的多维信息需求。这一概念从信息融合层面、介质融合、受众融合、业务融合乃至深层的体制融合等层面对全媒体进行全面、深入的阐述。

而融媒体更多从业务层面入手，利用新媒体的传播特征，鼓励用户从媒介特性本身出发，挖掘媒体本身的传播潜力。例如融媒体平台化打造，体现了将政务、服务、新闻融于一体。政府的政务平台，形成了传播矩阵：政务微博强调社会治理，政务微信强调服务功能，政务头条号强调新闻发布，滚动重要新闻。

基于以上的概念阐释，可以发现全媒体重在“全”，而融媒体重在“融”。一字之差，全媒体作为上位概念涵盖了作为下位概念——融媒体的业务范畴，因此从全媒体的视角分析和理解媒体事件，会得出更为全面、深刻的结论。

习近平总书记提出了“四全媒体”——全程媒体、全息媒体、全员媒体、全效媒体①，这是对全媒体的最好诠释。全程媒体意味着传播者为受

① 习近平总书记在中央政治局第十二次集体学习时提出了“四全媒体”的概念。

众创造了全天候、全时段信息传播以及实时接受信息的时间条件；而全息媒体，则为全方面表现信息形式创造了先决的表达条件，通过立体化呈现、沉浸式传播，让全媒体成为一个全模态的信息表达载体；全员媒体则通过强化互动的交流方式，激发用户的活跃度，从而创造推动全媒体发展的沟通条件；全效媒体则从真正适应用户对内容需求的视角，将传统的信息传送功能，发展成为集信息、社交、服务等多种功能于一体的满足用户的需求条件。这样的四个先决条件，同样是推动全媒体发展的预设条件、核验条件。

二　全媒体的时代特征

（一）“全”代替了“专”

全媒体时代，传统媒体的界限彻底被打破，曾经壁垒森严的媒介形态以及各司其职的社会化分工体系荡然无存。各家传统媒体引以为傲的“专一媒介属性”，被集文字、音频、视频、影像等各种媒介形态于一体的全媒体所替代。传统媒体向全媒体的转型成为大势所趋。[①]

（二）散点传播导致传播者与受传者界限模糊

传统媒体秉承着单点对多点的传播模式，而全媒体时代，则混杂着点对多“大众传播”、多对多乃至多对单的“人际传播”等多种传播模式。其中的受众与传播者的角色属性，自然也随之不断转换。

（三）传统媒体的话语权被消解

全媒体的多元媒介形态以及新型传播模式令信息、舆情的管理者一时间陷入无所适从的境地。具体表现在以下三个方面。

1. 渠道的“去中心化”与“再中心化”

议程设置[②]是指某一新闻事件发生之后，人们对其的具体看法很难被大众传媒所左右，但是大众媒体可以通过专业手段，例如提供新闻与设计相关议题来影响人们，影响的范围包括受众将关注哪些信息和观点，以及他们谈论的重心与范围。

---

① 参见史安斌《全媒体时代的新闻发布和媒体关系管理》，五洲传播出版社 2014 年版。

② 议程设置功能作为一种理论假说，来自美国传播学者麦库姆斯和肖于 1972 年发表的论文《大众传播的议程设置功能》，即大众传播具有一种为公众设置“议事日程”的功能。

传统媒体大行其道之时，受众只能被动接受在媒体预先设置的议程框架之下的信息，不具备与大众传媒有平等交流的机会，更不能也没有条件来发布任何有价值的信息。[①] 而在全媒体环境之下，传统媒体面对的挑战显而易见。全媒体的新形态及新产品不断涌现与发展，极大地压缩了传统媒体的市场与空间。[②] 一些传统媒体的固有阵地已被逐渐蚕食，甚至出现了其被全媒体挤至边缘境地的尴尬状况。这与全媒体环境下议程设置呈现的新形态、有效性降低有关，同样也与全媒体氛围下粉丝追捧个性媒体息息相关。

与全媒体传播过程中的“去中心”紧密相伴，重塑中心的“再中心化”也在同步进行。正如全媒体传播技术的点对点、点对面等多元传播方式为张扬个性提供了现实条件，同时应运而生的个性媒体自然在这上面做足文章，吸引眼球。个性化平台在造就意见领袖的同时，客观上也增加了传播发展环境的复杂性。全媒体个性化平台搭建与传播能够吸引小众人群的全情参与。而传统主流媒体的内容，尤其一些仍然固守电台、电视台和报纸等传统媒体发布的内容，已经不能“深入”其中的小众粉丝，达不到预想的传播效果。全媒体利用多元平台吸附忠实拥趸的过程，恰恰是“再中心化”的过程。

2. 把关人作用淡化

把关人理论最早来自传播学学者怀特，20 世纪 50 年代提出的把关模式。新闻媒体不可能对所有的新闻进行报道，而是通过有选择的取舍加以传播。在这个过程中，媒体机构就自然地形成了一道关卡。通过此关卡让受众接触到的新闻只是众多新闻素材中的极少数。而如今全媒体环境下，尽管政府在宏观层面、通信运营商在微观层面上都建立了相关机制，但是由于网络传播理论上路径的无限性，必然会导致“把关”难度的加大。这样的难度加大与审核自身的延后性和漏洞有关，同样与全媒体自身的特点紧密相连。

---

① 参见郭庆光《传播学教程（第二版）》，中国人民大学出版社 2011 年版。

② 参见姚福、李大为《新媒介视域下媒介生态的发展与嬗变》，中国文史出版社 2011 年版。

（1）传播与更新速度更快

这意味着政府的政策理念从物理载体的视角上更容易传播出去，但是这项政策与理念要与群众的需求相契合，尤其在当今的背景下，政府强调简政放权，廉洁高效，政府及官员都是社会关注的焦点。[①] 无论是关于政府的新闻还是政府发布的新闻都是高点击率的原因之一。相比较传统媒体尤其是平面媒体，由于在签发和刊发付印之前有一个时间差，即使发现错误，及时更正仍有可能。[②] 而全媒体则没有这种可能，一旦上网，数秒之内传遍全球。

（2）全球传播成本更低

借助全媒体传播，传播的成本大幅降低。只要传播者的内容能够满足用户的需求，网民都可以在世界范围内选择自己喜爱的网站，主动获取所需信息，而这也体现了政治的开放性与透明度。但是在传播成本降低的同时，如果传播不慎，其带来的负面影响同样不容小觑。因此强调全媒体的把关人的责任，既是对社会公众负责，同样也是对全媒体本身负责。从这个意义上说，强调充分利用全媒体发挥其传播功效的同时，也要注重强化媒体的社会责任。

（3）信息量大、内容丰富，检索更为便捷

全媒体储存信息的特点，决定了其可以无限制地存储信息，用户同样可以检索各类历史资料。这就要求信息的发布者在审核时要慎之又慎，一旦借助网络传播，就会保留在大容量数据库中，受众可以随时随地调取，而不像传统媒体尤其广播与电视线性传播的特性，传播稍纵即逝，即使发布的内容稍有差池，并不会有持久的影响。

3. 表达自由化带来的网络舆情偏颇化

信息力图在一个理性客观的氛围内传播，而网络舆情的偏颇化则与追求个性有着紧密的关系，同样与表达自由有着不可分割的关系。对于表达自由，政府不能强加阻拦，也无法阻拦。[③] 分析表达自由，可以看出追求

---

① 参见［美］保罗・莱文森《新新媒介》，何道宽译，复旦大学出版社 2011 年版。

② 参见马胜荣、唐润华《新闻媒介的融合与管理——一种业界视角》，重庆大学出版社 2010 年版。

③ 参见［丹麦］克劳斯・布鲁恩・延森《媒介融合——网络传播、大众传播和人际传播的三重纬度》，刘君译，复旦大学出版社 2012 年版。

表达自由的传播者，会充分将个人的喜好融入其中，同样这些喜好建立在对于事件或者事物的认知上，而人们的认知水平参差不齐，这必然会导致舆论的多元化与差异化，其中若有善于表达、洞悉受众传播心理与情绪而心怀叵测之人的引导与蛊惑，跟风的结果就会导致网络舆情偏颇化。① 这样造成的结果往往会出乎信息发布者的意料，难以收场与控制。

4. 全媒体发展是技术引导趋势

媒体不仅是提供信息的工具，更是根据其形式不同在重建信息格式和社会文化。我们关注媒体的不是媒体的工具性功能②。近十年来，基于新媒体技术发展的数字媒体、网络媒体、社交媒体的发展推动了包括传播学在内的人文学科对报纸、杂志、广播、电影、网络、手机等媒体的研究③。相应地，全媒体在给专业发展带来机遇与挑战的同时，也将导致新闻生产模式的创新与发展，比如数据新闻、传感器新闻和自动化新闻的产生。这类新闻的诞生代表了技术引领下的全媒体新闻生产的发展新趋势。

以传感器新闻（Sensor Journalism）为例，传感器新闻是全媒体新闻生产的创新之一，通过传感器来捕捉数据和分析信息④。美国雅虎公司首席专家邓肯·J. 瓦茨认为，得益于海量数据库的发展，个人在真实世界中的活动记录变得有迹可循，并且这种记录的力度很大，频度也在不断增加，为社会科学的定量分析奠定了基础⑤。

通过传感器进行信息采集、以大数据处理技术为支撑的传感器新闻，可以解决由于数据集合度不高和随机抽样带来的结果偏差，让信息的获取、解读、生产更加精准化。传感器的无所不在使得人人都成为数据的提供者，传感器的感知功能像是麦克卢汉所说的“人的延伸”，能够到达人类视觉、听觉、嗅觉、味觉和触觉无法企及的区域⑥。这有助于受众从纷繁芜杂的大千世界中挖掘有规律的新闻事件，既提升新闻的科学性和真实

① 参见张小罗《论网络媒体之政府管制》，知识产权出版社 2009 年版。

② 参见 Lee，W.，“Understanding on Journalism Volatility in the Age of Media Convergence”，*Communication Theories*，Vol. 7，No. 2，July 2011，pp. 144 – 175。

③ 参见 Lee，J.，“The Current Changes and the Horizons of Historical Studies on Media in the Field of Humanities”，*Journal of Communication Research*，Vol. 53，No. 2，2016，pp. 138 – 203。

④ 参见 Pitt，F.，*Sensors and Journalism*，Columbia Journalism School，2014。

⑤ 参见张湘锋《大数据时代传感器新闻的生产模式探析》，《传媒》2018 年第 21 期。

⑥ 参见李堃《传感器新闻的伦理困境》，《青年记者》2017 年第 35 期。

性，也激发受众的自主性和趣味性①。

随着科技的发展，传感器元件的价格开始平民化，各类数据采集已经变得相当便捷和便宜。单个无意义的个人数据海量叠加后聚成了庞大的数据流，为传感器新闻的产生奠定了坚实的基础。

三　全媒体的文献回顾

全媒体（Omni Media）最早源自美国一家名叫玛莎－斯图尔特生活全媒体的家政公司。该公司成立于1999年，拥有并管理包括杂志、书籍、报纸专栏、广播电视节目、网站等在内的多种媒体，通过旗下的所谓全媒体，传播自己的家政服务和产品。今天看来，玛莎－斯图尔特生活全媒体公司出于营销的考虑，只是将各种媒体的传播功能予以叠加，因此所谓的“全媒体”的真正含义，其实更接近于多媒体。

梳理中国知网的全媒体相关文献，可以发现，学界对全媒体研究经历了一个“直线上升”的阶段。2006—2013年，随着新媒体的迅猛发展，对应全媒体的研究呈现出第一个渐次提升的阶段，在中国知网以“全媒体”为关键词，可以检索出3140条数据。而2014年成为一个节点，当年由于“媒体融合”的提出，人们对全媒体的研究热情明显增强，当年的数据就有2460条。在随后的2015—2020年，“媒体融合”受到热捧，“全媒体”的相关文献明显增多，6年间相关数据达到21377条。尤其是2020年，中央提出打造全媒体，全媒体再次成为研究的热点之一。

准确深刻地理解全媒体，对核心概念“媒体”和“媒介”的把握是前提。有学者认为，两者无论在物质技术形态的“媒介”层面，还是在产生于社会机构制度的“媒体”层面，都在历时延续与共时差异方面存在着明显不同。

彭兰认为，多媒体是指报道中集成了多媒体的素材，而全媒体化则是一种有意识的整体策略，一种带有战略性的规划，全媒体还追求在使用所有媒体手段的过程中，实现内在的有机融合。② 据此可以理解为，全媒体

---

① 参见许向东《大数据时代新闻生产新模式：传感器新闻理念、实践与思考》，《国际新闻界》2015年第10期。

② 参见彭兰《媒介融合方向下的四个关键变革》，《青年记者》2009年2月下；彭兰《如何从全媒体化走向媒介融合》，《新闻与写作》2009年第7期。

是多媒体的升级版本，不仅融合了客观报道的内容，还添加了报道者对采访对象的主观印象与理解，融汇其中。有学者进一步提出，全媒体是建立在平台基础上的全媒体，而非只是小打小闹的修修补补。①

在众多的研究学者中，胡正荣是鲜明提出全媒体观点，并坚持认为媒体融合最终将是全媒体发展方向的学者。他在多年的研究中，持续发力，提出了媒体的未来发展方向一定是要建构一个全媒体的生态系统。② 当然，也有学者提出了相反的观点，石长顺等在《全媒体的概念建构与历史演进》一文中，认为全媒体只是媒介融合的一个特定阶段，并不适用于所有媒体，其发展的终极阶段是"融媒体"，不仅是技术或者业务层面的融合，还包括媒体所有权的融合③。与之相对应，有学者提出从"跨媒体"到"全媒体"再到"融媒体"的概念变迁，折射出近十几年来媒体融合的实践演进历程。其中，"跨媒体"阶段以媒体连接简单化为特征，"全媒体"阶段以媒介形态齐全化为目标，"融媒体"阶段以网络嵌入深度化为趋势。④ 更有甚者，认为学界和业界均有达成一致的趋向：弃"全"用"融"，从"全媒体"转向"融媒体"。我国媒介融合大致经历了四个阶段：报纸（广电）上网阶段、网络报纸（广电）阶段、全媒体阶段（后期全媒体与融媒体概念并行使用）、融媒体阶段。目前我国媒介融合正处于融媒体阶段。⑤ 这样的看法，在全媒体蓬勃发展的今天看来只能是一家之言。

在全媒体发展趋势研究方面，有学者结合"四全媒体"提出，在信息生产的可供性、社交可供性和移动可供性三个部分的媒体可供性框架下，探索"四全媒体"的产业格局与增长空间。作者就此认为，依托这种视角

---

① 参见谷虹《全媒体转型必须以平台化再造为核心》，《媒体时代》2012 年第 4 期。

② 参见胡正荣《深度融合需要重构全媒体生态》，《新闻与写作》2016 年第 10 期。

③ 参见石长顺、景义新《全媒体的概念建构与历史演进》，《编辑之友》2013 年第 5 期。在这篇文章中，作者总结了学界关于全媒体的三类认知：报道体系说、传播形态说和整合运用说。四种特征：第一，全媒体发展的主体是传统媒体；第二，发展整合多种媒介形态，而缺乏多种媒介形态间的统合协同，就构不成全媒体；第三，实行多媒体分流传播，并根据媒体的不同分流生产出不同的媒体产品；第四，作为一种新型的运行模式。

④ 参见李玮《跨媒体・全媒体・融媒体——媒体融合相关概念变迁与实践演进》，《新闻与写作》2017 年第 6 期。

⑤ 参见栾轶玫、杨宏生《从全媒体到融媒体：媒介融合理念嬗变研究》，《新闻爱好者》2017 年第 9 期。

解读我国“四全媒体”建设实践与未来发展的可能进路，未来前景广阔。[①]

第二节　实践应用：全媒体传播格局

一　当前我国全媒体发展现状

当前，我国开展的全媒体实践，在党中央、国务院以及各级宣传部门的大力推广下，不仅是在传统的新闻报道领域，而且在传媒教育领域也开展得如火如荼。在媒体融合大发展的时代，对全媒体的研究需要对网络发展的宏观背景有所把握，进一步探究可以发现网络的大发展与政府、用户、媒体等多方力量的推动息息相关。

首先，全媒体的发展，离不开政府的重视与引导。2014 年 2 月中央成立专门的网络安全领导机构——中央网络安全和信息化领导小组，提出为网民打造平安网络。2014 年 8 月 18 日，中央出台政策，推动传统媒体与新媒体融合，促进互联网成为新型主流媒体。2015 年 4 月 14 日，李克强总理敦促电信运营商把价格降下来，“薄利多销”。2015 年工业和信息化部也切实采取了加快“4G 建设”“大幅提升网速”等加快宽带速度工作的措施。2016 年 2 月 19 日，习近平总书记在党的新闻舆论工作座谈会上强调：“要推动融合发展，主动借助新媒体传播优势。”[②] 2019 年 1 月 25 日，中共中央政治局在人民日报社就全媒体时代和媒体融合发展举行第十二次集体学习。习近平总书记指出，要使全媒体传播在法治轨道上运行，对传统媒体和新兴媒体实行一个标准、一体管理。主流媒体要准确及时发布新闻消息，为其他合规的媒体提供新闻信息来源[③]。

其次，全媒体的发展，离不开亿级用户的支撑。2021 年 8 月 27 日，中国互联网络信息中心（CNNIC）发布了第 48 次《中国互联网络发展状况统计报告》（以下简称《报告》）。《报告》显示，截至 2021 年 6 月，我国网民规模达 10.11 亿人，较 2020 年 12 月增长 2175 万人，互联网普及率

① 参见喻国明、赵睿《媒体可供性视角下“四全媒体”产业格局与增长空间》，《学术界》2019 年第 7 期。

② 参见《习近平谈治国理政》（第二卷），外文出版社 2017 年版，第 333 页。

③ 参见《习近平谈治国理政》（第三卷），外文出版社 2020 年版。

达71.6%，我国网民的人均每周上网时长为26.9个小时，较2020年12月提升0.7个小时，十亿用户接入互联网，形成了全球最为庞大、生机勃勃的数字社会。[①] 其中，移动社交成网民生活常态。

二　我国的全媒体新闻实践

全媒体的发展，离不开媒体矩阵的存在。微博、微信和移动客户端组成的“两微一端”，已经成为全媒体的标配。2020年10月19日，在微博“2020超级红人节V影响力峰会”上，微博高级副总裁曹增辉介绍，微博月活跃用户达5.23亿人，同比增长3700万人。[②] 与此同时，每天10.9亿用户打开微信，3.3亿用户进行视频通话，7.8亿用户进入朋友圈，1.2亿用户发表朋友圈[③]。从一种原初的产品想象发展成为基于微信生态的生活方式，技术不断推动了媒体融合，从实践的角度，丰富完善传播理论。

庞大用户的背后，是全媒体矩阵在发挥着举足轻重的作用：《人民日报》（海外版）的“侠客岛”、上海报业集团的“澎湃新闻”等由传统媒体打造的手机移动客户端深受网民欢迎，这些典型案例也成为全媒体发展的最好注脚。此外，当前互联网主要的功能更多地体现在以获取信息、社交和娱乐为主的应用上。即时通讯已逐渐呈现饱和状态，其用户连续几年都保持在一个相对稳定的水平，而以腾讯为代表的社交网络也在尝试将平台的功能发挥到极致，在横向拓展服务功能的同时，努力将其打造成为能够满足用户各类生活需求的综合性服务平台。与之相对应，以百度、搜狗为代表的搜索引擎也在不断探索如何将巨大的流量变现，在适应移动客户端搜索引擎迅猛增长的良好势头的基础上，也在构建生态化平台。移动客户端的内容供应也呈现出“人机结合”的态势，即传统媒体的记者转型到新兴移动客户端继续开展深度报道，提供专业化的新闻生产内容，而将模式化的编写工作交给了机器人，从而以双向交融的方式推动媒介融合环境下的新闻生产。当然借助大数据挖掘，充分发挥社交功能已成为移动客户

---

① 参见《我国网游用户半年减少869万！人均每周上网时长26.9小时》，每日经济新闻网，https：//nbd.com.cn/articles/2021－8－27/1592323.html，2021年8月27日。

② 参见《微博月活跃用户达5.23亿，2020中国移动社交行业用户画像及行为分析》，艾媒网，https：//www.iimedia.cn/c1020/74841.html，2020年10月21日。

③ 参见《微博月活跃用户达5.23亿，2020中国移动社交行业用户画像及行为分析》，艾媒网，https：//www.iimedia.cn/c1020/74841.html，2020年10月21日。

端的主要拓展领域，而构建虚拟空间的 VR 技术若能投身到以移动社交为发展趋势的领域之中，将会促进以移动互联网技术为代表的互联网应用向纵深发展。把握这些新的动向与趋势，将是全媒体顺利开展的新兴动力之源。

应当看到，我国全媒体蓬勃发展的同时，面临的困难与挑战也显而易见：2019 年，传统媒体生存进入寒冬期。内容同质化、人才短缺等问题严重影响了县级融媒体的传播效果。①

三 我国的全媒体教育实践

新闻传播事业发展，不仅要依靠新闻机构的媒体实践，同样也紧紧依托新闻教育事业的大力支持；我国的全媒体传播格局，同样是在全媒体新闻实践的基础上促进了全媒体教育实践的蓬勃发展。

（一）适应媒介生态的变化 加快课堂内外的教学改革

对于当前我国面临的媒介生态，党中央对此有着精准的把握，媒体融合作为媒介生态嬗变的内在技术逻辑，已经开始发挥作用。而全媒体教育则从更新教学内容、改进教学方法、创新教学组织形式及内容等多方面推动了新闻传播学科的发展。

案例 1

当前，我国大力推广的媒体融合，已进入媒体与社会加速融合阶段。媒体主动谋求与社会的创新融合，成为其存续发展的必然选择。《教育部、中共中央宣传部关于提高高校新闻传播人才培养能力实施卓越新闻传播人才教育培养计划 2.0 的意见》，明确规定本学科要培养造就一大批具有家国情怀、国际视野的高素质全媒体化复合型、专家型新闻传播后备人才。因此结合学科特色，在社会实践中培养融媒体人才成为应有之义。

一、面临的问题：

1. 媒体融合时代，教师如何适应新文科建设的发展要求，在课堂教学的基础上，需要通过怎样的社会实践方式，才能培养出合格的融媒体传播

---

① 参见黄楚新《当前我国媒体融合发展状况、存在问题及趋势》，党建网，http：//www.dangjian. com/shouye/dangjiangongzuo/xianjirongmeitzhongxin/202007/t20200728 _ 5728779. shtml，2020 年 7 月 28 日。

人才？这已成为全国各大高校新闻传播专业面临的共同问题。

2. 具体操作层面，教师带领学生开展课外实践，是否需要与媒体合作？如果选择媒体，是依托校园媒体，还是专业媒体？如果选择专业媒体，是选择传统媒体，还是选择新媒体？合作对象的甄别取舍，决定了培养的方向与人才的质量。

3. 开展社会实践时，参与的老师与学生是选择本专业，还是跨专业、跨学科甚至跨校合作？采访调研的地点是选择本地化，还是跨区域的异地采访与调研？这些内容的考量，会在一定程度上影响人才培养的效果。

二、解决问题的思路

中国社会科学院大学牵手中国人民大学、浙江传媒学院发起的“青年卓越新闻人才浙江见习营”强调课外社会实践的功能与作用，因此会每年组织师生开展跨校合作以及跨区域的社会实践活动，其特色及创新点如下(见图1)。

1. 媒体平台的选择与合作

选择合作的媒体平台是培养融媒体人才的关键。选择传统媒体搭建的新媒体平台作为合作方，是一条有效的路径。传统媒体保障了信息的权威性、真实性；新媒体平台适应了用户导向的传播需求。在京院校可以联系中央或者北京的主流媒体平台。例如2020年浙江行卓越人才见习营（下文简称见习营），我们选择了《科技日报》的新媒体中心以及《中国青年报》新媒体中心作为合作伙伴，两家媒体旗下分别拥有微博、微信公众号、客户端等新媒体矩阵，并且邀请的记者分别是中心负责人，具有最终发稿权，这样就可以将符合媒体标准的学生作品在新媒体的平台上推送，从而达到在场培养与即时传播的良性循环效果。

在合作过程中，培训学生时要突出掌握如下要点：

（1）实战机会，在奔赴联络好的采访目的地之前，按照媒体新闻生产流程，设立学生代表、老师、记者三方参加的编委会，组长由记者担任，赋予其报道刊发的终审权。开编前会指导学生申报新闻线索，并且抓住实地采访新闻事件以及模范人物的契机，锻炼个人的采访、出镜、摄影、摄像、修图、编辑、审核、推送等新闻生产各项技能。

（2）专业指导，专业老师和媒体记者的联合培训。专业老师往往长于内容传授与理论教学，而媒体记者则深谙新闻采制与内容编发之道。在

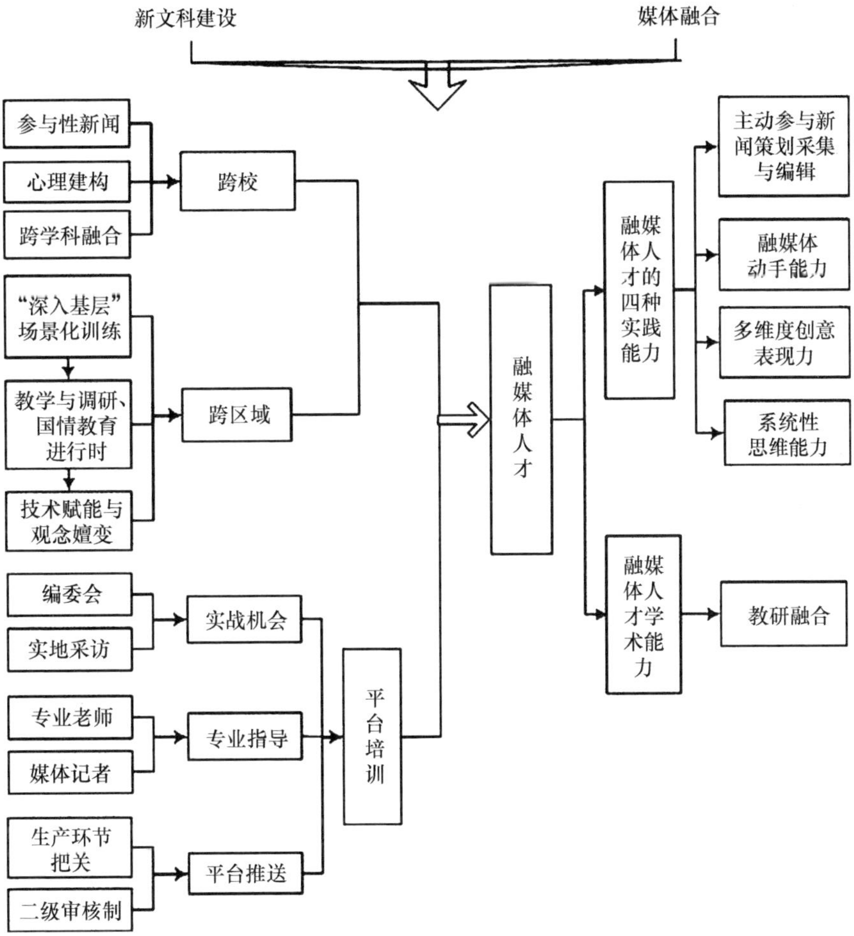

图 1　“融媒体人才”社会实践培养思维导图

2020 年见习营中，通过编委会，沟通协调选题遴选与报道问题的解决等，将学界和业界进行了有机结合。

（3）平台推送，发稿采取“小组初审—老师二审—记者终审”的三级审核制度，保障新闻产品质量的同时，也锻炼了学生对新闻内容的甄别与鉴赏能力。

2. 跨校合作：培养学生能力的三个有利因素

（1）参与性新闻

参与性新闻，是指一个或一群公民在收集、报道、分析、散布新闻和信息起到的积极作用。这种行为相比传统新闻更看重于交流、互动。跨校合作的青年学子，利用社交网络平台，自主搭建媒体账户，并主动开展互动交流、信息传播行为，提升了个人能力，传播了正能量。例如2018年四川之行，学生们在报道“农民电商创业”“关爱留守儿童”等内容之前，就创建了微博“社科大融媒体采访团”，并将之作为融媒体新闻发布的重要平台。2020年见习营，三校学生又共同创建了抖音号、快手号以及微信公众号等。

（2）心理建构

作为面向实际工作场景的新闻实践，见习营学员们，面对高强度的新闻采制工作，会有心理适应期。而见习营中的心理学老师，将从应对心理压力、增强心理韧性，提升未来新闻从业人员心理素质的角度予以指导。

（3）跨学科融合

见习营在进行人员遴选以及队伍搭建时，无论老师还是学生都从学科融合的角度进行了准备。例如中国社会科学院大学2020年见习营，就选择了研究媒体融合、影像传播、心理学等不同学科、不同方向的老师；而学生则涵盖了新闻传播学、汉语国际教育、经济学等不同专业，以及博士、硕士以及本科不同层级的学生参与。此外合作的学校——浙江传媒学院和中国人民大学的师生，同样也兼顾了不同学科与专业的师生，从而在社会实践过程中，实现了跨学科的有机融合。

3. 跨区域实践：学生思维嬗变的内在逻辑

（1）“深入基层”场景化训练

传统的课堂教学具有相对的滞后性，很多重大的经济、社会、人文议题无法及时地、鲜活地、多维度地通过影像的形式，从大众关注和讨论的议程进入到教学课堂中。新闻学科的内在要求是即时性、直接性，然而社会议题“教材”与学生经验具有无法拉近的距离，并非只要将课程内有的教材连接到社会，就可以让关系拉近。

此外，相比本地的社会实践行为，跨区域的社会实践有其独特优势。例如2020浙江见习营，就是因为选择了红船起航地、改革开放先行地、回望改革开放40年浙江轨迹等，凸显了地点选择的重要性、风土人情的新鲜性等特征，因而基于“一线采访”“深入基层”的跨区域融媒体实践，让传统教学有了升级的契机。

(2) 教学与调研　国情教育进行时

不仅要实践教学，同时要带领学生开展调研。例如2018年四川之行，我们调研的主题之一是“农村精准扶贫”。跨区域实践，在培养学生适应当下与未来随时变化的生活和工作能力的过程中，不以学科知识及技能为限，更透过基于对实践地区新鲜感激发调研的兴趣。随着社会实践的深入，学生们的爱国热情被激发了，对我们国家的历史也有了更鲜活的认识。从教学、调研二位一体的角度，提升了学生的综合能力，促进了学生的健康发展。

(3) 技术赋能与观念嬗变

社会实践的过程，是将学习从教室移动到实体或虚拟环境中，透过网络随时随地选取各种信息，不仅可以创作非虚构影像，更能融合文字、图像，还可以实现在传播场域中与其他受众互动，实现超媒体效用，并且不受时间空间限制。新闻资料具备极高便携性，新闻产品具备优良的完成度，可实现多种类、多形式的作品输出，是融媒体时代具有典型性和标志性的应用案例。并且在短时间、跨区域密集训练的时间里，通过所记录的人物肖像、新闻事件，让学生“看到”社会正在发生的事件，透过理解社会真实的机制规律、实施者观点、语料环境及诉求的受众，使其不仅对教学课程、相关理论有更深刻、真切的理解，更能突破社会现象的表面，对世界有了更深入的理解。

总之，利用数字信息技术参与社会活动，将基础理论赋予学生个体的创意之中，使学生生动地体会到行业的发展。在采制过程中，学生结合我国的国情，思考国家、社会解决问题的方法和途径，会进一步增强学生们的民族自豪感以及对国家的凝聚力。

(二) 全媒体向纵深发展 推动人才培养布局

全媒体时代，媒体融合向纵深发展，媒介生态被彻底地颠覆。与之对应，我国传媒行业的人才培养，遇到了现实的挑战。首先，虽然全媒体的教学内容、理念与媒体融合紧密相连，但是作为新兴学科，在理论教学方面，其本质上依然是采用传统的教学形式。即使授课框架体系搭建得多么完备，单纯的课堂理论教学依然存在一定的片面性。其次，从课堂的局限性来看，由于全媒体内容在国内尚属新兴理论范畴，学界并未形成统一的学科认知。加之学科特点，决定了教授的理论内容需要不断更新，增加了备课及授课的难度。最后，相关教材也是参差不齐，没有公认的权威教材，每一轮的讲义及教材都要根据当时情况，甚至在授课中适时增删。这样既加大了授课老师的备课负担，同时也在一定程度上分散了老师带学生实践的精力。

与国内的相关理论研究相匹配的全媒体实践教学也起步较晚，发展得不够成熟，尚没有成规模、成体系的实践教学模块。即使存在的所谓实践课程设计，也更多地扮演课堂内容补充的角色。例如，对于最新的智能传播等内容，完全需要老师自行搜集与梳理信息，这就要求授课老师需要与时俱进，不断跟踪业界的最新代表性产品以及学界的相关研究成果，并用于课堂之上。从授课教师的专业背景来看，全媒体理论与实务的课程，客观需要老师具备如下的专业背景：（1）丰富的媒体从业经历，尤其在采访、编辑一线有实际操作经验的双师型人才；（2）有过新媒体从业经历，对媒介融合有深刻的理解与感悟；（3）计算机背景的专业人才，在实践过程中，能够提出具体的技术性解决方案；（4）具备艺术知识背景，使学生掌握一定的艺术创作理念。

因此当前的教学实践，暴露了两个问题：（1）学生的书本内容与社会实践存在“两张皮”现象；（2）单纯的课堂教学，无法实现真正意义的学科深化与交叉，客观要求一种将两者有机结合的实践教学模式。

案例2

全媒体环境下新闻传播人才培养体系研究是一项系统研究体系与培养方案的尝试。作为一个新兴的教育教学改革项目，本项目试图在媒体融合的技术图景下，带领学生开展围绕新闻传播领域的全媒体、全链条、全流程的社会实践训练与培养的尝试。这有别于清华大学李希光教授曾经开展的“新闻大篷车”活动。虽然“新闻大篷车”活动，在新闻学界留下了难以磨灭的印记。但是从新媒体的视角分析，前些年的社会实践采访活动，更多是基于对学生的传统媒体报道理念与技能的培训。而今天结合全媒体的采写，则更多要求学生在场景、观念与现实中自由切换，适应媒体融合的现状，努力寻找到与之配套、适合表达的形式与内容，从而在实践层面，让学生深刻体会新闻生产与新闻解读的平衡与张力。

为此，老师的初衷，既然是全媒体采访团，就要求每一位学生都经历过采写编评的训练，同时也要熟悉各种采访机器的使用以及报道技巧，给每一位同学提供不同角色的机会，让他们真正从文字到摄影到摄像，再从新媒体撰写到推送与运营，得到全方位的锻炼。充分体现“融”媒体的魅力所在。而本人一直在努力尝试“教学实践前置”的教学理念创新与探索。即作为重视实践的学科，新闻传播专业的学生应该将个人的学习与行业需求和社会实践结合起来。这就需要老师和学院联动，在掌握基础理论和实践技能的基础上，给学生创造条件，带动他们更多、更早地参与到新闻生产实践中去。实践得出，对大二的学生，就可以在完整的新闻生产链条中培养其对新闻的敏感与直觉，强化新闻的专业技能与职业属性。

通过以上一系列必要的可行性研究、集体决策等事前分析，我们决定开展此项在全媒体环境下的暑期调研社会实践活动。

本次开展的“融媒体暑期社会实践调查活动”，适逢伟大的革命导师马克思诞生两百周年，同时2018年是中国社会科学院大学媒体学院[①]第一届招生。为了更好地开展“马克思主义新闻观教育”系列宣传活动，为了响应学校和学院的号召，并打造中国社会科学院大学以及媒体学院的知名品牌，我们做出这次努力和尝试。

2018年8月9日到20日，中国社会科学院大学媒体学院师生一行十人，由带队老师王凯山博士、张薇薇博士，随行硕士研究生和本科生八人，前往四川省内江市及所属乡村，围绕习近平总书记在党的十九大提出的“扶贫攻坚”“生态保护”“美丽乡村”等一系列的乡村振兴政策，做好宣传解读工作。在此期间，学生也受到了融媒体环境下的全方位锻炼。

一、项目绩效目标。

作为中国社会科学院大学，培养专业过硬且高素质的学生，是我们义不容辞的历史使命。要通过言传身教，牢固树立学生的大局意识和国情意识，在潜移默化的过程中提高学生的政治觉悟和执行能力。

1. 在带领学生开展新闻实践过程中的报道选题设计，紧扣党的十九大

① 2018年中国社科院媒体学院，2020年改名新闻传播学院，本文写于2018年，故沿用媒体学院称谓。

报告中习近平总书记所做的《决胜全面建成小康社会 夺取新时代中国特色社会主义伟大胜利——在中国共产党第十九次全国代表大会上的报告》的相关内容。既要让学生在新闻实践中，切实受到教育与熏陶，同时也解决了后期新闻的出口问题。

2. 项目年度阶段性目标及年度实施计划。项目的年度阶段性目标是通过为期十天的采访实践，产生一批具有一定水准的、适合在中央及地方融媒体发表的新闻产品。与此同时，此项教改成果也会以论文及报告等形式发布，必将会获得学界和业界的认可，使之成为中国社会科学院大学媒体学院的“拳头产品”，形成独具特色的品牌效应。

本项目的具体安排及进度：

2018 年 7 月 10—20 日项目申请，采访地点联络及主题确定；

2018 年 7 月 20—30 日，老师联络及学生召集工作；

2018 年 8 月 1—7 日，学生出行准备及培训；

2018 年 8 月 8—18 日，融媒体采访实践；

2018 年 8 月 18—8 月底，教改实践总结。

2018 年年底前，陆续推出相关学术论文。

二、项目执行情况综述

2018 年 8 月 9 日至 20 日，采访团队一行十人，由中国社会科学院大学新闻传播学院教师王凯山、张薇薇带队，本、硕学生等八人同行前往四川内江，师生们将围绕“精准扶贫”“生态保护与美丽乡村”“乡村教育”“促进农民工就业创业”“关爱留守儿童”等选题进行调研采访。

形式：融媒体采访团重在一个“融”字，将视频、图片、文字进行结合，根据报道形式和特点在不同的平台进行发表。开通微博“社科大融媒体采访团”，进行动态更新。

活动内容：先后到达隆昌市古宇村、印坝村、柏树村，资中县金紫铺村、鱼溪镇，威远县四方村、兴家村等 12 个村镇进行调研，深入基层，走进村民家里面对面交流；前往新闻事业红色教育基地——范长江纪念馆学习；前往重庆日报报业集团学习交流。

中国社会科学院大学融媒体采访团希望通过以点带面来体现对四川省、对中国西部，乃至整个国家国情进行深入了解。

详见报道：

《中国社会科学院大学融媒体采访团出征内江》，http：//news. youth. cn/gn/201808/t20180812_ 11695674. htm。

《中国社会科学院大学融媒体采访团：青春下乡 聚焦“乡村振兴”与“精准扶贫”》，http：//app. cqrb. cn/news/2018－08－23/48992. html? from = groupmessage&isappinstalled =0。

具体新闻稿件如下：

（一）青春下乡　聚焦乡村振兴与精准扶贫

2018 年 8 月 9 日至 20 日，采访团围绕“乡村振兴”“精准扶贫”“关爱留守儿童”“生态文明与美丽乡村”等主题，先后到达隆昌市古宇村、印坝村、柏树村，资中县金紫铺村、鱼溪镇，威远县四方村、兴家村 7 个村镇进行调研，深入基层，走进村民家里面对面交流。柏树村张中琼老人今年 75 岁了（见图 2），虽然儿女都不经常来看望，只有孙子偶尔给 200—300 元，但是她仍然，有一个“富贵梦”，在政府的帮扶下她搬进了新房子，还打算喂养几头猪并计划于 2018 年脱贫（《贫困户张婆婆的“富贵梦”》）。

图 2　为柏树村贫困户张中琼（75 岁）热情地招呼采访团成员品尝新收的花生（中国社会科学院大学　刘杰摄）

金紫铺村1992年出生的李全莉2014年家庭突遭变故，因病致贫，两年后脱贫，她在接受采访团的采访时眼泛泪光地对着镜头说："我不想做贫困户，没有人愿意做贫困户。"（《我不想做贫困户》）

兴家村刘小康，从贫困到脱贫用了两年时间，他心系家乡，并于今年上半年返乡创业，给周边留守妇女创造了六十余个就业岗位，"靠政府的补贴只是一时的，只有靠自己努力才是一辈子的。"（《返乡创业：脱贫不忘家乡人》）

《黄浩伟"站起来了"》（见图3）

《能人杨连忠的5A梦》

《小小柑橘苗的荣与枯：万亩柑橘产业破题乡村振兴》

……

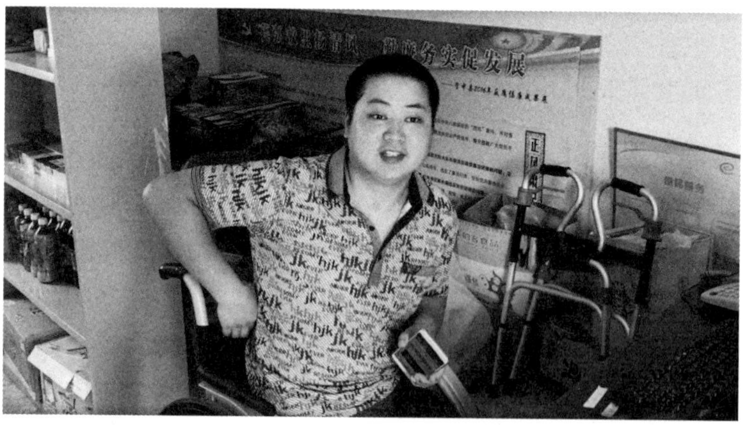

图3　为金紫铺村黄浩伟给采访团讲述自己克服身体上的残疾在经济上"站"起来的故事（中国社会科学院大学　尚俊旭摄）

这一个个鲜活的故事，不仅仅是村民脱贫奋力走向致富道路的典型，也是乡村振兴与精准扶贫现状的缩影。

（二）践行长江精神

"这个世界正需要无数有操守的记者，代表人民的利益而奋斗。"中国社会科学院大学融媒体采访团一行十人在到达内江后的首站就来到了范长江故居及范长江生平事迹陈列馆接受马克思主义新闻教育（见图4），了解范长江先生的经历，学习并践行"长江精神"。

图4　为采访团师生在“范长江新闻林”前合影
（中国社会科学院大学融媒体采访团摄）

三、项目建设成果综述

（一）项目取得的标志性成果

据不完全统计，全国共有四十多家中央、省、市媒体对此次活动进行了直接报道。其中中央级媒体《中国日报》《工人日报》《法制日报》《科技日报》《中国青年报》，以及全国性新媒体人民网、新华网、中国网、中青网、凤凰网、腾讯网、搜狐网、西部网、大众网、海南新闻网、工人日报官方微博等，人民日报客户端、科技日报客户端等媒体，以及今日头条、梨视频、西瓜视频、青蜂侠、中青视频等视频媒体，国内知名媒体《重庆日报》《成都商报》，地方媒体《内江日报》、内江新闻网、内江电视台以及中国社会科学院大学网站和中国社会科学院官方微信公众号等，都对此次行动进行了详细报道。其中中青网、重庆日报社网站等媒体，还多次转发视频及融合新闻，都从专业角度对团队的报道产品予以较高评价。

此次活动，对新成立的中国社会科学院大学及媒体学院美誉度的提升，有着积极的推动作用。此外，这次调研还形成了5万多字的调研成果，并在2018年11月举行的“首届实践教学与卓越人才培养创新高峰论坛”发布。

本次活动取得的标志性成果如下：

（1）我校首次获得团中央的“青春三下乡优秀教师奖”和“青春三下乡优秀视频奖”两项殊荣。

（2）两位带队老师王凯山和张薇薇荣获“2018年度首都大中专学生暑期社会实践先进工作者”荣誉称号。

（二）主要特色

1. 国内第一家依托全媒体传播理念，带领青年学生深入了解我国乡村振兴与精准扶贫政策落实状况的暑期社会实践活动。在实践中，让学生们体会到乡村振兴与精准扶贫政策的英明之处，从而坚定了学生们积极投身到社会主义建设中的决心。

采访团成员王美华是中国社会科学院大学18级研究生，她说：“中国真正强大的体现不在于城市，而在于农村。长期以来，农村和农民都是被忽略的大多数，精准扶贫政策关注到最需要帮助的人，也是长久以来最容易被忽视的人。本来我对2020年全面脱贫心存疑虑，但这次调研后，我感到对此很有信心。”

2. “全”字贯穿始终

全媒体采访团重在一个“全”字，将视频、图片、文字进行结合，根据报道形式和特点在不同的平台进行发表。

采访团共生产的全媒体视频报道20个，融合新闻稿件24篇，微博60余篇，其中报道《神奇的脱贫户——黄老汉》于2018年8月17日在自媒体——微博“社科大融媒体采访团”上发表后，次日粉丝数量超过500人，目前微博粉丝共940人，受到了学界、业界的认可和好评（见图5、图6）。

四、项目绩效情况

（一）项目绩效目标完成情况分析

1. 项目产出完成情况

（1）实际完成情况

本次活动达到甚至超出了项目预期计划。既实现了宣传推广中国社科

图5　视频由“青蜂侠”发布在今日头条后，4天内点击量达到24万+，获赞690+，并且数据还在持续增加

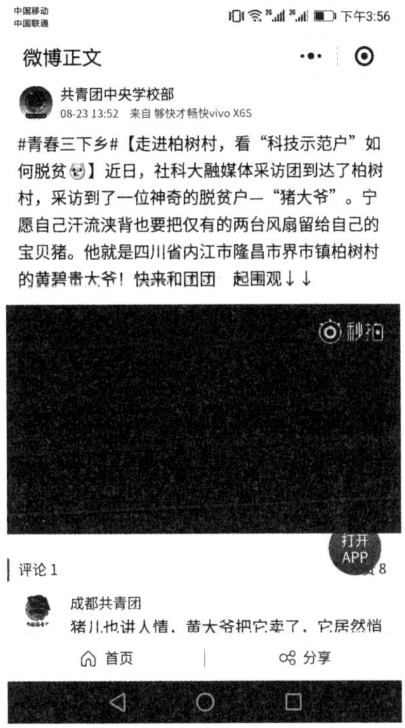

图6　2018年8月23号，拥有120万粉丝的微博@共青团中央学校部，主动转发了这个视频的截图

院大学和媒体学院的目的，同时也让学生在融媒体技能得到充分提高的基础上，深刻领会了中央的政策精神，并对国情有了深刻的理解，同时也获得了良好的传播效果。《成都商报》2018年8月12日《中国社会科学院大学新闻学子“长江故里行”，融媒体聚焦精准扶贫》原创报道中的视频引用了采访团的作品《长江印象》；重庆日报新媒体事业发展中心常务副总编辑王方杰，用“妙趣横生”来形容采访团的作品。内江电视台对中国社会科学院大学此次调研活动进行了跟踪报道，并在当地电视台的重点栏目《视点》进行了5分钟的报道（见图7）。

视频标题：《专题聚焦精准扶贫　中国社会科学院大学团队走进内江》

视频链接：http：//cms. scnj. tv/wap/showplay. php？ id = 1899059&flag = 1&from = groupmessage&isappinstalled = 0。

图 7　带队老师王凯山接受当地电视台的采访

（2）项目完成及时性

该项目在当年8月就付诸实施，并顺利且高效地完成，为今后项目的开展，打下了较好的基础，并且起到了很好的参考作用。

（3）项目质量达标情况

本次调研在这方面做出了较好的尝试，无论是通过媒体传播形成的广度，还是调研获得一手资料，形成五万多字的调研材料所达到的深度，都

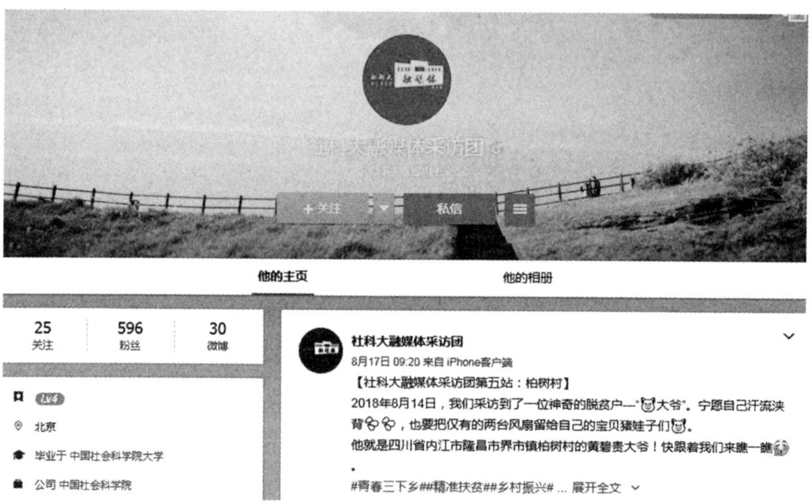

图 8　“社科大融媒体采访团”微博简介上写道，“沉得下去　提得上来”

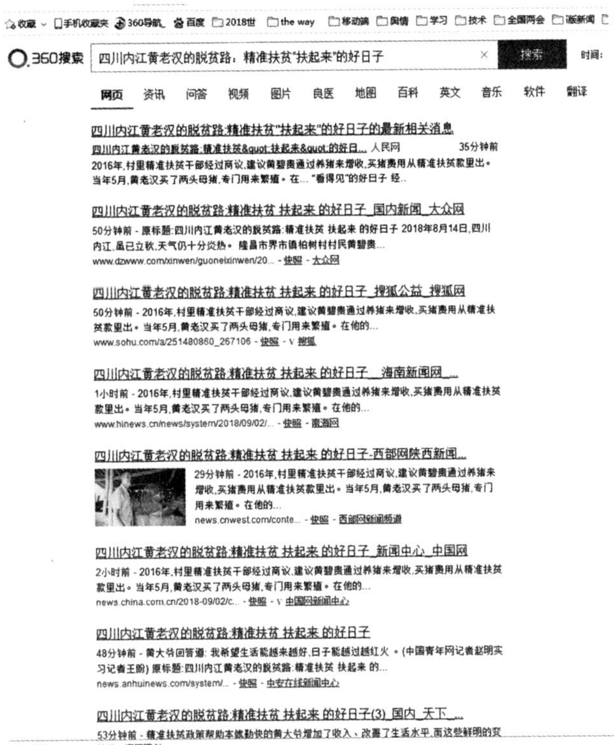

图9 《四川内江黄老汉的脱贫路　精准扶贫扶起来的好日子》截图

图10 《中国社会科学院大学融媒体采访团出征内江》报道截图

取得了超出预期的效果。

王凯山老师（中国社会科学院大学教师，博士，此次采访团带队老师之一）解释这句话为："沉下去调研采访，还能将关键信息反馈上来。这也符合中国社会科学院大学对此次调研活动的期待。"

(4) 项目成本控制情况

在认真完成项目，实现预期甚至超出预期效果的同时，项目成本得到了很好的控制。严格按照经费预算，遵守国家的相关财务制度。例如吃饭，开始两位老师还自掏腰包请学生们吃饭；后期业务繁忙，项目组通过订盒饭以及老师带领学生寻找标准之内的饭馆解决。

2. 项目效益实现情况

本项目的实施，无论是经济效益还是社会效益都超出了预期。从经济效益看，一所新成立的大学，如果想通过全国数十家媒体的宣传，投入的宣传推广费用可想而知。而我们通过具体活动的实施，在没有投入一分钱宣传费用的前提下，将学校在全国的美誉度提升到了一个较高水平。从社会效益看，作为中国社会科学院大学，培养优秀的学生，是义不容辞的历史使命。并且身处意识形态前沿的新闻传播专业，更是要通过言传身教，牢固树立学生的大局意识和国情意识，在潜移默化的过程中提高学生的政治觉悟和执行能力。此外，我们的宣传报道，无论是在全国范围内宣传马克思主义新闻观，还是从媒体融合下的新闻专业出发，均让我们的学生深有所获。

未来，我们将本着发扬光大"社科大融媒体采访团"品牌的目的，继续带领学生利用暑假开展社会实践调研活动；同时利用平时带领学生的学习时间，把实践与学习结合起来，把我们的微博平台阵地充分利用起来。在社会实践的同时，我们将把实践过程中的宝贵经验及时总结，以项目论文的形式发表；同时择机集结成册，以利于更好地传播与传承。

（三）全媒体人才培养破局　聚焦非虚构影像模块化教学

在当今的互联网语境下，全媒体生产实质是从媒体融合发展到用户导向阶段，其对新闻生产全流程的重塑。结合此特点，作者初步总结出，在文字、图片的基础上，短视频尤其是微视频已经成为传播的一种有效手段，利用媒体型平台传播，在培养学生的融媒体素养、发挥其主观能动性方面，有着独到的优势。本项目聚焦在教师指导学生全媒体非虚构影像之模块化教学设计，引导学生从传统被动接受新闻传播理论、知识，到运用智能传播工具和手段发挥创意，主动参与社会、建立自我观点的能力。而结合新闻传播理论等基本教学目标，通过“非虚构影像之模块化教学设计”可以更有效地实现教学流程的优化。项目实施过程中从传统的影像拍摄、记录工具到移动智能手机、平板和摄录机等技术工具，以作为社会参与的方式，在移动互联网和人工智能算法对影像素材的识别、编辑下，增加了学生对科技工具的应用能力、创意表现能力、主题呈现能力、社会议题参与能力，让学生的非虚构影像记录更吸引人、更快传播且更具影响力。

结合历次的教学实践成果可知，将非虚构影像引入本学科的全媒体教学实践中可以大幅提高教学和实践质量，由于非虚构影像与新闻事件、专题等有着本质关联，而且见习营的成果亦可验证全媒体非虚构影像的创制和传播可以更贴近自然、关怀时代和社会议题，充分运用智能工具和平台，更可以降低全媒体非虚构影像的制作和播放的时间、经济成本，因此将其模块化非常有助于整合全媒体非虚构影像于新闻传播实践中。发挥全媒体非虚构影像的真实、真情、真切的媒介特质，更能体现学生介入时代和社会议题，发挥独特的审美和创作力，最终可以切实提高全媒体作品对地方政情、民情、经济社会发展的呈现。因此“全媒体非虚构影像之模块化教学设计”让学生更快速、更精准、更主动地参与新闻事件和专题报道，是效果突出的典型性教改尝试，非常有必要进行全面的总结和进一步规划，从而达成如下目标：第一，通过技术平台的引入，形成常态化的全媒体新闻生产教学模式。第二，学生在如下四个方面有显著的提升：（1）主动参与全媒体新闻与专题的策划、采集和编辑；（2）运用全媒体创作的能力；（3）多维度、多侧面的创意表现能力；（4）系统性思考的观念与意识。

在“全媒体非虚构影像之模块化教学设计”中，特别设计智能传播模块（module）的教学方法。教学过程中，教师能够按照自己的速度和项目进度，选择自己的教学模块，选择各种主题，识别此教学模块的优缺点，并视需要重新排列组合。前期实践和成果显示，在全媒体非虚构影像的制作中，教师使用教学模块的设计能大幅引发学生的兴趣，通过模块单元的学习，更好地理解教学目标和方法，因而提高学生的学习效果，因为模块单元引导的过程，能提高问题解决及创造思考能力。智能模块在全媒体非虚构影像的教学中优势明显，以标准化、流程化进行全媒体非虚构影像的摄取、编辑和发布，同时又最大限度地保证了创新理念。此外，为了优化流程，更好地发挥全媒体非虚构影像智能传播的特点，结合实践优化为由设计（design）、实施（enactment）、分析评估（analysis）和传播扩散（spread）四个循环迭代的教学训练过程。

传统的“影像课程教学”具有相对的滞后性，有很多重大的经济、社会、人文议题无法及时地、鲜活地、多维度地通过影像的形式，从大众关注和讨论的议程进入教学课堂中。新闻学科内在要求即时性、直接性，然而社会议题“教材”与学生经验具有无法拉近的距离，并非只要将课程内的教材连接到社会，就可以让关系拉近，而基于智能传播的非虚构性影像教学，让传统教学有了升级的契机，这与场景化密切相关。场景化教学不仅包括理论的应用，在教学策略的调整上，更注重教学项目中面对面的互动和团队协作，注重“符号运用与沟通表达”，积累“智能传播媒介经验”，培养“艺术涵养与美感素养”，适应了社会变化的数字科技、自媒体与符号运用表达的趋势。

“非虚构影像模块化教学”的核心诉求是改善传统以理论为主的教学，应用全媒体非虚构影像的智能化制作为重要辅助手法，培养学生适应当代与未来生活和工作场景的能力。不仅以学科知识和技能为限，更关注透过实践力行而彰显人格发展，以教学、研究和实践三位一体作为现代公民之知识、态度与技能，即提高学生整体性综合能力和素养。

在教学与实践中，需要采集的影像数据遍布新闻现场，传统拍摄受限于存储、传输等，只能收录很少部分，在深度结合智能传播技术和工具后，“智能数字设备 + 宏数据 + 人工智能算法”的影像采制流程，能够实时地采集、记录、共享、编辑和发布流程，经过实践测试，一次 60 分钟的实地调研活动，按照不同主旨、不同受访人总共产出 6 部完整的非虚构作品，并实时在网络视频平台发布，实现实时协作、同步共享、即时发布。

全媒体非虚构影像拥有“真实”的特质，极易打动人心。全媒体非虚构影像的广泛传播，让观众开阔视野，全方位地关注真实的社会。在教学中，透过非虚构影像所记录的人物肖像、新闻事件，学生“看到”社会正在发生的事件，透过理解社会真实的机制规律、实施者观点、语料环境，不仅对教学课程、相关理论有更深刻、真切的理解，更能突破社会现象的表面，对世界的认识有更深入的理解。

然而，制作全媒体非虚构影像的传统方法耗时耗力，大量时间花费在拍摄团队协作、素材分辨整理、后期制作等环节。对于学生而言，这个过程往往因其硬件门槛高、需要大量实践经验支撑而望洋兴叹。但是在本学科的教学中，上述困难必须有效解决才能获得良好的教学效果，学生才能在校园中习得必要的知识、技能和经验，才能更有竞争力地进入社会工作。

为了让上述教学实施过程更加简易、快捷，让效果更为理想，需要在传统的教学路径上，利用好智能传播技术和工具，形成独特的教学方法论。经过前期实践探索后，总结出“智能数字设备＋宏数据＋人工智能算法”的模块化非虚构影像采制流程。

智能数字设备包括智能手机、平板及周边设备（云台、无人机等），这些智能设备的优势是其均衡性，平衡了影像摄取、数据云存储、异地联机等优势，有助于团队分工。拍摄团队、影像数据整理与制作团队可以实现各自分工又实时协作，极大地提高了效率。宏数据指的是由于大量的影像从拍摄前方传输，并存储在云端，而位于后方的影像制作团队则需要快速地从影像数据中定位、调用相关影像，剔除不需要的影像，整个过程在影像数据分析平台的协助下，可以摆脱传统的人工按照镜头序号逐个检查的方式，极大地缩短了影像整理的时间。人工智能算法是模块化的重要技术基础之一，在算法的协助下，将影像进行内容分析，按照日/夜、动/静等内容归类，有助于后期剪辑调用，并提供了相应的音乐、音效库和风格匹配的字幕库以供学生调用。而发布前，更可以按照网络模式和影像终端自动匹配码流、分辨率等影像参数，有利于快速网络发布。

技术赋能带来巨大的教学实践优势，让教学与实践双向同步开展，将学习从教室移动到实体或虚拟环境中，透过网络随时随地取用各种信息，不仅可以创作全媒体非虚构影像，更能融合文字、图像，还可以实现在传播场域中与其他受众互动，实现超媒体效用，并不受时间空间所限制地提取、编辑、整合，具备极高便携性和优良的完成度，可实现多种类、多形式的作品输出，是融媒体时代具有典型性和标志性的应用案例。

技术赋能的全媒体非虚构影像采编，有利于学生参与真实的社会，在当下参与的时刻记录当时的社会。过程中学生要主动行动，规划进度，提高执行力，求应变、求创新；融入场景，利用人际关系与团队合作；善用科技以采集数据，运用基本人工智能算法从宏数据库中提取有效素材，最终产出全媒体非虚构影像作品（包括文字图片作品）成果，在实践中了解作为一个专业人士所必须具备的能力和素养。创设一条基于全媒体教学实践的、适合学生掌握的智能传播路径，最大的动机来自场景化教学实践和智能传播技术赋能下，改变学生对教材冷漠、对社会议题回应过慢，导致与社会疏离等教学问题。从智能传播技术的优势出发，透过开发全媒体非虚构影像采制流程和作品的模块化教学设计，让教师将学生带出教室、走入社会。在智能传播技术和工具的基础上，以往认为制作影像作品需要长期而艰苦的技能培养的观念得以改变——全媒体非虚构影像作品的采制可以更广泛地应用在不同学科中，重点不在硬件、不在技术，而是要遵守步骤化、模块化和流程化的教学设计模式。这种模式成为该教师的教学模型，教师只需选择主题，便可较快速地服务于教学实践中。

（四）全媒体在教学实践过程中的创想

1. 关于机器写作技术问题的讨论。例如展开对合作媒体的写作机器人研究，对新华社、《人民日报》《科技日报》等媒体的机器写作进行研究。更进一步尝试让学生模仿写作机器人的风格，倒推并理解其写作逻辑，从而为将来深入了解机器写作打下基础。

2. 研究机器写作对受众认知的影响。让学生参与到机器写作，与写作机器人共同完成报道任务，检验受众认知对机器写作的情感反映。

3. 类人机器人或者 AI 主播研究。国内文献对 AI 主播研究还停留在观感层面，没有研究方法，我们尝试对此开展深入研究。

4. 算法的研究。回音室效应是指人们身处于一个封闭的环境中，传播的信息并不准确，但是久而久之，就误导成一种正确的声音。过滤器泡泡效应是指根据你的喜好、喜欢的人打造成喜爱的全景信息。前者是负向效应，而后者长远看也不是正向的效应。以上两种效应都与算法有关，算法是一个值得充分质疑的工具，打造的茧房效应还不够，其最终是否会被抛弃，值得研究。

5. 全媒体与校园媒体运营。从预期效果探讨，我们准备创设一条基于全媒体教学实践的、适合学生掌握的智能传播路径。具体成果会形成可以复制、推广的课程教学实践模式，让更多从事新闻传播教育的老师们掌握新媒体传播人才培养的方法与思路。相比较之前的社会实践，今后的调研要在尊重合作伙伴的同时，更体现主体性，将调研问题的指向性与调研的目的性有机结合。例如智能传播领域将作为今后调研的主要目的地之一，通过场景的精心选择，充分体现智能传播发展现状的场景化教学与技术赋能的魅力，更好地引导老师和学生开展此项研究。

案例 3

《中国社会科学院大学全媒体新闻中心运行机制草案》①

2018 年国家网信办发文，鼓励传统主流媒体以及政府机构、企事业单位、社会团体和组织等大力开发移动端新媒体，扩大网络传播效果，并出台一系列扶持政策。

中国社会科学院大学全媒体新闻中心的建立，依托新闻传播学院的全媒体中心，充分发挥融媒体中心的资源，服务新闻传播学院、中国社会科学院大学乃至整个中国社科院，意义重大。

新闻中心推出的全媒体产品将立足社会科学，整合中国社会科学院大学师生资源，利用融媒体视听感染力优势、碎片化传播优势、全民参与优势、无障碍传播优势让国民感受国家能量、让世界感知中华文明。全媒体可以提高信息传播的效率。打破原有的传播模式，搭建融媒体信息平台，扩大新闻传播的影响力。

无论传播方式如何改变，核心始终不变：内容为王。

一、核心定位：校级全媒体平台

1. 受众定位：未来成立的新闻中心位于校园内部，主要受众为校内师生及社科院系统。因此，新闻中心的受众定位：覆盖社科大，涵盖社科院。

2. 目标定位：主要功能之一是培养学生的实践能力，校园媒体是新闻

① 《中国社科院大学全媒体新闻中心运行机制草案》于 2021 年成稿，由作者五凯山撰稿。

中心的一个重要属性，其运行机制应遵循校园媒体的基本规律。诚然，目前的运行环境、人力资源、技术条件、系统保障和传播网络都不足以支撑长期持续地面向社会公众大范围传播。但是在老师和学生全力以赴的情况下，生产出的新闻产品应该是“准专业级水平”。

新闻中心发展目标定位：短期对内，长期对外，期间有合适的作品力争破圈。

先确定第一阶段的目标，首先满足学校的需求，完成中国社会科学院和大学里的各类党政新闻的传播要求，这是新闻中心的常规任务，类似本单位的《新闻联播》的工作。

第二阶段的目标，基于实验室的软硬件，加强融媒体新闻学的理论探索和实践探索，进行有针对性的教学活动，着重培养本专业学生的专业能力和动手能力，制作出一批符合“全媒体”规范的实验性新闻作品。此外，基于实践成果和理论探索，申报相应的科研课题，夯实全媒体中心的多维价值。

第三阶段目标，主要致力于扩大社会影响力，包括中国社会科学院、中国社会科学院大学的社会影响力，以及深度介入社会舆论场，成为社会议题的参与者、社会舆论的引导力量之一，成为宣传队伍的组成部分，成为高校媒体机构中的佼佼者。

基于对目标的分解和分析，接下来制定新闻中心的业务组成、部门编制等组织架构。具体如下。

新闻部：可融合传统媒体新闻采编室和互联网新媒体新闻团队的构成，将两者的特点融合。例如借鉴央视新闻中心的时政新闻部，设立统筹策划组、记者组（ABC 组等）、摄像组、后期组等。主要工作是完成中国社会科学院本院领导和中国社会科学院大学本校领导的重要活动、对内对外重要事件的宣传等。新闻产品包括文字、图片、短视频、长视频、H5互动、自媒体帖子、微博等社交媒体稿件等。

理论部：鼓励教师在这个模块中探索新闻、传播理论的拓展和研究，参与者（教师）组团申报相应的课题；组织召开学术交流会议，承担新闻传播学的智库功能。

上面两个部的主力人员主要由教师构成，而学生则统一划归“工作坊”，在新闻部和理论部不同老师的带领下，进一步细分，形成工作团队，最终完成新闻作品和理论作品。

工作坊：主要由学生组成，与新闻部交叉，在新闻部和理论部的教师带领下，完成不同的作品。学生划归工作坊可以计算学分，有利于统一管理，有利于实习费用的确定和划拨。

人员定位：涉及宣传部和新闻传播学院的两个部门的老师，互相协调，分工协作，双方职责明晰。以本校师生为主，充分调动外部媒体人的资源和平台配合。本校师生又以新闻传播学院的老师为主，学生则面向全校，研究生和本科生均可参加。在项目运行初期，新传学院老师可以协助推进并落实项目开展。长远而言，需要探索诸如聘用专人等可持续的用人机制。

具体来讲，为了能够保障节目的平稳开展，专职人员是保障节目可持续发展的必要条件。

根据新闻中心的需要，初步设计，需要如下人员：

统筹（1人）：频道构建、栏目策划、文案节目初审、人员设备统筹安排；

编辑（1人）：视频节目编辑；

包装（1人）：栏目片头、片花、标题、人名条、字幕条设计，以及网站手机端App美术设计；

编导兼摄像（2人）：采访拍摄，文案写作；

网站以及App设计（1人）：各类网页设计；

后台技术（1人）：各类节目上传，对接各平台节目传送。

建议前期先招聘两位专职人员，承担编导兼摄像/编辑工作，后期根据需要，再增加招聘人员。其间，老师承担育人任务，协助宣传部维护运行。

二、运行机制

1. 节目的生产运行机制

内容生产制度，实行栏目制度和征集制度结合。

栏目制度以主动采访为主，在以社科大校内新闻为主的同时，探索挖掘社科院和社科大的交汇新闻，即建立以12个学院的院所联系人（教学秘书）为代表的通联制度，在适当时机对他们开展一次通联培训，树立社科院新闻线索提供机制；同时建议参考《青春报》发掘并培养新人的有益做法，打造校园媒体中的视频版“青春报”。

采纳征集制度，建立有奖征集视频的机制（参考梨视频的做法），调动全校师生的积极性。

运行制度，项目负责制度。分成若干项目团队，既可以以节目内容划分，例如校园新闻团队，名师团队（负责专题片），美化宣传片团队（后期处理）等。也可以按照节目周期，划分若干团队，每个团队负责一期节目，循环运转。

2. 栏目的薪酬制度

综合考虑老师们的建议，在老师的教学科研之外，这是一项额外工作，带有公益的性质，要求适当合理的报酬，并不过分。

目前主要有三种倾向：

第一种按照折中量化（在参考专业制作团队费用的同时，考虑到准专业团队的现实，采取折中量化方法）的方式，建议采取项目制或稿费制。项目制是指将每期节目设置为相应项目，项目经费则为该期节目的总制作费用，指导老师带着学生团队来申请和承接相应项目，制作团队使用项目经费来支付劳务，项目成果是制作出来的视频节目。

稿费制则是按照实际制作出来的视频节目的数量或时长来计算劳务，1 期 10 分钟的节目稿费若干。

无论项目制还是稿费制，都对质量有要求，若有较好的社会效应或经济效益，则给予额外的奖金，奖励金额待定。如果未能保质保量完成，则扣除相应的绩效奖金。

第二种根据学校的现状以及以往的运行经验，倾向换算成课时量，相对更好操作。

第三种综合激励制。

包括一定的经济补偿、高质量的科研项目保障和职业发展保障，综合性地为教师提供奖励，鼓励其加速职业发展。

一定的经济补偿，指的是收入补贴，金额相较“薪酬制”少，但能激发参与者的热情和激情。

高质量的科研保障，指的是社科院、社科大承诺给参与全媒体新闻中心的教师更多的科研课题机会，包括组织教授、研究员牵头申报国家社科基金项目、教育部、北京市的科研项目，将新闻中心的相关专业老师纳入科研项目团队，形成团队“作战”，帮助其科研上路，助力其科研发展，为以后教师们独立申报或牵头申报打下基础，夯实本校青年教师的科研实力。

职业发展保障，指的是建立在经济补偿、科研保障的基础上，对参与全媒体新闻中心工作并做出较好成果的教师，在评定职称、优秀教师称号等职业关键节点中，给予一定程度的倾斜，对其新闻成果应当认定其价值，对获奖的成果给予科研级别的认定，鼓励更多、更有能力的年轻教师参与到理论探索和实践创新中来。

3. 科研保障

依托全媒体中心，申请国家的相关项目支持，建立国家级或者教育部的某个领域的研究中心。这样更利于推出相应的科研课题，吸引老师们积极申报，以实现融媒体中心的可持续发展。

很多青年教师希望能在科研上更多收获，建议这里可以设计更多激励机制，让青年教师在学术科研上有成就感，从而积极参与全媒体新闻中心的建设。

三、具体策略：分步骤、分阶段运行

1. 节目形态

所谓全媒体，更多的是一种理念，在传播方式上，视听媒体已经涵盖了原有的纸媒、广播、电视，在 VR 前时代，传播方式的王者依然是“移动端视频”。

全媒体矩阵形态，表达上可以理解为在“新闻纸”的底部结构上（包装借鉴《哈利波特》魔法部新闻），推出有声书（借鉴“喜马拉雅”）和影像频道；传播上，聚集桌面频道、手机端 App、B 站、微博视频号、抖音号、快手号系列平台，为自身传播助力。

采取固定栏目——社科大新闻和非固定项目相结合。初步设计的固定栏目：

《社科新闻》

视频节目，由主持人月播或者季播 20 分钟，以社科院、社科院大学时政新闻为主，辅助以社科院大学师生的生活情况。

《社科之子》

访谈视频节目，月播 30 分钟，由社科院泰斗阐述学术思想与家国情怀。

非固定项目：初期可以尝试非固定项目锻炼团队；

备选栏目如下：

《社科“大家”》

视频节目，主持人访谈，周播10分钟，结合国内外热点话题，请社科院专家权威发声，解读国家立场，立风气、正视听。

《听书》

音频节目，发动全校学生诵读社科经典读物。

《文昌西路》

传播专业学生自办视频节目，校园生活短视频和创意微电影。

《社科大的魔法世界》

动画专业师生的特效作品空间。

2. 节目时长

假设节目时长20分钟，按照专业的要求1：10的惯常生产比例，而我们自身是准专业级水平，则有可能达到1：20的生产比例，即产生大量无效或者不合标准的素材，素材时长也会在200—400分钟甚至更长，加之剪辑、特效等制作内容，整体磨合下来，需要较长的工作时长。以上是建立在师生到位，培训到位，甚至专业人士参与协助磨合的基础上，因此建议不急于启动内容制作，在做好充分准备的基础上再启动，初期的生产周期可以较长，例如3个月一期，后面随着生产效率的逐渐提高，逐步缩短生产周期，例如1个月一期，甚至更短周期。

3. 科研项目

以具体内容带动申请，并形成良性循环。

初期做出几期节目，申请到项目支持；再通过课程或者工作坊，带领学生，产出内容，产生新的支撑材料，再申请相应的项目。

建议：这里也可以有更多的思考与发挥空间。

四、未来发展规划

全媒体新闻中心立足于社科院、社科大；奠基于新闻理论探索和实践创作；辐射向社会舆论场；服务于院、校、师、生。在不久的将来，形成一整条完整的融媒体新闻创制流水线，一整套教学、实践、研究的机制和方法，成为传承有序、影响力广阔、理论实践紧密结合成功的“试验田”，为我国各级融媒体机构的发展提供参照。

从上述融媒体智能传播的教学与实践中可以看出，中国社科院大学新闻传播的专业人才培养已经在教与学机制的创新方面，为新闻传播的教育改革预设了可能性。推进教育媒体融合发展具有重要的示范意义，作为研究全媒体的学者，需要主动顺应信息技术发展及传播方式的深刻变化，努力达到技术赋能与师生观念嬗变的有机结合。在社会实践过程中，通过融媒体云实验室，带领学生们将学习场景从教室移动到实体或虚拟环境中，透过网络随时随地取用各种信息，不仅可以创作非虚构影像，更能融合文字、图像，实现在传播场域中与其他受众互动，实现超媒体效用。

第三节　全媒体与媒体融合关系辨析

一　基于媒介形态变化的全媒体与媒体融合的辩证关系

理解全媒体和媒体融合的辩证关系，有必要对媒介形态变化进行深入的思考。加拿大传播学者哈罗德·亚当斯·英尼斯（Harold Adams Innis）曾经提出，新的传播技术的不断涌现，不仅在逐渐抹平人们之间的“知识差距”，也在改变着人们的“兴趣结构”。在纸质媒介出来之后，人们在知识层面的差距已经显露无遗，读者寄情于崭新的文化世界，而文盲只能依旧留存在自己的感知世界之中。伴随着广播、电视等电子媒介的相继崛起，人们获知信息的通道有了新的选择。与此同时带有印刷结构的线性逻辑特征的思考乐趣，已被能带给人群中绝大多数的声画形式所取代。但是人类并未停止追求更多元、丰富的媒介体验。随着新媒介的诞生，人们发现在同一时间他们可以获知同样的信息。当快速便捷的海量信息以免费或者付费的形式呈现给受众之时，新的传播技术也在为他们营造着这样一种心理环境，对个性的要求已变得不可抗拒，在这样一种从传统媒介到新媒介发展进化的过程中，新媒介从哪里来？它与传统媒介是一种怎样的关系，竞争还是合作？它对现有媒介会产生怎样的影响？

美国传播学者罗杰·菲德勒提出的媒介形态变化理论给人们一种合理的解释：通晓历史、预测未来。引发媒介形态变化的因素除了人们熟知的技术进步之外，人类逐渐丰富的信息需求、外在的条件与影响共同导致这个结果。在他看来，媒介更像一个复杂的生物物种，其能通过自我组织的过程来应对外部的冲击与压力，并且在自身进化的过程中克服外在困难，求得生存的可能。新媒介的产生与发展与传统媒介紧密相连，其脱胎于传统媒介，在保留其一些显著特征的同时，也逐渐生发出自身独有的媒介品质。将媒介变形理论用来研究媒介融合过程中新媒介与旧媒介的关系，将是一种有益有效的尝试。

在书中，对于媒介形态变化，罗杰·菲德勒提出了共同进化与生存①、形态变化②、增殖③、生存④、机遇和需要⑤以及延时采用⑥六项原则：这对作者很有价值，即无论是研究传统媒介还是新媒介，不能单纯地就媒介论媒介，而是要将其看成一个整体，一个包含传统媒介与新媒介的系统，在这样的一个媒介集合体系中思考每个媒介形式的过去、现在与未来，以及它们之间的关联（每个媒介形式之间有哪些的相似与相近性）。从中我们会得到启发，如果从整个人类媒介发展进程看，传统媒介与新媒介都是一种相对的概念，今天的新媒介也会成为明天的传统媒介，而当今的传统媒介曾经也是昨天的新媒介。在这样的一个进程中，每个独立的媒介形态一方面在自有的媒介特性基础上继续发展，延展出同质新型媒体，恰如基于数字、互联网技术而诞生的数字广播、数字报纸以及手机媒体等；另一方面也在整个媒介发展谱系中发挥着自己的独特作用，即不断地与既有媒介相交融，同时与外部的政治、市场、文化等因素碰撞、互动、结合。在长年累月的汇聚过程中，新的媒介形态出现了。正是因为新的媒介形态是在其之前的传统媒体推动下诞生，因而其天然继承了前者的媒介特性，并由此继续发展下去。值得注意的是，在整个媒介系统中，各种媒介的交互作

---

① 一切形式的传播媒介都在一个不断扩大的、复杂的自适应系统内共同相处和共同演进。每当一种新形式出现和发展起来，它就会长年累月和不同程度地影响其他每一种现存形式的发展。

② 新媒介决不会自发地和孤立地出现——它们都是从旧媒介的形态变化中逐渐脱胎出来的。当比较新的形式出现时，比较旧的形式就会去适应并且继续进化而不是死亡。

③ 新出现的传播媒介形式会增加原先各种形式的主要特点，这些特点通过我们称为语言的传播代码传承下去和普及开来。

④ 一切形式的传播媒介，以及媒介企业，为了在不断改变的环境中生存，都被迫去适应和进化。它们仅有的另一个选择，就是死亡。

⑤ 新媒介并不是仅仅因为技术上的优势而被广泛地采用的。开发新媒介技术，总是需要有机会，还要有刺激社会政治或经济上的理由。

⑥ 新媒介技术要想变成的成功商业，总是要花比预期更长的时间。从概念的证明发展到普遍采用往往至少需要人类一代人（20—30 年）的时间。

用会促进各个媒介形态的发展，恰如人类的进化一样，否则就只有死路一条。当前各种媒介形态共存发展，从实践层面印证了罗杰·菲德勒的判断：不与时俱进，就要面临被淘汰。在此过程中，积极地推动新生媒介在媒介融合的发展进程中占据主导作用。传统媒介在与新媒介融合中，更多是要依托新媒介技术对传统媒介进行改造升级，对传统媒介，需要持续发展，继续保有媒介自身的优势和特性；另外也要不断丰富新媒介的属性与内涵。在两者协调发展过程中，不能将二者看成一组对立的发展形态，而是从历史、发展的眼光来审视新媒介与传统媒介的二元对立以及转化。不能把新媒介仅仅看作传统媒介摆脱困境的手段，而要打破对传统媒介的固有思维，以创新意识重新审视传统媒介的内在特质，寻找与新媒介的结合点。

二 全媒体与媒体融合在教育实践中的辩证关系

媒体融合发展到今天，已经从媒体导向到用户导向，这就意味着传播者要掌握全媒体的传播规律与技巧。全媒体无论从新闻实践还是教育实践，都在社会发展的场景中发挥着关键作用。全媒体的新闻实践，都在通过案例诠释着媒体融合的发展进程。

目前香港和台湾地区开设的与全媒体相关的媒体融合课程包括：（1）香港恒生大学的融合媒体与传播技术（Convergent Media and Communication Technology）项目（见图11、图12），旨在从内容、计算与传播三个角度，三位一体地配合培养融合人才，使学生在媒介快速进化的时代中，兼具技术与传播能力，采用跨学科融合培养模式，促进学生平衡发展，同时侧重叙事专长塑造。（2）台湾政治大学，国际传播研究硕士项目中开设了新融合课程（New Media Convergence），目的在于使学生熟悉融合技术，应用所学知识开展新媒体用户研究，并解决媒介管理中的实际问题。

国外多个新闻传播院系均已开设媒介融合课程，其中较有特色的项目包括：（1）加拿大圣克莱尔学院的新媒介融合项目，项目内课程包括：Storytelling（叙事），Convergence Technology（融合技术），Digital Photojournalism（数字摄影报道），Back Pack lab（背包实验室），Convergence Lab（融合实验室），Convergence Technology & Podcasting（融合技术与播客），Media Entrepreneurship（媒介创业管理）等。（2）澳大利亚新英格兰大学

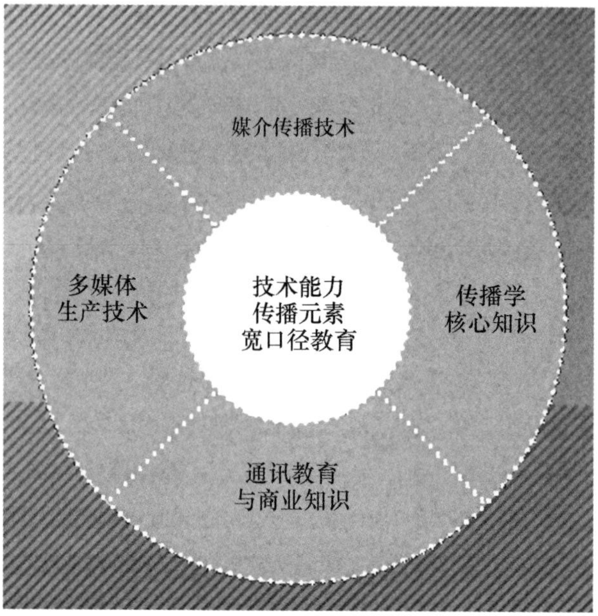

图 11　香港恒生大学的融合媒体与传播技术项目

开设了 Media Convergence and Culture（媒介融合与文化课程），引导学生在文化与社会情境中，了解传播的多样形式，以日常生活为例，学习重要概念的同时，思考媒介融合与全球化议题，包括：影视流派的演变，新闻与记者，真人秀电视，明星文化，文化和个人身份。（3）奥地利克拉根福大学，招收媒介与融合管理方向的硕士。致力于培养学生在媒介与传播、管理、市场和技术方面的技能，项目聚焦于技术，媒介与内容和跨行业的融合。（4）美国密苏里大学圣路易斯分校，开设了融合与数字媒体课程，聚焦于新兴的媒介形式和效果，包括视频音频手机应用、博客和社交媒体等新选项，以及媒介内容生产的新工具。

诚如詹金斯提出，“人人参与”是 web2.0 的时代特征，基于以上的社会关系面临着重新排列组合的可能。例如，报社这种传统媒体的生产单位与移动客户端的结合，促使读者的数字读写习惯的养成。这样，曾经高高在上的采编群体需要通过开展互动，与昔日的读者、今日的受众开展主动的交流，实现流量的稳定增长，为流量变现做出了明确的行为改变以及制度安排。与此同时，社会个体掌握运用数字读写技能的发展趋势，意味着

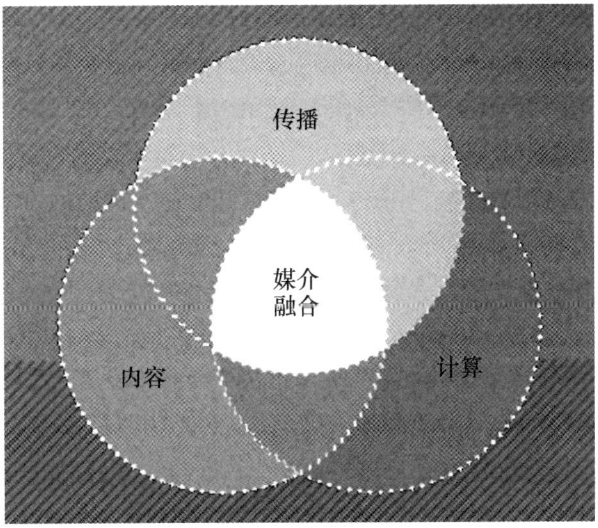

图 12 香港恒生大学的融合媒体与传播技术项目

学校曾经适用的培养学生能力素养的路径要发生改变。并且，市场思维作为当前最具统治性的思考方式，在自由、权利观念深入人心的今天，基于机器平权的行为逻辑也将师生的社会关系引入新的发展阶段：从老师与学生的服从关系，变成平等相处的教学关系，这种变化带来的认同与冲突不可避免。这种始于校园内部，跨越新闻传播专业的需求与转变，逐渐演变成为提升社会群体数字表达能力的趋势。

第三章

中国广电运营现状及发展路径

我国广电媒体已经普遍采取了“媒体融合”的策略，并展开了充分的行动。在此过程中，主流广电媒体也已进行了多方的探索，将媒体融合应用于重大事件新闻报道、舆论引导等领域。但是仍然有不少的传统媒体由于缺少资源、技术、人才，以及历史遗留问题而导致在媒体融合的转型道路上进展缓慢，尚未发挥主流媒体应有的作用。为此，通过分析广电媒体内外部环境的变化，以及所面临的机遇和挑战，力求能够为广电媒体提供一个符合媒体发展规律、基于技术发展的趋势、科学且有预见性的道路，从而能够为广电媒体的融合发展打下更加坚实的基础。

在过去的两年中，主流社会化媒体发挥了重要的作用，尤其是蕴藏在传统主流媒体中的公信力和官方新闻信息提供者的背景，让这些传统媒体逐渐在新冠肺炎疫情这个剧烈变化的大背景中发挥了越来越重要的作用。

在新冠病毒肆虐期间，主流社会化媒体在稳定社会情绪、高效组织活动、提供及时高质量信息等方面发挥越来越重要的作用。而以移动互联网为载体的多种新媒体和应用的广泛普及，也将传统的新闻信息的获取渠道拓展到了一个新的高度，信息之间实现高频、短小、快速的互动。社会组织和个体获取信息的渠道从传统的单向获知，家庭等线下社会组织的小范围讨论，变成了多种渠道获知，线上多领域的集体互动讨论的形式。因此，主流社会化媒体作为与传统媒体有着显著差异的一种媒体形式，被整合进传统媒体的信息传播和运营平台之后，开始爆发出前所未有的影响力。

媒体在新冠肺炎疫情期间，对于人民群众科普、认知的正面影响产生了积极的作用，并逐步建立起一整套与社会组织进行充分融合的系统。其中，在引导社会生产、提升传播效率和引导舆论方面的优秀案例莫过于各地形形色色的“健康宝”，这个集成了多方面防疫信息的小程序，重塑了人们的生活方式，不仅在非常时期记录了人们的活动范围，能够有效地把对疫情的管控限定在相对精准的范围之内，而且在此基础上也进一步地解放了国内的生产力，有效地维护了社会工作生活的秩序。同时，通过互联网与传统媒体融合之后的新闻信息，手机用户几乎能够同步获取实时的疫情防控进展。这对于整体上对舆论导向、关键信息的传播、辟谣和虚假信息的遏制，是非常有效的社会调节手段。

主流社会化媒体的一个重要特征是服务性，建立在公信力和官方可信性的背景之下，在百姓的日常生活的体验中，呈现出越来越重要的趋势。这种技术上的突破，结合用户在使用行为上的变化，给传统的主流媒体带来了更为广阔的发展空间，不仅能够在传统的信息服务的业务上为大众提供更加优质的信息源，而且能够通过不断发展的互联网新媒体技术平台，与大众的日常生活所需进行深度的融合，并逐步拓展到日常生活的方方面面。

第一节 新媒体时代中国广电运营现状及问题

一 中国广电运营现状概述

（一）中国广电外部环境剖析

技术机遇、用户市场、竞争加剧、经营模式四个方面，均是在中国广电传统媒体快速发展的过程中起着决定性影响的因素，这四个方面同时又是相互依托、相互影响的。

对于中国广电外部环境的剖析，应该具有宏观思维和系统性的认知，从而可以更好地理解这些外部环境之间的相互影响，为更进一步地发现问题和解决问题提供基础的信息保障。恰是因为技术的进步，导致媒介内容的主要创作者不仅来自专业的媒体从业者，也使得其他的“爱好者”可以持续地进行创作，在供给增加的同时也影响媒体之间的竞争程度，毕竟现在的内容生产者不仅来自传统媒体，以社会化媒体平台为主要传播方式的大众创作者也是一个不可忽视的群体。同样，媒体内容的增加也意味着消费者偏好和细分市场的满足，同样增加的还有消费这些内容的受众，这也意味着原来依靠广告来维持竞争的消费渠道已成为重要的力量。

1. 技术机遇：中国广电面临的媒介环境

人类社会的发展离不开媒介技术的更新，任何一次关键的科学技术突破与普及都会带来社会结构的转型与重构，而互联网正是这种具有突破意义的新技术。互联网技术的革新给我们提供了海量的信息、便捷的媒介渠道，带来了整个传播方式与媒介系统的变化。同时，从互联网到移动互联网的发展，以手机为代表的移动媒介得以不断壮大，并以其特有的媒介特征与传播影响力日益渗透至生活的各个领域。

当互联网在世界各地还不甚普及之时，我们难以彼此联系与互通信息，书信与电话构成了稀疏而固定的网络。1997 年 6 月 3 日，中国互联网络信息中心（CNNIC）成立。1997 年 11 月，中国互联网络信息中心发布了第一次《中国互联网发展状况统计报告》（以下简称《报告》）。那时候的中国互联网，总共有上网计算机 29. 9 万台，上网用户 62 万人。应用网络的主要是一些技术人员和单位，上网设备主要为台式电脑。

随后的 24 年间，互联网在我国进入了快速增长阶段。开始时，台式机是上网的主要设备，博客作为当时新兴的网络工具为网民提供了创作并发布内容的平台，同时，搜索引擎、网络新闻、影视与音乐等网络娱乐与即时通讯变得越来越平常，网络逐渐渗透至人们的生活。发展到今天，移动终端成为国人上网设备首选，即时社交、娱乐等功能已成为人们生活方式的重要组成部分。

《报告》显示，我国手机网民规模达 10. 07 亿人，较 2020 年 12 月增长 2092 万人，网民使用手机上网的比例为 99. 6%，与 2020 年 12 月基本持平；我国农村网民规模达 2. 97 亿人，占网民整体的 29. 4%；城镇网民规模达 7. 14 亿人，占网民整体的 70. 6%。[①] 手机等移动终端、社交媒体、移动互联网与生活实现了全方位黏合，改变与重塑我们的信息接收方式、社交方式、娱乐方式、工作方式及整个生活方式。过去人们曾经提及的“网络生活”“虚拟生活”已经淡出视野，网络不再是生活的一部分，而成为

---

① 参见《第 47 次〈中国互联网络发展状况统计报告〉发布》，人民网，https：//media. people. com. cn/n1/2021/c40606 –32021894. html，2021 年 2 月 4 日。

生活本身。

随着技术的广泛应用与飞速发展，传播渠道日益丰富化。ICT（信息通信技术）的高速增长造成信息环境史无前例的巨变，媒介（Mediation）的传播不仅形塑了社会与文化，也改造了整个媒体系统。媒介渠道不再局限于大众传播时期的平面媒体与电视媒体，而是实现了全方位的信息共享与传播。

所谓媒体系统（Media System），指社会中用以进行各种形式的信息传播的一整套相互联系的技术和组织。它帮助我们从经济上和制度上理解媒体演进的动态过程，以及理解不同社会如何通过变化多端的媒体、复杂的文化互动建立起种种社会功能，并通过法律框架和体制寻到其合法性。在过去一百年间，人类社会的媒体系统基本由大众媒体和大众传播占据主导地位。大众传播以专业化、有组织、高效率地生产与传递信息为特征，通过将其受众“二次售卖”给广告商作为主要的盈利方式。

互联网的发展和新媒体传播使得无论是报纸还是电视等传统大众媒体逐步失去往日的优势，媒介生态发生了革命性的变化。一方面，新媒体为传媒业带来诸多机遇，也给传统的大众媒体带来巨大挑战，传统媒体处于兴奋、困惑与焦躁交织并存的状态中。另一方面，技术带来新的媒介形式，社交媒体、网络视频、虚拟现实等新技术影响并重塑了媒介表达方式，改变人们的媒介接触习惯，进而带来更广泛的产业逻辑与媒介文化的变革。传媒业进入新旧媒体共存的时代，传统媒体纷纷寻找生存途径与转型策略，以适应这个飞速变化的时代。

2. 竞争加剧：国内媒体市场环境

随着新的技术，尤其是信息与传播技术的发展，新兴媒体不断涌现，新媒体是基于信息与传播技术的一种新的互动传播方式。我们判断一个媒体或者一个事物是不是属于新媒体，主要看它是否具备两个机制：第一，是否基于ICT的信息传播机制；第二，是否基于数据网络的互动机制。如果这两个属性具备，那么这类媒体，我们就称其为新媒体。基于此，出现了以SNS（社交网络服务）为核心的微信平台，以内容为核心的微博、Twitter等平台，视频内容平台YouTube等，各种移动App、微信公众号，个人和机构微博等众多新媒体类型。因此，传统广电媒体的媒介生态环境发生了很大变化，同时传统广电内部也呈现激烈的竞争态势。

3. 模式变迁：新技术下的广告市场环境

回看最近十年我国的广告市场发展状况，其中2017年是一个特殊的年份，中国广告市场在这一年中出现了难得的持续正向增长，逐渐达到十年来的最高水平。① 自宏观经济向好以来，消费成为提升经济的主要驱动力，中国消费者信心指数回归高位，广告市场同样面临升级考验。

广告业在自身发展壮大的同时，为推进我国经济转型升级、引导扩大消费、促进经济增长、繁荣社会文化发挥了积极的作用。全国广告收入保持持续增长，收入构成继续调整，电视广告收入不断下降，广播广告收入增幅较大（见图13）。2017年全国广告收入1651.24亿元，比2016年（1547.22亿元）增加104.02亿元，同比增长6.72%。其中，广播广告收入155.56亿元，比2016年（145.83亿元）增加9.73亿元，同比增长6.67%；电视广告收入968.34亿元，比2016年（1004.87亿元）减少36.53亿元，同比下降3.64%；网络媒体广告收入306.71亿元，占广告收入总额18.57%，网络等新媒体广告成为新的收入增长点。随着互联网的普及，网络视频广告已经成为众多广告投放的又一选择，成为广告行业的

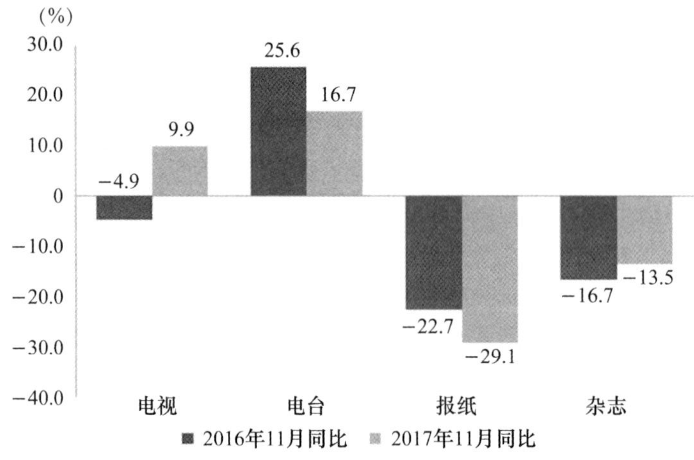

图13　2017年各媒体广告投放同比变化

资料来源：尼尔森网联AIS全媒体广告监测。

① 本章节中基于回看过去十年我国的媒体广告及广播电视发展状况，可以发现2017年的数据具有一定的代表性，具有节点意义，故而下面的数据都是以2017年作为参照标准。

重要增长点。数据显示，我国在线视频广告保持持续快速增长的态势，2017 年各大媒体广告的信任度相较上年普遍提升，其中仍以电视广告的信任度最高，达 51.8%，较上年提升 6.1 个百分点，深厚的用户基础与优质的内容资源对广告主形成了巨大吸引力。

虽然广告投放的渠道和形式多种多样，但是传统广电媒体自身的公信力仍然是广告信任度的重要因素。中华人民共和国成立以来，传统广电媒体强大的公信力和影响力已经深入受众内心，因此可靠的信息源和内容优势可以直接转化为良好的广告效果（见图 14）。

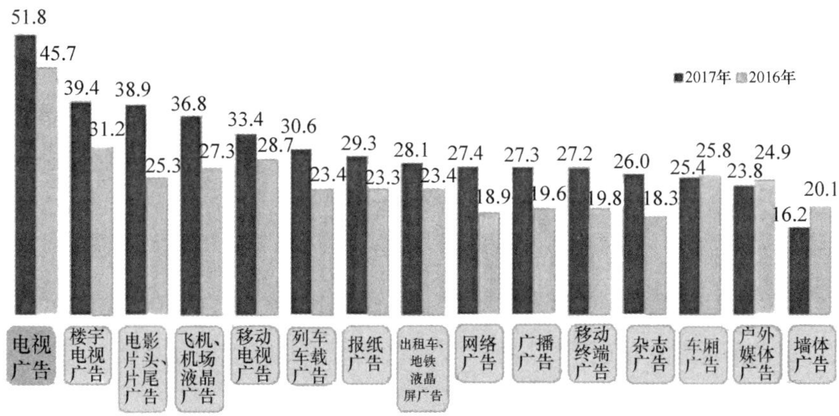

图 14　2016—2017 年全国电视人口对各类媒体广告的信任度（%）

资料来源：美兰德·中国电视覆盖与收视状况调查数据库。

电视广告在互联网媒体的冲击下下滑严重，省级卫视、市级卫视的广告都有所下滑，但是央视仍然保持着其绝对的优势，广告投放量持续上涨。央视的优势一方面由于其开展的“国家品牌计划”起到推动作用；另一方面国家在持续加大对主流媒体的扶持力度。

4. 用户市场：用户特征与媒介行为变化

随着技术的广泛应用与传播渠道日益丰富，用户的媒介行为也正在发生根本的变革。手机等移动终端、社交媒体、移动互联网与生活实现了全方位的融合，改变与重塑我们的信息接收方式、社交方式、娱乐方式、工作方式及整个生活方式。台式电脑、笔记本电脑、平板电脑的使用率均出现下降，手机不断挤占其他个人上网设备的使用空间。以手机为中心的智能设备，成为“万物互联”的基础，车联网、智能家电促进“住行”体验升级，构筑个性化、智能化应用场景。

（二）中国广电内部组织架构运营状况

1. 中国广电基本运营现状

有线电视由于互动性较弱，虽然长期以来是电视传播的最主要方式，但是在面对新技术的出现和媒介环境的变化，在发展过程中遭遇了前所未有的挑战。

回看过去十年发展状况，可以发现，与我国的广告发展状况一样，2017 年是一个值得关注的年份，有线电视用户规模在 2017 年出现了一个较大的下滑，全年减少 781.7 万户，总量下滑至 2.45 亿户。与此同时，有线数字缴费用户全年流失 930 万户，总量降至 1.53 亿户。从网络建设来看，截至 2017 年年底，全行业有线电视双向网络覆盖用户达 1.53 亿户，占有线电视用户总数的 62.44%。双向网络渗透用户达到 8251 万户，渗透率提升至 33.89%。由以上数据可见，三网融合政策带动的双向网络改造和双向终端更换将提高有线电视的用户体验，从而带动用户量的重新增长。

和传统的广电传播渠道相比，中国广电的新媒体传播渠道发展迅速。2017 年 IPTV（交互式网络电视）全国用户规模接近 1.9 亿人，年均增长率达 66.0%。具有互联网基因的 OTT TV（互联网电视）同样发展迅速。2017 年 OTT TV 全国用户规模接近 7300 万人，在全国电视人口中的比例为 5.5%。截至 2017 年 12 月，网络视频用户规模达 5.79 亿人，较 2016 年年底增加 3437 万人，占网民总体的 75.0%。手机网络视频用户规模达到 5.49 亿人，较 2016 年年底增加 4870 万人，占手机网民的 72.9%。

在对外传播和媒体融合发展的新形势下，国家对媒体融合做出重大战略部署。2017 年 3 月，中国国际电视台（中国环球电视网，简称 CGTN）运行设立的中国环球广播电视有限公司正式成立。2017 年 10 月，CGTN 融媒中心正式投入运营，改版升级的 CGTN 客户端同步上线。作为以不断提升我国的国际传播力和影响力为使命的电视台，CGTN 新媒体各平台全球活跃粉丝超过 6520 万人，其中海外粉丝超过 97%，成为向世界输送中国文化的又一支重要队伍。

中国广电进驻互联网社交媒体平台并在转型实践中具有较好的影响力。作为传统媒体的广播和电视借助新媒体的技术优势和流量优势，相比进驻之前能够有效提高信息的到达率，方便用户对信息的选择性接触和分享，从而整体提高信息的传播效率。根据艾媒咨询数据显示，2017 年 2 月中国时事类微信公众号影响力排行榜中，传统媒体微信公众号的艾媒指数整体排名靠前，在文章更新数量、用户阅读量、点赞数上占有优势，其中《人民日报》、央视新闻整体较其他公众号影响力更大。

2. 技术应用状况

在传统的技术层面，广播和电视是通过无线电波或导线向广大地区播送声音、图像和数据。中国广电是国家信息基础设施的重要组成部分，也是通达大众的最普及的信息工具和最便捷的大众信息载体。根据信号输出方式的不同，广电系统一般划分为有线电视、地面电视和卫星电视，其中有线电视长期以来是电视传输和收视的最主要方式。

近年来伴随 4K、3D 等技术的推进，高清电视、智能电视发展如火如荼，卫星电视频道纷纷涉足高清频道建设，高清频道成为其新的覆盖增长点。2017 年，超七成（54 家）卫星电视频道已经布局高清频道，在全国累计覆盖 93.5 亿人次，2014—2017 年年均增长率高达 99.1%；单个高清卫星电视频道平均覆盖人口达 1.7 亿人。总体来看，2017 年全国覆盖人口超过 2 亿人的高清卫星电视频道达 26 家，接近半数。尽管 4K 超高清频道开播数量日益增长，但受限于 4K 超高清节目片源问题，目前已开通的部分 4K 超高清频道尚难以支撑全天 24 小时节目不重复播出。

在政策的推动下，OTT 盒子也获得了迅速的发展。同时 OTT 盒子带动电视开机率和使用时长的回升，随着大屏客厅体验需求的增长，人工智能、语音操控、电视游戏等功能和电视结合在一起，用户对产品在观看享受和场景应用的高需求带动了 OTT 盒子逐渐向细分市场进行产品定位。2017 年，中国 OTT 盒子市场销量规模是 1047 万台，同比下降 24%；销售额为 24 亿元，同比下降 21%。

2011 年传统电视占全国电视销售总量的约 90%，而在 2017 年 1—5 月，传统电视的销售占比仅为 13%。如今的电视，已不仅是单纯的影像播放工具，而是化身为娱乐综合体；互联网的融入，更是重新定义了电视、重组了市场格局，也为整个行业带来更多的未知。

3. 内部结构调整情况

自1983年以来，我国一直执行“四级办台”的方针政策，在这种广电金字塔格局中，市级、县级广播电视台处于塔底，数量最多，覆盖范围却最小。随着新媒体的快速发展，市级、县级广播电视台正日渐进入一个尴尬境地，发展局限性日益突显，是我国媒体出现“结构性过剩”的原因之一。而自1999年以来，全部省级电视台均实现了卫视“上星”的转型后，省级卫视台借助其自身的品牌电视剧和综艺节目，充分利用资源优势将高收视率转化为广告收入。中央、省级电视台和市级、县级电视台的差距急剧加大。目前我国广电媒体呈现“多而散，小而全”的特征，媒体配置单一。

中国广电集团化是内部结构调整的重要战略决策。1997年8月6日，广播电影电视部发布广发社字1997［458］号《关于县（市）广播电视播出机构合并的意见》，提出各级广播电视部门要充分认识县（市）广播电视播出机构调整对广播电视“控制总量、调整结构、提高质量、增进效益”的重要作用。该文件与《关于加强新闻出版广播电视业管理的通知》（中共中央办公厅、国务院办公厅1996年出台）以及《关于贯彻落实中办、国办〈关于加强新闻出版广播电视业管理的通知〉的方案》（广播电影电视部1997年出台）共同提出了广播电视机构合并模式，即“三台合一、局台合一”。1999年6月9日，全国第一家广电集团——无锡广电集团成立。2001年8月20日，中共中央宣传部、国家广电总局、新闻出版总署联合下发《关于深化新闻出版广播影视业改革的若干意见》，提出组建以资本和业务为纽带、跨地区经营的多媒体传媒集团。该文件成为助推中国广电传媒集团化发展的里程碑，再一次激发了各地兴建集团的热情。2001年12月6日，中国广播影视集团正式挂牌成立，总资产达200亿元左右，成为当时中国最大的传媒集团。

4. 经营收入和市场份额

2017年全国广播电视服务业总收入6070.21亿元，比2016年5039.77亿元增加1030.44亿元，同比增长20.45%。广电经营收入主要由内容付费、广告、节目销售以及新媒体业务这些部分构成。

受有线电视用户减少和外部竞争影响，全国有线电视网络收入下滑。2017年有线电视网络收入834.43亿元，比2016年（910.26亿元）减少

75.83 亿元，同比下降 8.33%。其中，有线广播电视收视维护费收入 414.00 亿元，付费数字电视收入 65.56 亿元，三网融合业务收入 102.82 亿元。

广播电视节目交易活动活跃，节目销售收入继续保持高速增长。2017 年全国广播电视节目销售收入 523.54 亿元，比 2016 年（365.05 亿元）增加 158.49 亿元，同比增长 43.42%，占实际创收收入的 10.81%。

2017 年新媒体业务收入 277.66 亿元，占实际创收收入 5.73%。其中，交互式网络电视（IPTV）收入 67.61 亿元，互联网电视（OTT）收入 18.31 亿元，网络视听节目服务收入 142.98 亿元。

虽然全国广播电视行业的经营收入的总量可观，但是综观整个传媒产业内部结构，传统媒体的市场仍然呈现衰落的趋势，新媒体的市场份额从 2011 年起已经超越传统媒体。2011 年，传媒产业内部主要有平面、广电、互联网、移动互联网四类主体，而 2017 年呈现“一超多强”的局面，移动互联网的市场份额过半，传统媒体总体规模仅占五分之一，其中广播电视的占比仅有 13%。

二　新媒体时代传统广电面临的问题及挑战

上海大学新闻传播学院院长严三九从“短视频内容生态重构”视角切入，解读了在 5G、智能技术与社会生活的深度融合下，传媒内容生产生态环境的重大变革。他指出，目前短视频内容生态存在的突出问题之一是生产者多元、内容庞杂、质量良莠不齐，自媒体生产者在流量逻辑的驱动之下，涌入短视频内容生产领域，虽然为丰富短视频内容做出了贡献，但海量低品质的短视频内容给社会治理、行业监管、受众消费都造成了不同程度的困扰。着眼未来，他建议从受众素养引导、新型主流媒体引导、社会治理引导等几个方面，进一步提升行业引导与规范水平。

（一）受众的流失和转型

随着移动互联网媒介对用户注意力的吸引，单向传播、缺少受众反馈机制的传统广电面临着受众特别是年轻群体流失的问题。2017 年我国有线电视行业发展不太乐观，其中有线电视用户数量持续下滑，全年同比减少 781.7 万户，总量进一步下滑至 2.45 亿户；有线数字电视缴费用户全年流失 930 万户，总量降至 1.53 亿户。

根据 eMarketer（互联网数据资讯网）最新数据显示，2018 年，中国成年人每天在移动设备上花费 2 小时 39 分钟，比去年增长 11.1%，占日常使用媒体时间的 41.6%。相比之下，每天花 2 小时 32 分钟看电视，比 2017 年下降 2%，占日常使用媒体时间的 39.8%。

传统广播电视行业虽然受到了新兴技术和新媒介、年轻用户收视习惯改变的三重冲击，但是从全球有线电视的现状及发展趋势来看，广电运营商只要充分利用国家政策和自身资源优势，通过技术的革新及多元化业务的丰富，就能够稳固其在视频及宽带业务的强势地位，在激烈的竞争中占有一席之地。

（二）传统广告市场的萎缩

电视广告从 2016 年下降 3.7% 逆转为 2017 年增长 1.7%，对广告市场增长的影响力从拖后腿，变成了积极拉升；广播广告在 2015 年下降探底后，连续两年增速加快，2017 年增长 6.9%；电梯电视、电梯海报的广告收入继续匀速增长，而影院视频广告收入随着电影票房市场一同进入理性稳健期。

电视和广播媒介的传播特征束缚了其本身的广告发展。首先，电视和广播在我国作为国有媒体本质上是一种稀缺资源，同时在技术层面上也存在播放时长的限制，因而在和互联网广告竞争中，无论是曝光量还是曝光率都处于劣势。其次，广电作为传统大众媒体是一种单向传播的形式，只能够通过专业的市场调查对广告效果采用抽样的方式进行延迟评估。相比之下社交媒体广告凭借互动性和数据化的优势，在广告效果评估和投放策略上的机动性和灵活性会更好。因此电视和广播媒介仍然面临新媒介环境的严峻考验。

对于传统媒体来说，破解生存危机的经营轨道必须是“上线”，必须打通包括移动社交媒体、视频网站在内的新媒体传播平台和渠道。本着以用户为中心、方便用户的思维来发展传统广电媒体。

（三）全球传播中媒体影响力竞争的加剧

在全球传播的环境下，传播主体呈现多元化的特征。随着全球经济联系的日益紧密，跨国公司成为全球传播中的主导力量，这逐渐改变了国际传播中国家之间博弈的局势。在互联网媒体的普及过程中，个人也获得了传播权和一定的话语权，将自身的意见、观点和建议向更广阔的空间中扩散。这些主体都使得传统大众媒体面临着新的压力和挑战。

据相关数据显示，中国广播影视已覆盖全球230多个国家和地区，2016年全国影视节目和服务贸易出口额为6.57亿美元，是2012年的1.33倍；电影海外销售收入38.25亿元，是2012年的3.6倍。一批优秀的影视作品在海外掀起“华流”热潮，一批多语种新媒体平台的海外粉丝规模超过100万人。以中国国际电视台（CGTN）为代表的国际传播旗舰媒体、长城平台建设和海外中国频道等仍然是对传统大众传媒思路的延续，但是面对新兴技术和复杂的媒介环境，广电仍然需要在移动新媒体平台发挥自身的舆论引导优势，并能够在国际社交媒体间积极主动传播，推动跨文化的信息交互，以提升中国品牌、中国形象在全球的认知度和影响力。

第二节 中国广电媒体的传统优势和面临的挑战

相对于现在新兴的短视频和直播媒体，中央广播电视总台作为主流媒体已深入人心。同时我国广电体系中的各级电视台和广播站等省地市的主流媒体，确实也是党和政府在视频信息发布领域颇具影响力的直接信息源头和高效率的传播者。然而，面对互联网的冲击和视频信息的广泛传播，广电媒体所面临的挑战和传统的优势将不得不在进行深度分析的基础上提出新的见解和看法，这些具体问题的分析和理论观点，将成为选择何种渠道进入目前的短视频大战和社交媒体风潮之中的一个重要的前置条件。

面对中国广电体系正在进行的融媒体改造大背景，主流媒体正在尝试着通过对传统广电媒体等媒介融合的改造，以进入全媒体并持续扩大影响。相对于以往的媒介传播环境以及受众的收视习惯，习惯了网络媒体的媒介用户自身已具备更加独立的价值判断和主动传播个人观点的意识，媒介使用习惯已经发生了巨大的变化。同样，如今的媒介环境也有了巨大的改变，不仅在于人们主要的信息接收渠道从单向信息流动的广电终端，变成了能够双向互动的手机、平板电脑和智能电视终端，而且这些生活在虚拟媒介环境中的绝大部分人也具有媒介融合的意识和习惯，媒介用户不再仅仅局限于看到视频信息和既定的观点，而且也希望能够通过信息与人互动发表自己的看法，并且与线下的物质环境或是其他功能的提供进行跨界的联动，在时代的进步中，独立的自我中心意识越发强烈。

在媒介融合的过程中，竞争正在变得愈发激烈。从媒体经营的视角来看，目前正在改变的融媒体主体、社交媒体和互联网中的媒介功能，持续通过多种营销方式来将各种主流媒体的受众转变成为互联网的用户。因此，在媒体融合的未来目标设定上，需要更多关注新的技术趋势和发展，并在此基础上设定可行的目标去追赶，以保障成功的融媒体改造计划。互联网媒体的核心技术和特性决定了，它可以代表更加开放、更加互动、更能融入生活以及跨界和多平台互动的功能，面对这种难以跨越的技术优势，传统媒体的融媒体改造必然要通过多种技术手段，以及与其他平台跨界联合协作的多种方式实现落地；对现实生活的多方面渗透，并且能够融入新的媒介环境中，进而继续引领时尚和促使其前行。

当然，在现在主流的媒介环境中进行融媒体的改造，我们必须分析清楚究竟有哪些传统优势？除此之外，传统广电媒体的劣势和短板在哪里？相比现在流行的互联网媒体我们应该借鉴什么？以及在哪些领域里突出我国广电系统的优势，从而在面对新的互联网环境和收视人群的习惯变化之中，逐步建立起自己的优势、补平技术短板和改变思维误区，从而能够进一步融入新的环境，并持续发挥更为强大的引领作用。

一　传统的优势：权威的政府信息渠道和良好的声誉

我国广电媒体作为一个有着悠久历史，并且发挥重要作用的政府喉舌和权威信息的传播渠道，最初定位就是在于传递官方信息以满足人民群众对于信息的种种需求，包括娱乐、新闻和信息服务。在面对技术进步和革新的挑战中，传统主流媒体所固有的那种单向度的传递信息的方式，已经被更为主流的互联网交互式的信息传播方式和渠道所替代，这种基于技术的降维打击迫使传统媒体必须正视眼前的挑战，并进行深度的自我反省。因为带宽的不足和昂贵的资费，促使互联网在早期的发展过程中更多通过文字和图片的形式来传播信息和进行互动，但伴随着智能手机和4G通信技术的普及，以及资费的大幅下降，一些主流的短视频应用和网络视频媒体正在逐渐地崛起。新的互联网技术和基于这些技术的应用程序，相对于传统广电的信息传播特征来说，拥有更快的速度、随时点播、个性化推荐和社交关系的平等化、交互的即时化，并开始融合多种社交和电商的功能。

尽管网络媒体有着种种的技术优势，但在其发展技术的初期阶段，同样需要建立在传统媒体的基础之上，利用已有的资源和受众来实现自身的发展。网络视频在找到自身成熟的模式和发展逻辑之前，还是要借助传统媒体累积的视频资源，引入活跃用户和专业的视频工作者，来按照新的逻辑，重新创作出渠道所需的内容。例如，通过各种拼凑，甚至是大量普通用户的无序创作，充实互联网空间对于视频内容的广泛需要。然而，优质视频内容的欠缺，也使得传统媒体在视频制作方面的专业生产和制作能力成为互联网争相抢购的“香饽饽”。

在最初阶段，传统广电媒体并没有广泛的创新意识，也没有看到原本属于自己的内容被直接拿到互联网上成为免费的资源，从而为互联网媒体平台获取了更大的流量。因此，一些自媒体或是互联网媒体通过各种政策的鼓励，出于逐利的目的，不自觉地将这些有价值的信息抽丝剥茧，选择出那些最具有吸引力、最优质的内容，直接搬到互联网被免费使用。这也使得互联网作为一个内容平台的吸引力得到了极大的提升，并顺带抢走了传统媒体的用户。传统媒体在这个阶段是为互联网媒体免费做了嫁衣，但又无可奈何，这个阶段的吃亏之处是对战略的认识不清晰以及对于互联网运营模式认知的滞后。

然而，伴随着传统媒体经营的不景气，以及主要的受众群体转移到互联网，传统媒体融合就成为满足生存要求的必然趋势。相对于互联网媒体与生俱来的技术基因，并且以此作为生存基础来说，传统媒体同样有着自身的优势。网络媒体想要发挥自己的媒介属性或是通过精品内容吸引更多的用户，进而在竞争激烈的产品应用领域发挥更大的作用，那么也就意味着需要源源不断地提供优质的原创内容，以通过垂直类的内容和圈层锁定特定的目标用户。

在网络平台对优质内容大量需求的大背景下，传统媒体或许更有优势，原有的媒介生产经验，以及持续不断地原创优质内容，将会使得它们在内容生产方面具备更大的优势。以往“渠道为王”的理念在这个时代已经走不通，优质内容对普通受众的吸引力持续增长。因此网络媒体对于原创的、独特且优质的内容有大量的需求，这就促使它们能够从一种竞争的态度转变为合作的态度：互联网媒体提供内容消费功能上的支持和高效率个性化的传播渠道，而传统媒体则在内容的制作、策划和原创的、可持续的品控上下足功夫，从而构建更加专业的、为特定人群服务的专业化团队。传统媒体与互联网媒体的协作将带来更大的发展空间，也将促使传统媒体通过互联网依然具有强大的影响。

在这种大的环境下，面对政策的推动以及媒介生态环境的变化，传统主流媒体想要稳定受众并不断增加用户量，就要进行改革。以国家级广播电视台中央电视台《新闻联播》为例，它“作为央视开办的时政类新闻节目，对内代表党和政府的形象，对外代表国家形象，因而具有极强的政治属性与程式化播报模式。随着媒介竞争的加剧，《新闻联播》开始意识到双向的重要性，与多平台进行合作，同步实时直播，满足受众的观看需求”。① 多种互联网平台让我们更清晰地意识到，传统主流媒体尽管有内容上的优势，但也要努力实现受众之间的实时交流、受众与信息源之间的反馈和互动，从而建立起一个丰富的网络社区和空间。

经过在产品理念、主流元素、视觉包装、语言风格、跨平台写作等方面做出面向年轻受众调整后的《新闻联播》“开始受到青年群体的追捧，与青年群体‘打成一片’。截至 2020 年 10 月 27 日，央视新闻在新浪微博开设的话题#新闻联播#阅读量已经达到 91.8 亿，讨论量 284 万”。②

二　面临的挑战：内容制作的专业与高效暴露出内容策划的不足

然而，传统媒体在媒介融合的过程中依然有自己无法跨越的天然劣势，想要成功地融合就需要迎接这种挑战。经过长期规范的训练，传统主流媒体形成了一套自己的运行机制。这种机制不仅在于专业化的分工，还有内部相互协作，更关键的地方在于这套系统本身是封闭的、专业化的、科层制的。因而，对于市场的反馈往往不能及时传递，并在内容的生产传播和运营上产生实质性的影响。

尽管在如今短视频流行的时代背景中，我们能够通过传统媒体制作出画质更加精良、构图更为精美的内容，但是这并不意味着市场对内容是完全尊重且欢迎的，主要原因是，一方面，由于互联网技术的高度普及，在

---

① 张玉蕾：《全媒体时代央视〈新闻联播〉媒介形象探析》，《新闻研究导刊》2021 年第 1 期。

② 张玉蕾：《全媒体时代央视〈新闻联播〉媒介形象探析》，《新闻研究导刊》2021 年第 1 期。

促进传播的同时也为制作降低了门槛，并为网络用户在制作视频方面提供了许多工具。这些工具会让原来需要团队的视频制作，包括摄影摄像、导演、制片、演员、场面调动等多个分工专业的充分协作才能够实现的内容制作，转变为个体通过策划、撰写脚本、分镜头拍摄、后期剪辑和反馈评估等，就能够单独完成的视频制作。技术的普及将视频制作的钥匙大量播散到网络用户手中，造成了对优质内容和注意力的激烈竞争。新技术降低了人们对于专业制作团队的需求。另一方面，新技术条件下的视频制作方式也降低了制作成本，这意味着有更多的业余爱好者和制作者加入内容生产领域，从而削弱了传统广电对于视频内容生产的独占性和垄断性。

传统的媒介生产流程往往都是通过选题、策划、编导、执行以及摄像、后期剪辑、播出和传播等多个流程按顺序协作，并进行线性的内容生产。虽然也有一些针对受众数据和访谈的调查，但是这些反馈往往具有相当大的滞后性，无法对内容的生产产生实时的影响。因此这种单向的信息传播方式，在面对双向信息互动的过程中，显示出极大的劣势，这种劣势体现在自媒体的崛起过程中。例如，在内容生产和策划环节，自媒体往往具有天然的优势，它们本身就来自信息的使用者和消费方，自媒体天然知道网络用户的想法，因此在策划和制作方面往往通过小步快跑迭代尝试的方法，能够快速地迭代出自己制作的指导思想策略，并在不断的经验总结中，让内容更加适合市场的需求，呈现出“船小好调头”的特点。相比之下，传统的内容生产方往往具有一定的惯性，大投入虽然让媒体组织在生产制作的过程中，可以更多元地强调专业精神，专注于自己在产品生产过程中的环节，但传统的思维方式却让其作品与市场脱节。一方面缺少与用户的接触，无法把握市场的需求和用户的爱好；另一方面也缺少整体的全局思维，无法实现在各自工作环节的持续创新。而整体思维观念的欠缺，并非一朝一夕就可以改善的。毕竟，优质内容的创作需要创作者更多地关注生活，并且能转化成工作中所需要关注的关键点。

因此，虽然传统广电媒体依然能够大量快速地生产视频内容，满足信息传播的需要，但是用户却很少会进行主动转发，主要原因在于在整体组织结构中，虽然在内容的包装上能够实现专业化，但在内容的精神内核上却缺少生活化以及对于“互联网语言”的灵活运用。伴随着技术进步，原有文化产业生产过程中的环节和工种，通过被计算机的数字化所代替的方式实现了提高效率，但内容品质的提升还需要对原有组织结构进行深度的调整。首先，需要增强对于互联网用户的研究或是对年轻用户的专项调查；其次，提升策划人员的素质，扩大整个策划团队在内容生产领域的话语权；最后，对全员培训以增强团队的整体观和策划能力。让以往的专业技术人员同时拥有全面策划和对受众调研的能力，进而将从业者的技能从专业化变成全流程化的转变，最终提升内容质量和针对性，从而提升整个组织的竞争力和对于用户的把握。作为传统媒体代表的中央电视台，面对来自互联网的挑战则展开积极的调整，以核心资产“主持人”和“王牌节目”来做出向融媒体进军的深刻改革，这标志着传统媒体拥抱互联网的决心和对于趋势的认同。除在节目制作元素上的改变外，央视也通过让自己核心的资产“主持人”在语言上更加贴近互联网的表达，而实现了对年轻群体的贴近。此举增加了主持人的自媒体属性，提升了人际交流的黏性，而人际传播恰恰是对如今风靡的社交媒体来说非常基础的特征，毕竟社交媒体的主要传播路径就是人际传播，类人化的表达更容易塑造一个有血有肉的、人性化的品牌形象。“主持人 IP 化表达”也是“央视频”拥抱年轻用户的有效举措之一。比如，敬一丹谈东北话，康辉说文解字，尤其是近期被称为网络流行文化“凡尔赛鼻祖”的撒贝宁，系列“凡言凡语”在年轻人中具有极高人气。这些央视主持人通过传播语态的改变表达主流价值观，以贴近年轻人的话语体系吸引了大量年轻用户成为央视频的“粉丝”。①

第三节　中国广电打造全媒体的路径探索

一　传统广电全媒体转型及媒体融合的突出举措

（一）组织机制改革：建立融媒体运营机构

传统广电的媒介转型和媒介融合，首先要在组织架构上进行体制、机制改革。其中，建立融媒体运营机构是传统广电在组织架构上转型的首要举措之一。通过公司化的融媒体运营机构，能够实现融媒体业务与市场的

---

①　参见张玉蕾《全媒体时代央视〈新闻联播〉媒介形象探析》，《新闻研究导刊》2021 年第 1 期。

整合，为融媒体、新媒体发展提供组织保障，并进行产业运作、资本合作，参与新媒体市场的竞争。

2006 年，中央电视台成立央视国际网络有限公司，在成立之初就确定以视频内容为核心，向旗下的电视融媒体项目和新媒体合作商提供视频内容的直播、转播、点播、下载等服务，成为国内最具实力的电视融媒体运营机构。

省级电视媒体的融媒体机构在原来的架构上也有所发展，包括上海东方传媒、浙江华数、北京歌华有线等，其中上海东方传媒的改制较为成功。

上海广电在全媒体发展过程中采取台网分立模式，在不影响传统广电业务流程及组织架构的基础上，成立新媒体部门，相对独立地发展新媒体业务。2009 年，上海广电新闻传媒机关实行企、事业分开改制，成立了事业运行的上海广播电视台与企业运行的上海东方传媒集团（SMG），后者拥有数家国内知名融媒体品牌企业，包括百视通、星尚传媒、东方盛典传媒、第一财经传媒。上海东方传媒集团由于抓住了 IPTV 发展机遇，成为当时我国广电系最成功的新媒体公司之一，并在 2011 年正式在上海证券交易所挂牌上市。资金的充裕使得上海东方传媒集团能够更好地调整业务，并通过收购新媒体运营公司的方式来完善在新媒体产业的布局。这也使上海文广集团能调配媒介资源，进一步促进上海广电的媒介转型和媒介融合。

2010 年，广东南方新媒体发展有限公司成立，进行了文化体制改革、管理创新。这一举措，将原来与电视融媒体领域相关的资源，归于南方新媒体独家使用，统一管理、集中运营，提高了广东电视台新媒体资源的利用效率。

2010 年，湖南广电实行企事业分开、管办分离的机构改革，湖南芒果传媒的成立有限公司（以下简称芒果传媒）挂牌成立。借助湖南电广传媒集团的支持，芒果传媒的成立加快了湖南电视台融媒体进程，其之后推出的芒果 TV 以及一系列战略，使湖南广电的媒介融合走在全国前列。

从以上国内较为成功的传统广电发展例证来看，机构改革、建立市场运营的融媒体机构，是传统广电媒介转型和媒介融合的前提。

（二）三网融合：开展 IPTV 业务

IPTV 交互式网络电视，是一种利用宽带网，集互联网、多媒体、通信等技术于一体，向家庭用户提供包括数字电视在内的多种交互式服务的崭新技术。IPTV 是广电和电信两大行业业务融合的产物，由于其技术和业务的特点，是实现三网融合的最主要的手段。

2005 年，上海广播电视台获得全国首个 IPTV 集成运营牌照，其旗下的百视通公司率先抓住 IPTV 在我国发展的机遇。同年，百视通公司与黑龙江网通合作在哈尔滨推广 IPTV 商用试点，我国 IPTV 进入商用发展时期。2005 年年底，上海广电通过与电信合作，在全国推广 IPTV，百视通公司负责内容集成和播控管理，占据了产业链的重要一环。2012 年，央视网络与百视通公司正式签署 IPTV 集成播控平台合并协议，央视网络负责建设和完善全国性的 IPTV 中央集成播控总平台，原百视通公司的 IPTV 集成播控平台保留，身份变成 IPTV 总平台的备份平台。

早在 2006 年，隶属于南方传媒集团的广东电视台负责筹建了“新媒体业务管理中心”，整合了包括手机电视、地铁电视、IPTV、网络台等新媒体资源。2010 年，国家再次通过“三网融合”的政策扶持全面推进 IPTV 的建设，广东电视媒体开始重启 IPTV 业务。2011 年，重建 IPTV 事业部，除了与广东电信合作、授权上海百视通以外，还主动进行了 IPTV 节目数据库的建设和节目版面规划。值得一提的是，由于上海的百视通早期借助牌照优势进入广东 IPTV 市场，之后广东通过与中国网络电视台、百视通合作的模式，开拓广东 IPTV 市场，并成为融媒体产业的重要组成部分。这从侧面说明了，IPTV 是传统广电新媒体融合的重要一环。

随着三网融合试点城市 IPTV 推进工作的成功，我国 IPTV 逐渐形成了规模化的“中央主导、两级协作”的模式，同时，广电机构加快与电信运营商的合作，确立了“广电主导、共同合作”的合作和运营模式。三网融合的 IPTV 能够有效地实现各个网络之间在技术层面和业务层面的资源共享，为新媒体发展奠定了坚实的基础，提供了广阔的发展空间。

（三）网台融合：建立网络电视台

网台融合，又被称为台网一体，是指传统电视媒体将电视节目内容制作、传播和运营商与新媒体渠道全面融合。随着互联网技术的发展，网民越来越习惯观看在线视频。在此背景下，传统广电纷纷向互联网平台延伸，并诞生了由广电机构运营的网络电视台。建立网络电视台，也是传统广电进行网台融合的核心。

在国内，拥有较多资源的中央电视台率先开始了网台融合的探索。2010 年 7 月，“央视网”全面并入中国网络电视台，而后者以“央视国际”拥有的所有电视融媒体项目为基础，进行融媒体业务和渠道的整合。其业务涵盖了新闻综合网站、网络视频、移动互联网、互联网电视、IPTV 及公共视听载体等，初步形成了完整的网台视频的整合、制作和传输业务架构，并依此建设成一个综合性电视融媒体视频平台。中国网络电视台通过整合内容资源打造融媒体数据库，建设多语种、多终端网络视频平台，向境外拓展电视融媒体业务，加强体制机制改革等措施，建立起了一个完整的网台融合体系。

随后，多家省级电视台开办了省级网络电视台，但其中较为成功的主要有湖南广电的芒果 TV 等。以湖南广电为例，湖南广电在芒果 TV 的基础上，从对观众的把握、内容生产、产业模式到渠道经营，构建了一个以市场为导向的媒介融合生态圈。

2014 年 4 月 20 日，湖南卫视旗下两大新媒体平台“金鹰网”和“芒果 TV”全新改版融合，推出全新“芒果 TV”网络视频平台，并推出“芒果独播战略”，湖南卫视的自制节目由芒果 TV 独家播出。独播战略降低了渠道的可替代性，是传统广电在媒介融合过程中较为成功的网络视频策略。在与观众互动方面，湖南广电充分利用应用程序、社交媒体等传播渠道，让电视观众与网络用户实现对接；注重观众互动，借助多渠道开创多元的互动方式，如在晚会直播中引入弹幕，推出 360 度全方位直播，并通过社交媒体，为多款综艺节目制造微博热议话题，使观众主动参与。在内容生产上，湖南广电从早期的“超级女声”到“爸爸去哪儿”“我是歌手”，凭借强大的内容制作能力，打造现象级 IP，之后对 IP 资源进行全产业链的开发和运营，形成集群型产业链。在渠道经营方面，湖南广电打造了“内容 + 平台 + 应用 + 终端”的一云多屏的传播生态圈，在这个生态圈中，各种媒介资源、商业资源得以进行资源置换和优势互补。

（四）硬件竞争：运营及发布 OTT 产品

随着互联网技术的发展，互联网电视一体机的普及率越来越高。互联网电视又称“OTT TV”，是“Over The Top”（过顶传球）的缩写，是指绕过电信运营商，运用互联网为电视、电脑、机顶盒以及智能终端提供视频业务和服务。

2009年前后，各电视厂商纷纷推出互联网电视，之后，各互联网企业推出互联网电视机顶盒，这使互联网电视逐渐成为主流。由于互联网电视冲击了传统电视依靠广电节目的收看模式，使得广电节目的收视率不断降低。因此，互联网电视成为国内电视融媒体的重要发展项目，也是目前在互联网开放平台上电视媒体与网络媒体进行视频竞争并占据主动的产业；而广电体系下的牌照方主要以运营电视服务的方式参与竞争。

2010年国家确定互联网电视平台许可的制度后，机顶盒生产的主力转由获得授权的广电机构。上海百视通在互联网电视机顶盒的产品研发方面投入了大量资源，取得了较好的业绩，于2012年6月发布了首款高智能的电视机顶盒产品“小红”。这也是国内第一个获得百万级互联网电视客户端的牌照运营商。

2010年，上海广播电视台获得互联网电视牌照后，建立了“百视云”互联网电视系统，并研发电视机顶盒，实现在互联网电视市场的布局。2011年，百视通与三星开展战略合作，共同搭建智能平台。同年3月，百视通以51%的股权与联想集团合资设立了“视云网络科技公司”，打造智能电视和智能终端产品。

湖南广电从2011年获得互联网电视的牌照以来，便以“芒果TV”为内容集成呼号，以“和丰互联网电视”为平台集成呼号，加快与不同的机顶盒生产厂商合作，迅速抢占市场。此外，湖南广电还利用有线电视网络运营商的身份，创造性地将互联网电视机顶盒与有线电视机顶盒进行合并，实现了二者的业务共享和用户共享。此举有助于解决互联网电视与有线电视市场竞争的矛盾，又可在较短的时间提升湖南互联网电视的用户数量，迅速形成规模效应。

（五）深度融合：着力发展移动新媒体

随着手机用户数量显著增长，目前我国已全面步入移动时代，移动媒体市场不断扩大，而新媒体技术的发展进步为应用程序市场创造良好的技术环境。因此，用户普遍形成了使用手机阅读新闻、获取信息、观看视频等习惯。在此基础上，2015—2016年，各级传统广电集团纷纷建设“两微一端”，在设立微博、微信账号的同时，把移动新闻客户端作为实现融合发展和移动转型的重点和突破口。许多省级甚至市级传统广电与应用程序开发商合作，开发了当地的广电新闻客户端。据不完全统计，截止到2016

年，中央广电媒体和绝大多数省级广电媒体，都已建成移动新闻客户端或移动新媒体矩阵。

中央电视台较早地建立了《央视新闻》等多个新闻客户端产品。2013年，《央视新闻》正式上线搜狐新闻客户端，以流媒体的形式推送新闻。截止到2017年3月，《央视新闻》新媒体（两微一端）总用户量超过3亿，形成了一个“移动新媒体航母”。

省级广电媒体承接中央与地市，以新闻宣传和舆论引导为核心，主打本地特色，布局综合信息、文化、政务、民生等多点入口和服务，打造了区域性新型主流媒体。如浙江广电的“中国蓝新闻”客户端，突出广电新闻节目直播、点播功能，强化视频优势，推出财经、旅游、亲子等板块，并在杭州G20峰会、全国两会、世界互联网大会以及各类新闻事件中，承担重要的融合报道工作。另外上海广电的“看看新闻Knews”、湖北广电长江云移动客户端、广东广电“触电新闻”等以本土化、特色化的服务，加入民生服务、政务服务等，聚集了大量本地用户，成为较有影响力的本土化移动资讯平台，巩固了传统广电媒体的影响力。

江苏地区的广电集团客户端实践走在全国前列。江苏广电总台的子品牌“荔枝新闻”客户端，主打新闻资讯，开设“在现场”“荔枝派”“真相帝”和汽车、房产等多个板块。此外，还有无锡广电的“智慧无锡”，苏州广电的“无线苏州”（见图15），江苏广电总台广播传媒中心研发的“大蓝鲸”客户端等。

广电移动新闻客户端的探索发展进一步强化了互联网思维，传统广电媒体真正开始了“一体化”的融媒体布局，与新媒体进行深度融合。此外，传统广电集团以广电移动新闻客户端为重点，设立了融媒体新闻中心，实现新闻内容的融合生产和传播。《人民日报》的“中央厨房”，是传统媒体进行融媒体实践的优秀案例，并且“中央厨房”系统成为全国多地广电集团的建设融媒体中心的楷模。

《人民日报》在两会报道中，整合了人民日报社内部资源，统筹采编力量，利用“中央厨房”，再造新闻生产流程：报、网、端、微打通，策、采、编、发统筹，创下了多项纪录，实现了多个突破。在杭州G20峰会中，《人民日报》的全媒体方阵讲好“杭州故事”，用“微信群”H5页面、视频宣传短片、G20海外媒体账号、“VR”H5、“小精灵GO”游戏

图 15 “无线苏州” App

等，集成了多种创新性新闻产品，实现了非常好的宣传效果。

同时，许多省广电总台构建了全省共享互通的“中央厨房”，实现“一次采集、多次生成、多元发布”，全省各地各部门可跨站点调用最新内容，用户可跨区域进行内容订阅，有效整合了人力、信息、渠道等资源。

二 传统广电融合转型经验总结

在早期传统广电融合案例中，上海广电的媒介融合较为成功。上海广电旗下的百视通新媒体有限公司，凭借最初的政策优势，获得 IPTV 运营牌照之后，拓展经营范围，涵盖了几乎所有广电新媒体（见图 16）。它不仅培育了自己的视频网站，发展互联网电视，还参股了优秀的互联网视频公司，并且推出手机视频 App，成为我国广电系最成功的新媒体公司之一。上海广电凭借这家新媒体公司，较好地实现了全媒体发展。

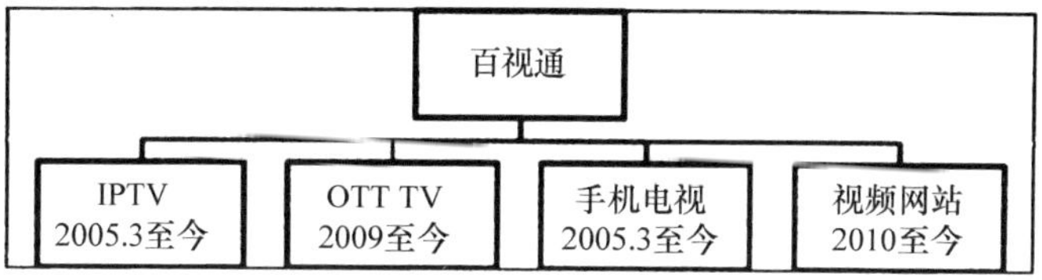

图 16　百事通业务

上海广电媒介新媒体融合转型主要体现在百视通的运营发展上，从百视通的成功经验来看，主要有以下几个方面：抓住了新媒体发展机遇，迅速占领市场；强调内容建设；注重研发创新；强调资本运作，布局网络视频市场；积极拓宽海外市场，打造国际化的互联网电视运营商、服务商。

广东电视台所属的南方传媒集团是全国最早开展电视融媒体的广电机构之一，不仅在传统媒体发展事业中有着特殊位置，而且目前已基本完成融媒体产业完整布局。广东广电的融媒体发展的策略和经验是全方位的。（1）强调观念转变，形成了正确的融媒体发展观，既不对传统电视盲目乐观，也不轻易悲观。（2）体制革新，建立与融媒体相适应的管理体制和市场经营体系。（3）变革内容制作理念，为受众做电视，重视受众对电视节目互动性和参与性的需求，即逐步把平台“舞台化”。（4）内容销售模式创新，重视节目内容的新媒体渠道再销售，重视节目内容在融媒体平台的多元化开发，运用新媒体技术实现节目内容增值业务的销售。（5）技术手段升级改造，将传统电视频道进行技术升级，开展电视融媒体平台技术建设，参与融媒体终端产品嵌入技术开发和应用。（6）产业发展和资本运作，走产业发展的道路，完善健全上下游产业链，通过内容提高产业体量和质量，为未来资本运作创造良好基础。

深圳广播电视台，借助三网融合的发展契机，形成了传统广播电视、平面媒体、网络媒体、户外媒体、移动媒体、手机媒体等多元化、全方位的融媒体传播格局。同时，深圳广电积极探索全媒体运营和营销，从内容、渠道、运营三个层面都做出了转型发展的举措。深圳广电的媒介运营理念顺应了文化体制改革的潮流，成为转型较为成功的广电集团。

在内容机制上，深圳广电集团招募了全媒体记者，探索全媒体记者工作机制；2012 年年底对旗下新媒体进行整合重组，实现了内容、技术、人才等资源的共享和融合；同时，抓住契机，牵头全国城市电视台成立城市联合网络电视台（CUTV），发挥规模效应；开发多款客户端，实现“多屏融合”。2013 年深圳广电集团建立融合新闻中心，实现采编分离、资源共享、多屏传播，相当于目前的“中央厨房”机制，并在内容上实现网台融合。在传播渠道层面，深圳广电集团在传统渠道的基础上，运营广电新媒体。在营销运营方面，深圳广电集团进行全媒体广告运营，推出一站式全媒体整合营销，除传统的广告营销以外，还积极投入平台运营，探索多元化盈利模式。

在平台方面，湖南广电打造了专门化网络视频平台“芒果 TV”。2014 年，湖南广电推出“芒果独播战略”，湖南卫视的自制节目由芒果 TV 独家播出。独播战略降低了渠道的可替代性，是传统广电在媒介融合过程中较为成功的网络视频策略。

结合以上的案例，不难发现传统广电要实现成功的融合转型，必须从内容生产、渠道、广告营销等各方面向新媒体融合。同时，传统广电的融媒体发展，需要积极拥抱互联网技术，以广电移动新闻客户端为重点，建设融媒体新闻中心，树立互联网思维，实现新闻内容的融合生产和传播；以广电移动新闻客户端为突破口，创新新闻信息采编、分发方式，打破传统媒体与新媒体、部门与条块、区域内外的新闻生产壁垒，采编发更加共享开放；以先进技术为支撑，增强广电移动新闻客户端的传播力、影响力，不断提升用户体验，增强用户黏性，聚合更多人群。

在总结我国广电媒介融合举措的基础上，不难发现当前媒介融合发展的过程中，仍然面临着以下诸多问题。

（1）行业监管不统一，广电行业与电信行业竞争，导致三网融合推进缓慢；广电内部结构分散，各地独立运营，市场规模小，很难形成市场影响力。

（2）体制机制行政化，难以适应市场化发展。

（3）大多数广电新媒体业务仍延续广告为主的盈利模式，广电机构对新媒体的谨慎态度也导致市场机会流失。

（4）许多传统广电机构，只在技术上实现了“全”，在业务流程、平台等方面并未实现全媒体化，用传统的思维去做新媒体，将新媒体“电视化”，这种做法无法得到网民的认同；而传统广播电视与新媒体之间的游离，使其无法真正融合。

（5）部分传统广电媒体的品牌本身不具有市场影响力，而创立新品牌具有更高的市场风险，增加了品牌整合的难度。

（6）广告盈利模式依赖严重，经营理念滞后单一，延伸产业开发不足，媒体融合成效较弱。

（7）广电媒体在移动领域的影响力、传播力还不够大，与广电主流媒体应有的地位作用还不相适应。

针对上述问题，我国广电新媒体需做如下调整尝试。

（一）取长补短：融入网络、开放网络平台需扬长避短、通力协作

传统媒体想要进行全媒体的融合，一方面要挖掘自身潜力、优化资源配置并进行战略评估、关注技术进步；另一方面还应该学习互联网平台的经典案例，总结和提炼出互联网平台在内容生产和传播，以及粉丝运营等方面的优势和规律，用更好的互联网思维来实现融媒体的转型和媒介融合技术的应用。

互联网有自己的优势，取长补短、通力协作也是目前主流广电媒体与互联网进行合作的主要形式。跨平台协作有利于粉丝的聚集，内容的共享和生产，也有助于提升互联网媒体平台的吸引力。除了上述两种方式之外，互联网媒体所独有的与粉丝互动和用户共同生产内容的形式是之前主流广电媒体所不具备的，因此我们会看到传统主流媒体有了MCN、有了UPGC等多种方式用于生产和弥补在传播方面的劣势，正是在发挥自身优势的同时融合互联网娱乐方式进行内容创作的尝试。伴随着互联网的发展，传统广电媒体转型出现了成功的案例。湖南娱乐MCN升级为芒果MCN就是广电转型过程中的案例。湖南卫视与互联网的平台进行对接，并升级成为芒果台的案例，同样也体现了传统广电媒体对于向互联网转型的认可。另一个重要的跨界案例，是广电媒体领头羊向互联网转型的一系列尝试：中央电视台的老牌新闻节目《新闻联播》与目前正

在崛起的短视频平台进行了深度的合作。不仅在内容上协作，在传播方式上也有了更突出的变化——强化了人际交往的特点。人际交往的重要性恰恰是互联网社交媒体的自身特征。这些来自传统电视台的主播们，也通过转型进入了互联网平台。一夜之间，主播们也都似乎变了个人一样，不仅表达更加口语化，而且把自己的兴趣爱好、性格特征等信息在网络平台上呈现出来，爆发出鲜明的个人魅力。2019 年 8 月 24 日，《新闻联播》入驻快手、抖音，正式从大屏走向小屏。《新闻联播》快手账号的主页有“42岁”“摩羯座”这样的信息，而在入驻快手后的第一条视频中，主播李梓萌的一句“快手的老铁们，你们好”，不仅仅宣布了正式入驻快手，也拉近了与网友间的距离，从而形成一种放低姿态、亲民朴实的形象。其开通抖音账号后，粉丝数瞬间上涨至1500 万个，截至10 月 27 日，《新闻联播》抖音账号的粉丝已达到2860. 8 万个，获赞 1. 9 亿次。①

在这些改变的背后是为了抓住年轻受众的注意力和拥抱年轻观众。这些成长在互联网背景下的年轻人往往只有一个鲜明的特点：他们更加熟悉互联网，他们有自己独特的语言，他们的信息消费方式主要在网络体系的影响之下。想要抓住这些人的注意力就不能仅仅通过以往的宣传说教，更大程度上在于接受他们的信息消费的方式，到他们经常聚集的地方与他们进行平等的人际沟通，通过在这些聚集的领域和关键点的传播，才能逐步地把主流媒体平台的信息直接传递给目标年轻人。同时，这种转变也能够使得年轻人更关注传统媒体的内容，让融媒体平台变得更加年轻化，能更好地融入互联网时代，构建卓有成效的全媒体矩阵。对主流媒体而言，融合转型的一大难点是如何吸引更多年轻用户。“挖掘年轻用户的痛点，满足年轻用户的需求，引发年轻用户的共鸣显得尤为重要；改变传播语态，用年轻用户喜爱的方式触达年轻用户成为融合转型的关键一步。”② 然而，这种跨平台的协作满足了日益增长的网上视频消费的需求，也实现了双赢的局面：既促进了传统媒体的融合转型，又使得网络媒体可以更进一步丰富自己的内容库，通过强强联合拓展自己在互联网媒体市场上的竞争力。

---

① 参见《年度观察：从媒体融合视角看短视频的创新价值》，德外观察，https：//mp. weixin. qq. com/s/ZQJmJUYU9ckVy0d6lIb7mQ，2021 年 1 月 22 日。

② 《年度观察：从媒体融合视角看短视频的创新价值》，德外观察，https：//mp. weixin. qq. com/s/ZQJmJUYU9ckVy0d6lIb7mQ，2021 年 1 月 22 日。

“近日，央视频和 Bilibili（以下简称 B 站）的跨年晚会合作颇具成效。在 2020 年 12 月 31 日跨年之际，央视频与 B 站联合推出‘2020 最美的夜’。晚会通过创新演绎经典动画、游戏、影视等作品的音乐，找寻时代记忆，引发年轻人共鸣。晚会在央视频、B 站等平台累计播放量超过 3 亿，B 站弹幕数量近 100 万。微博上，由‘@哔哩哔哩最美的夜’主持的#2020 最美的夜#话题阅读量达 10.3 亿，话题讨论量达 115.2 万次，由总台官方主持的#央视跨年盛典#话题讨论量 199.3 万次，阅读量 9 亿，热度更高。”[①] 微博和 B 站本身聚集了大量的年轻人，向他们靠拢去解决一个信息有效触达的问题，但让这些年轻人主动地接纳甚至是拥抱转型后的广电媒体，还需要更进一步了解年轻人的语言方式和思维习惯，在他们认可的基础上突出自身优势而获得创新，唯有如此才能有未来。

（二）以人为本：可持续输出的创意内容来自于优质的创作人

从技术进步可以推断，传统的广电必须要进行媒体融合并且持续向互联网学习；想要重新接收已经投身互联网怀抱的受众和融媒体的目标用户，也必须要深度理解这些用户的行为和态度以及思维方式，并据此策划出相应的产品。而适应互联网和融媒体时代的产品生产，不仅需要对市场进行大量的调研、了解年轻人的媒介使用习惯、互联网正在发生的技术进步和迭代，还应该合理配置和调动在生产中最重要的因素——人。发挥人的作用意味着对于用户的重视，对于组织内部员工的重视和构建起人人平等的协商和协作关系。

除了人文主义精神之外，传统的媒体也应该更多地尝试对现代互联网媒体的发展趋势做一个深度分析，明确现代互联网的建构是“以人为本”的一种基础现状，互联网上大多数技术的应用和推广都是以目标用户作为核心设计对象。自然而然，这样在产品设计的基因上就可以让产品有了更贴近生活的能力，更好地实现技术的广泛应用和推广，以及在应用层面持续的迭代升级。明确了融媒体的发展方向是“以人为本”之后，对于技术进步的观察和应用形式内核的把握，也就会更有针对性地来生产内容，进而能够全流程、全方位地去观察内容生产和传播，以及社会影响的整个层

① 张玉蕾：《全媒体时代央视〈新闻联播〉媒介形象探析》，《新闻研究导刊》2021 年第 1 期。

面。从而在媒体融合的过程中变得方向明确、竞争优势突出、具有持续发展的潜力，并逐渐与互联网社交媒体等平台实现共融共通，并最终实现对于网络媒体的整合与引领。

相对于网络媒体生存的基础是技术，融媒体的出路在于对网络新媒体传播技术的更好应用，其核心在于对网络传播内容原创性的制作和产生，因此对于融媒体的运营来说，需要有更加精准的目标机制来实现和熟悉“以人为本”的运营体系，虽然这个过程可能是需要较长时间的探索，但根本在于通过无处不在的互联网媒体技术，建立与目标用户更为直接的联络。

“全媒体时代的到来，为《新闻联播》敞开了‘变’的大门，开办衍生节目、利用小屏反哺大屏的方式，贴合‘信息无处不在、无时不有、无人不用’的新传播形态，利用‘联播’IP 打造的全媒体传播矩阵，拓宽了传播范围，吸引用户积极参与其中。同时，也让观众对《新闻联播》有了新的形象认知，即不再是严肃刻板的形象，而是话语亲切、‘接地气’的样貌。”①

与此同时，主流新媒体平台并没有满足于转型和跟上网络媒体的发展，这些从业者们也迅速抓住机遇，“挖掘融媒体资源、设计融媒体产品、利用大数据打造融媒体营销升级路径，积极参与营销界的热点盛事”。② 此举不仅通过市场和大数据的辅助，重新梳理了自身的优势和所具备的资源，而且在此基础上也积极参与市场和营销领域的深度发展，在自身发展和转变的过程中，结合传统媒体的合作方资源，为其量身打造全媒体的营销方案，也帮助企业的营销方式实现互联网转型，从而在新的用户群体中提升企业的影响力和品牌价值。

相对于其他商业的互联网媒体来说，主流广电媒体因为其事业单位的属性和植根于广大民众的特征，除了一般的宣传任务和相应的社会影响力的建构之外，还需要承载一定的社会责任，因此中央电视台金融媒体在改造和面向全媒体转变的过程中，不仅要考虑商业目标，还需要将社会公益

① 《年度观察：从媒体融合视角看短视频的创新价值》，德外观察，https://mp.weixin.qq.com/s/ZQJmJUYU9ckVy0d6lIb7mQ，2021 年 1 月 22 日。

② 《年度观察：从媒体融合视角看短视频的创新价值》，德外观察，https://mp.weixin.qq.com/s/ZQJmJUYU9ckVy0d6lIb7mQ，2021 年 1 月 22 日。

和扶贫等国家的目标融合进来，并结合大的时代背景和社会氛围，从而实现特定的目标。例如，“中央广播电视总台以优质主持人资源为抓手、以公益项目为出发点，兼顾社会效益与经济效益，实现带货总成交额近百亿元。总台推出‘买遍中国’全国 31 省份巡回带货直播、第三届中国国际进口博览会带货直播等创新策划，在新冠疫情重创世界经济的时刻，让中国乃至全球客商看到了复苏的信心与希望”。①

“央视频联合快手共同举办的‘搭把手为爱买买买’大型融媒体公益直播活动，由央视主持人朱迅搭档李梓萌组成‘央视 girls’在快手上演带货首秀，并与快手达人进行连麦，整场直播共卖出湖北商品价值 8012 万元，创下湖北公益直播销售额新高。‘央视 boys’‘央视 girls’组合出道、央视频联手快手平台形成‘央视 girls’及‘快手天团’两个全新组合产生巨大效应。数据显示，超过 10% 的用户参与了央视频的直播带货，这对于刚刚创立一年的短视频平台来说，已是非常不错的成绩。”② 融合后的全媒体央视平台，不仅具备了传统的宣传和时政新闻信息传达的功能，而且在现有的环境下还拥有了以往传统媒体所不具备的直接在网络平台上促成交易的商业功能。虽然这些短视频和直播对于央视的主持人、编导和记者们来说并不是新的形式，但直播带货和商业宣传促成交易却是网络媒体所独具的功能。以传统的视频生产资源，结合网络新技术所形成新的传播模式，不仅为传统媒体的转型带来了突破性的改变，也让这些主流媒体能够承载更直接的舆论引导任务，达成更广泛的商业目标。因而，全媒体的转型不仅能够提升传统广电的发展，拓展其生存空间，也延伸了广电媒体的宣传属性，增加了服务属性赋予其商业特征。

三　中国广电媒体融合重大事件历程表

有学者将我国广电全媒体发展分为三个阶段：1996—2002 年为起步期，传统广电媒体开通网站，开始初步融合；2003—2007 年为发育期，媒介融合进一步加深，出现了 IPTV、网络视频、手机电视、CMMB 电视、移

① 张玉蕾：《全媒体时代央视〈新闻联播〉媒介形象探析》，《新闻研究导刊》2021 年第 1 期。

② 张玉蕾：《全媒体时代央视〈新闻联播〉媒介形象探析》，《新闻研究导刊》2021 年第 1 期。

动电视业务等新媒体业务，广电媒体机构开始进行市场化运营，民营视频企业在市场立足并与电视台网站拉开距离；2008 年至今为成长期，网络电视台成立，三网融合加速，全媒体化成为广电发展趋势。① 由于 2002 年之前，中国互联网普及率低，媒介转型并未真正开始，发育期与成长期的事件对于媒介融合具有更重要的意义，故本书参考这两个发展阶段梳理重大事件。

2003 年，网络电台作为独立的媒体形态出现，手机电视业务首次推出。2005 年，上海广播电视台获得全国首个 IPTV 集成运营牌照，获得手机电视牌照；同年，优酷网、土豆网等商业视频网站上线。2006 年 6 月，中央电视台正式启动 IPTV 业务，中央电视台打造央视网络版，并正式启动手机电视业务。

2008 年，央视网被授权转播奥运会，标志着新媒体成为重要的传播渠道。2009 年，中国网络电视台正式开播，标志着我国广电传媒开始积极应对商业视频网站。2010 年，国务院通过《推进三网融合的总体方案》，会议明确了三网融合的时间表，同年，国家广电总局出台 IPTV 方案，确立了三网融合试点城市和地区 IPTV 集成播控平台“中央—地方”二级架构，自此中国 IPTV 产业发展进入了第二阶段，即央视网络重点发展 IPTV 总平台，各省市发展分平台的时期。2011 年，国务院办公厅公布三网融合第二阶段试点城市名单，三网融合进入实质推进阶段。

从 2015 年到 2016 年，我国广电移动新闻客户端发展进入井喷期，涌现出一批用户认可度高、影响力强、传播效果好的移动端产品，对建设广电融媒新闻品牌，提升舆论引导能力，抢占新媒体阵地发挥了重要作用。

从 2017 年到 2021 年，我们已经惊喜地看到，广电媒体的融合已经进入了全面发展的阶段，从最初无法实践的条分缕析、各自为政的状态，进入了一个统一调配、整体协调的有机组织状态之下。对于大多数传统广电人而言，当下最为重要的争夺战场，已经从原来的渠道为主，变成了如今的内容为王。而内容之所以能够为王，原因在于广电融媒体的内容已经不再局限于单一的表现形式和特定的传播渠道，观众具有较大的主动权，从

① 参见王勇《媒介融合背景下我国广电全媒体发展研究》，博士学位论文，武汉大学，2013 年，第 42—46 页。

而可以更深层次地完成内容的二次和多次传播。相对于前一阶段的传播方式而言，内容的形式和新出现的网络媒体传播渠道，已经从新鲜的表现，转变成为基础的要求。现阶段，在强调融媒体传播效果的同时，也必然会强化对于目标用户行为和态度方面的关注，考虑到技术进步可以有效地改变用户的媒介使用行为和整体的群体媒介使用习惯，因而也必然会将技术进步和用户的使用行为纳入融媒体变革研究的范畴和体系的主要影响因素之内。

第四章

中国新闻出版业运营现状及全媒体发展路径

第一节　中国新闻出版业运营现状及问题

一　中国新闻出版业的运营现状概述

2020 年 11 月 3 日，国家新闻出版署发布了《2019 年新闻出版业基本情况》和《2019 年新闻出版产业分析报告》，数据显示，2019 年新闻出版产业规模继续增长。全国出版、印刷和发行服务实现营业收入 18896.1 亿元，较 2018 年增长 1.1%；2019 年，我国图书出版营业收入增长 5.6%，增速在新闻出版 8 个产业类别中名列前茅，利润总额增长提速。报刊出版营业收入保持稳定，总印数降幅收窄，利润总额分别增长 15.8%、11.6%，增长明显。电子出版物出版营业收入增长 8.6%，增速位居第一。2019 年报纸出版社利润总额 38.2 亿元，增长 15.8%。2020 年，我国顶层设计不断完善，以报业和出版业为主的平面媒体呈现了新的发展态势。[①]

从 20 世纪 90 年代开始，中国报业先后经历了党报与都市报之争、党报的跨媒体经营、报网互动、报网融合直至进入全媒体转型发展阶段。时间分割点大致在 2007 年，以《国家“十一五”时期文化发展规划纲要》和《国家新闻出版业“十一五”发展规划》为标志，确立了“国家数字复合出版系统工程”发展规划，并规划了“全媒体资源服务平台”“全媒

① 参见《2019 年新闻出版产业分析报告》《2019 年全国新闻出版业基本情况》（中国新闻出版广电网，https：//www.chinaxwcb.com/info/567299，2020 年 11 月 9 日）显示图书出版结构调整走向深入，电子出版物营收增速居首。

体应用整合平台”和“全媒体经营管理技术支撑平台”等建设项目，这是我国官方第一次正式用文件提出“全媒体”的概念，并将其作为媒介发展方向。依然是2007年，新闻出版总署启动了“全媒体数字采编发布系统工程”建设项目，南方报业传媒集团、烟台日报传媒集团等成为我国“国家数字复合出版系统工程”第一批试点单位，这标志着我国报业系统全媒体转型重大工程建设的开始。报业系统的全媒体转型，与其所处的电脑终端不同阶段紧密相关。相较于PC时代，移动客户端可以伴随用户出入各种场景，手机终端甚至可以进化成为人体的一部分，从而促进媒体、购物等多个行业的巨大变化。而中国报业的全媒体转型，跨媒体运营，正是从创办报纸网站开始。其中，实施报网互动是典型特征之一。中国的报纸行业的网站建设，始于2000年10月《人民日报》打造人民网，这意味着报业开始在新闻业务上尝试不同于纸媒的内容生产。

报业跨媒体转型的另一探索是打造以图片、视频为突破的视觉传播。这经历了一个从“视觉新闻”到“视频新闻”的变化过程。最早提出“视觉新闻”的是上海《东方早报》，在2003年创刊之初就将“新闻视觉化”作为办报方针。视觉新闻最初就是强调在报道中大量使用新闻图片，包括占据大版面的大幅照片，甚至推行视觉化的新闻叙事，以争夺受众的眼球。与之相对应，同样是2003年创刊的《新京报》在以政论立报的同时，把新闻图片也归类为一个较好的办报策略，在新闻实践中运用相应的叙事图片作为招徕受众的有效手段。随后，2006年12月20日，沈阳日报报业集团打造的国内首家全流程、全媒体数字报——《沈阳日报》《沈阳晚报》《沈阳今报》正式上线。与以前的数字报刊系统不同，在全流程、全媒体数字报刊平台上，该系统实现了从采集、生产制作、发布、交换、反馈到经营的一体化运营流程，增加了动画、音频等多媒体元素，丰富了读者的阅读体验。①

近年来，以《人民日报》和新华社为代表的一批传统媒体开始走在舆论引领的前列，尤其是其重要的组织架构和媒介形式在突破原有限制之后，逐渐发挥出了重要的引领作用。例如南方报业传媒集团整合《南方日报》、南方新闻网、“南方+”客户端，实现报网端互联互通。在地市级层

---

① 参见石长顺、景义新《全媒体的概念建构与历史演进》，《编辑之友》2013年第5期。

面，《金华日报》精简内设机构，设立3个融媒体采编中心，实现整体全媒体、一体化发展。据CTR媒介智讯监测数据显示，从2016年至2019年，广告主的数字化媒介预算占比不断提高，从43%升到53%。2020年，5G商用、人工智能技术迅速发展，先进技术作为媒体融合发展的重要支撑，引领并驱动媒体融合发展，已然形成潮流和趋势。①

二 新媒体时代出版业面临的问题及挑战

在新时代出版业蓬勃发展的同时，其面临的问题也引起了业界和学界的广泛关注。

（一）运营思维僵化，单一的广告收入难以支撑报社运营

新媒体时代，随着读者注意力的转移，报纸广告不再是必需品，而且随着报业竞争和网媒的冲击，广告主对有效发行越发重视，相对于纸媒很难精确计算发行量，新媒体发行不仅精确到有多少人阅读某天报纸，有多少人阅读某一条新闻，某条广告有多少人打开，还可以针对用户关注的信息分析用户的喜好和消费习惯，以制定差异化的营销计划。总的来说，随着信息的碎片化，单一平台的传播效率低下，广告主需要更精确化、更多元化的广告投放，寻求整合了纸媒、网络的一套整合营销传播。而对报社来说，随着广告收入的下滑，单一的广告收入也将无法支撑整个报社的运营。②

（二）中央与地方发展水平参差不齐

尽管中央与地方的新闻出版机构都在努力寻求全媒体发展的解决之道。但是由于发展的基础与现实的路径选择差异很大，导致发展水平参差不齐。中央级的报刊出版单位，由于有着悠久的历史传统、雄厚的经济实力，加之中央财政的支持，以及现实的中央级报道资源禀赋，决定了其在发展过程中处于搭建平台的地位。与之对应，省级媒体的角色定位决定了其衔接上下资源、打造通道的地位；而到市县级媒体，则以参与中央媒体搭建的平台为选择，囿于当地有限的人口资源以及财政实力，力图维持运

① 参见黄楚新、曹曦予《2020年报业媒体融合发展状况、问题及趋势》，《中国报业》2021年第1期。

② 参见卢文锦《新媒体冲击下我国纸媒转型策略探析》，硕士学位论文，四川省社会科学院，2014年。

行，长远追求盈利就成为现实的选择。

（三）互联网思维欠缺

应当承认，当前除了中央级报社在融合发展中取得了较好成绩外，包括省级和地市级报社在与其他商业媒体、自媒体的竞争中优势不足。其中重要的一点在于平面媒体的互联网思维仍然有所欠缺。在媒体融合迈入深度融合阶段的今天，一些报社的主要负责人和从业人员仍然固守传统的媒体思维，不仅缺乏对互联网思维的了解，甚至恐惧学习短视频、直播等新兴媒体形式。其经营策略仍然试图依靠政府的财政拨款，不求学习新兴的媒体表达模式。这样的思维早已落后于当前媒体融合的发展实践。①

第二节　中国平面媒体打造全媒体的路径探索

在向全媒体转型的过程中，纸媒往往是最先受到冲击的主流媒体。早在互联网、移动互联网发展初期的传统互联网时代，人们在 PC 端就已经能够通过网站的形式，对线下的报纸、杂志、出版物等纸媒内容进行图文的复制，而且通过将线下纸媒整体复制到线上的方式，使纸媒的内容具备了先天性的互联网数字化的传播基因，从而直接面对来自互联网自媒体的挑战。同时因为纸媒内容的数字化，又使得其在传播方面具有先天的优势，以极低的技术成本快速地传递信息而著称，这就给纸媒中具有内容优势的产品，获取更多的用户以及更大的市场份额带来了可能。因此，在媒体融合过程中，平面媒体最先陷入危机，并且较早感受到来自互联网的冲击，而它的转型也意味着传统的纸媒和文字表达，都呈现出在风险中寻求出路的趋势。

相比之下，平面媒体的表达方式虽然拥有悠久的历史，并且都是现代工业的产物。平面媒体的承载方式往往都很简单，只要会说话、会写字就可以去做文字和图片的表达，但是平面媒体对文字和图片所描述的事实表达，具备极强的抽象性，同时对内容的传播天然具有较高的门槛。随着移

---

① 参见黄楚新、曹曦予《2020 年报业媒体融合发展状况、问题及趋势》，《中国报业》2021 年第 1 期。

动互联网的出现，许多社交媒体起步之初往往采用大量的自媒体写手、明星公关或是动员具有较强表达能力、影响力的用户作为意见领袖。虽然从独立的职能分析，其承担的仍然是各自的职责：专业的文字工作或者图文的表达。这种带有互联网基因的整合运营思路，却在自媒体起步之初，契合了大量用户投身于自我表达的需求，以“链接自我”的小众化发展路径锁定了特定群体，将平面媒体甩于身后。此时的平面媒体如果仍然在延续着传统媒体的生产方式，没有做出相应的改变，面对网络平台上信息和内容总量呈现出的井喷，自然会束手无策，平面媒体遭遇生存危机的概率大大增加。

在读者持续流失且受众市场基础薄弱的前提下，平面媒体应该如何去寻找自己的突围方向，如何能够通过媒体融合的路径，更好地通过改革实现对于传统媒体的扬弃，这就给平面媒体的从业者带来了很大的挑战和困惑，既要摸着石头过河，也需要借鉴他人的经验。需要及时地总结互联网的经验，将自身的未来规划寓于趋势之中，并且通过自身优势的积累和敏锐的观察，对网络上分发的内容进行加工，以让在移动互联网平台上重生的纸质媒体和平面媒体具备更强的互联网基因，进而捕获新的用户群体，从而能够更好地融入移动互联网的信息传播平台和环境。

同样，对于率先进行全媒体改造的平面媒体来说，虽然在形式上有了较大的改变，但是与转型成为全媒体之后的要求相比，还是会有巨大的差距。因为对许多人来说，这种差异存在于对其他媒介类型表达的把握，对其他内容形式的整合，以及对互联网平台作用和社交性质的深入理解。平面媒体实现全媒体化的改造后，会将天生具有的文字表达优势发挥得淋漓尽致，因为文字作为内容的载体，很容易具有人际传播的特质，能够塑造人格化的主体，形成平等互动的朋友关系，更适合在网络媒体上拉近与其他网友之间的距离，从而让内容更具有吸引力。

一 传统延续：内容持续输出，文字精准把握

虽然文字这种表达方式，对于其他的多媒体呈现方式来说，是极少有门槛的，但是因为文字有着悠久的历史，而且具有广泛的受众。能否通过简单的方式去表达复杂的内容，并且让广大的受众去接受，这本身就是一个非常考验思想和创意的过程。

互联网为平面媒体提供了一个更为广阔的平台，而且赋予平面媒体更多的表现形式，甚至是让平面媒体与互联网上的用户有了更大的接触空间。这对于最早受到移动互联网威胁的平面媒体来说，是一把双刃剑。相对于其他的传统视频和网络媒体来说，这种限制或这种机会也只是存在于3G条件下带宽有限、智能手机优势不是很突出的情况下。此时要求平面媒体图文并茂并通过移动互联网进行传播，虽然给传统的平面媒体提出了更高的要求，但是如果能走出这一步，就意味着传统的平面媒体，会获得新一轮在全媒体转型过程中的红利。

新的互联网平台并非是对已有的传统平面媒体进行全面复制，并是融合了新内容的载体形式。越早接触到移动互联网平台，就意味着有更多的机会。移动互联网并不限制平面媒体的表达和存在空间，这就意味着只要是优质的内容，那么无论图片、文字或是视频、音频、游戏等多媒体互动的形式，都可以放在移动互联网的平台上。而且这意味着对于移动互联网平台来说，最终会呈现出一个整合了多种媒介形态，而且能够突出个性特征的媒体。

相对于其他传统媒体，平面媒体往往具有较高的文字表达能力和叙述能力。这就意味着在移动互联网平台的融合过程中可以更好地发挥自己的优势，用其他的媒介形式，将原有的经典内容进行重新表达，这种表达意味着面向更广泛的受众。这种直接与用户对话的内容生产和制造方式会天然具有一种人际传播的亲和力。这也意味着平面媒体在向多媒体转型的过程中，既可以发挥自己的优势，又可以借助多种表现形式提高自己作品和创作内容的影响力。鉴于平面媒体的创作者往往具有原创文字的能力，对于他们来说，持续的创作高品质内容并不困难，因为这种工作方式跟其他传统的工作并没有太大的区别，但是需要补齐的只是关于前期社会认知的市场调研和表达方式的多媒体化，以及对于社交平台的用户运营。

二　面临的挑战：需要更多的表现方式以适应无处不在的网络媒体

传统的平面媒体面临着用户数量有限、印制规模上不去、单本成本较高、生产制作工艺流程较为烦琐、生产内容不具有时效性等多种问题。同样在目前的移动互联网占据统治地位的环境下，从平面媒体向互联网媒体的转型迫在眉睫，因为读者都已经转移到移动互联网的平台上进行信息消费了。互联网作为一个能够保持实时在线的网络平台，尤其是以智能手机作为媒介终端，信息的实时性、交互性是传统的平面媒体所无法达到的。另外，在信息的时效性和多媒体呈现，以及社交关系的建立方面，移动互联网的优势也是传统平面媒体所不具备的。

作为一种新型网络媒体技术，移动互联网为移居之上的平面媒体的成长提供了空间，也改变了人与人、人与信息、信息与信息之间沟通的渠道和建立关联的方法，对传统的二次售卖理论和受众广告体系也产生了巨大的影响。因此如果在这种基础网络的体系上，不能够实现完整的广告战略，那么也就意味着，传统媒体将会失去大量的客户，而这种广告收入往往是传统电台、电视台和平面媒体生存的根基。因此，当传统的平面媒体面临着互联网的竞争，以及受众需求的变化，在流失了大量的客户之后，失去了广告的支持，必然会走向衰弱。要想改变这种状态唯一的方法，就是向互联网学习，进行媒体融合的改造。

因此，一方面我们需要看到在互联网媒体上有传统的平面媒体改革，分别在不同的网络平台上传播自己的声音或发表自己的独特观点，便于用户能够直接表达。另一方面，也应看到，一个新的网络平台上并不会限定特定的表现形式，在此背景下，还是会放大许多创作者表达能力欠缺的客观存在，尤其是在目前的环境下，当大家都认为短视频是接触大众的第一个窗口，而传统平面媒体的创作者往往缺乏这方面的技能，内容和形式之间的矛盾值得关注。

平面媒体的互联网转型是一个必然的趋势，平面媒体与新媒体的融合发展在实际构建过程中仍然存在诸多问题，例如载体单一、时效性不足、缺乏互动性、人员创新能力不足，缺乏创新创意人才等，这些不足都会成为平面媒体在网络时代快速发展的障碍。

载体空间的无限性是平面媒体向全媒体发展的过程中的巨大利好条件，不仅意味着在互联网平台上有大量的空间可以丰富相关的内容，还意味着用户可以在全媒体空间中实现互动式传播，承载包括视频、音频、游戏等多种媒介内容承载的形式，进而发展起多维度的社交关系和商业平台。

网络用户对专业内容呈现方式要求的提升，意味着传统媒体已经无法满足自有用户，导致市场占有率下降。没有对比就没有伤害，面对互联网年轻用户多媒体化、碎片化信息、快节奏内容的需求，传统的平面媒体并不擅长组织类似的消息，一旦无法满足这些场景化的信息需求，用户自然会投向内容丰富的移动互联网平台。平面媒体传播面收窄，营收能力下降，其他传统媒体依然竞争激烈，过度地消耗和“失血”导致平面媒体的竞争力不足和缺乏足够的资源去充分转变。

面对媒体融合发展的大环境，许多平面媒体的从业者依然停留在多年前传统媒体一统天下的那种荣光之中，不愿意接受新的媒介环境带来的技术冲击。同时，创新发展思维的缺乏和思维模式僵化导致影响力的下降，并且缺少成功转型的榜样和路径可以学习。缺乏资源导入，从而造成多方面的恶性循环：技术融合构建欠缺、转型发展缓慢，导致没有市场竞争力和市场拓展能力，进而导致高素质人才的欠缺、人力资源配置失衡、知识体系老化和传播体系落后等。

三　积极融入：从重内容和创意转变到借助多种媒介形式的表现

相对于以往的按照文件类型进行划分的传统媒体分类标准来说，全媒体的变革最大程度上模糊了内容与呈现形式的界限；同样在传播方式上也意味着最大程度地打破原有的媒介格局，用一切可以更清晰表达自我的方式，以促进媒体产品的传播和影响力，同时增强媒体与用户的直接关联和黏性，并主动带领原有媒体的用户跨界到其他的领域，为现有的媒体用户提供更多生活上的服务，增强自身吸引力的同时也强化媒体在用户生活中的服务比重。同样，这也意味着内容和创意将会在全媒体比例中所占的比重降低，从一个统领全局性的工作转变成为核心产品的规划部门，对于传统媒体中负责“质量”把关的人，有了更高的要求。比如原来的责任编辑，在媒体融合过程中可能不仅是关注文章或是专题的策划和编辑还要了解读者的喜好等。事实上，为了全媒体转型也为了自身的生存和发展，平面媒体也做过许多的尝试。比如，从以往的专注于内容做精品杂志或是报纸的经营思路，转变成跨界联合做品牌推广和线下活动为主。但这并不意味着人们能够更充分地挖掘互联网新媒体的技术潜力，因此在平面媒体在向全媒体转型的过程中，需要补足在技术和思维方面的欠缺，以便更好地适应互联网时代对于媒体的要求。全媒体的转型需要敏锐地洞察互联网技术和新媒体所拓展的种种可能性，这也为传统的平面媒体提供了广阔的发展空间，这就意味着平面媒体要结合实际顺应需求，明确未来的工作需要做出改变。

转变为全媒体工作方式之后，一个显著的要求就是平面媒体的工作重点从内容创意转变到借助多种媒介形式，来更好地实现内容的传播和用户的争取。然而要想让大量网络用户成为媒体真正的粉丝显然也不是容易的事。对于垂直内容的把握和多媒体形式的推送，必然需要一个专业的团队作为支撑。

平面媒体有着天然的优势。传统的优势首先缘自粉丝对于优质内容的主动追求和塑造；其次，则来自于传播媒介对于内容传输容量的限制，那么在将来全媒体改造的过程中，更应该围绕这两方面进行突破。

对于平面媒体的内容制作者而言，如果能够优化传播环境，取消篇幅的限制，有更大的空间承载信息传播和服务，那么融合了网络技术的媒体就拥有天然优势，围绕内容传播的形式有多种多样，同时又能发挥自身在语言组织和内容结构上的系统性优势，在这种情况下创作出的内容必然会是更丰富、更系统、更具有原创能力、更具创造性，这明显区别于传统媒体中偏向视觉的电视、偏向听觉的广播，以及现阶段互联网上自媒体创作的碎片化内容，同时通过整合创作系统还能够更好地保障优质内容的系统输出。

因此对于报纸杂志等平面媒体来说，虽然表现形式丰富，但重点还是在于优质的内容，就像影视作品是否优秀的内核在于剧本和导演，而不会仅靠镜头、演员和服装、道具。平面媒体向互联网的迁徙，不仅意味着可以用短视频形式来表现原来只有文字才能够传递的内容，也意味着在将来会有更多的媒介形式将平面媒体的运营拓展到线下、延伸到商业领域，并加入社交的元素，构建一个以内容为核心，以社交关系为传播渠道，以商品建构为综合的网络平台，从而能够在更多的关键点上与用户进行更广泛的连接。

同样，在网络媒介技术上，需要借助新技术对原有服务领域进行广泛的延伸，比如在互动和娱乐方面向社交媒体进行深度学习。虽然平面媒体在前互联网时代积累了大量的读者，然而伴随着时代的进步，这部分读者也逐渐地老去，他们的阅读和使用习惯发生了巨大的变化。对于年轻用户争夺是平面媒体的战略需要，这就要求平面媒体必然要做出改变。

在新媒体时代，坚持融合发展是平面媒体进行媒体突破的重要途径。在世界范围内，融媒体转型也是各大传统媒体的重点尝试和对媒介发展趋势的探索。本质上，也是迎合新媒体时代对于媒体的要求，而产生从组织运作、内容生产到商业模式上的整体应用和改变。比如说《华尔街日报》就曾尝试着在 Facebook 上开通自己的视频版，通过有限度地披露免费内容为自己的核心产品打广告，从而促使目标用户增加订阅量，进而获得收入的提升，实现经营的良性发展；同样它也会在其他社交媒体平台上有限度地开放图文内容，进而增加用户订阅量和提升付费意愿，在发挥自己传统内容优势的同时，扩大影响和树立良好的品牌形象；同时又通过推出增值服务和设置付费墙，让网络用户根据自己的需求精准选择需要的内容，提升信息服务的定制化和提升服务付费的性价比。通过上述措施，用户能够享受到精彩的付费内容，降低信息搜索的成本；提升信息的价值和性价比，在增强媒体评价的同时也保障了运营，从而保证稳定的收入，促进媒体的良性发展。

四　互动的作品：商业模式的转变——从作品意识到互动感知运营

相对于以往平面媒体来说，网络媒体技术可以让传统报纸、杂志、出版物的优势展现得淋漓尽致，进而可以给出媒体融合的方向。例如，杂志的精品内容、报纸的时事评论、时效性的新闻内容，往往可以用更多的形式来呈现，比如图标、动画、视频连线、虚拟视频、MR/AR 等，基于平面媒体作为图文媒体所无法实现的，也恰恰是媒体新技术手段的优势和新的空间。

以往的平面媒体给读者呈现的是有限的版面，文本中呈现的都是精品内容。因为其较为权威的品牌，优秀的评论员文章，字斟句酌的文字以及单向的信息流动和有限的承载空间，造就了内容精品化和媒体的权威性。因此，内容制作者往往需要通过大量的工作来制作优良的内容，同时要考虑平面媒体的各种规范和限制，只注重信息内容的深度而忽略了其时效性。

虽然网络技术手段未必能够被广泛应用，或是按照网络技术扩散的方式去促进平面媒体的发展，但是互动技术的应用和多媒体形式的呈现也是在强化互联网传播的本质核心：兴趣化社交、平等互动方式、多感官冲击、裂变式传播。因此那些能够给读者或用户带来价值感的信息和内容将被用户接受，并按照人际关系的路径进行传播，促使内容的生产者获得更大影响力，获得更多的关注和认同，因而在新媒体平台的价值评估过程中，粉丝、点赞和转发数量的多少，成为评价文章或是内容的客观标准。

在内容传播动力上也呈现出多样性的特点。除内容消费上的满足以外，也会满足日常的生活需要，不仅是像以往的精神满足、获取态度的认同、价值的塑造等，更大程度上的改变是影响了用户采取行动和改变价值观。无论是商业模式、社交语言、社交推广等行为，产生这种现象的根源都是对于别人日常生活的满足，这是来自生活的刚性需求，并促使人们能够毫无保留地把这些分享给需要的人群。因此，转向全媒体之后的整合平台就天然地具备了服务的功能，在商业模式上也有了改变，例如广告的生产已经从原来的贴片和硬广的形式，变成了如今的赞助和软文的形式，许多具有说服性和销售功能的内容已经在其中呈现。

相对于以往以文字作为主要载体的平面媒体来说，网络媒体的出现改变了单向的信息流动，变成了通过对话模式来建构网络空间的意义。在互联网背景下，人与人之间的社交关联，是围绕某个主题的内容聚集和深度评论，传统媒体上的深度文章在此时更像是兼具唤醒和启蒙作用的核心话题。广泛的参与也让内容本身具有人际传播的特征，这意味着网络评论可能比文章本身更加精彩，而个性化内容的推送也比促销更有效率，连接用户和媒体之间的纽带不再是传统的精神、对向往品牌的依归，而是一种来自现实生活的需要，对于碎片化精神的捕获。同时，也意味着智能化的推送和对用户画像的深度了解，将会给未来的媒体经营带来更大的帮助，如虎添翼。

当前平面融媒体运营方式的改变已经带来了巨大影响，让传统的线性传播方式，转变成现代的社交关系网络的构建方式，平面媒体也从原来的内容呈现变成了围绕用户的全面渗透和全方位信息服务，这不仅是平面媒体转变成全媒体的趋势，更是整合内容媒体围绕全媒体转型的共同特征。

总而言之，平面媒体成功转型的实现，需要以“融合”发展为依托，完善新闻客户端的传播功能。新时期平面媒体新闻客户端的构建发展，可从以下几个方面展开。

首先，以“融合”发展为依托，提升载体功能。“融合”是平面媒体搭建新媒体传播平台、拓展传播路径的重要手段。“要发挥新媒体的载体优势，通过开辟新媒体传播载体，实现纸媒转型发展。例如央视开通了‘央视客户端’，并在微信、抖音等社交平台搭建官方传播板块，实现了多传播视域下的转型发展。面对受众流失严重等情况，纸媒要充分运用新媒体传播平台，为受众提供个性化服务，更好地满足受众逐渐分化的需求。又如，通过‘手机客户端’，实现新闻内容的私人定制，通过在线提供信息推送，以更加便捷、互动的传播方式，满足受众的个性化需求。”① 虽然关于打造手机平台载体已经成为大家的普遍共识，但在转型的过程中，并不是每个组织都可以单独制作应用程序，并将其成功推广。伴随着互联网应用程序的快速增加和激烈竞争，门槛正在极速提高。

其次，凸显平面媒体权威优势。相比于新媒体，平面媒体在权威性、专业性上更胜一筹。平面媒体的成功转型发展，需要在权威性、专业性等方面提高自身的媒体竞争力，这也是其保障媒体本质属性的重要基础。同时要充分挖掘新媒体的传播载体，在时政新闻类型的内容传播中融入新媒体优势。经过上述内容的改造，平面媒体有了新媒体的助力和传统媒体品牌的加持，必然可以在满足原有用户群体的基础上，对新的用户有更大的吸引力。

最后，向互联网转型，需要加强教育培训，以促进平面媒体从业者能力的提高。其必要性来自三个方面：一是需要提高其新媒体的应用能力，便于更好地发挥主观能动性，以适应融媒体的发展环境；二是制定完善的培训制度，在凸显内容优势的同时提升综合能力，为创作出符合渠道要求的内容提供保障；三是建立完善的激励机制以激发人才的积极性，更高的回报是人们工作的动力。因此，人才是转型成功的关键，而对于全媒体员工的激励，将会是整个平台良好运营的核心。②

① 周璇：《纸媒新闻客户端发展策略探究》，《中国报业》2021 年第 2 期。

② 参见周璇《纸媒新闻客户端发展策略探究》，《中国报业》2021 年第 2 期。

第五章

他山之石

——国际媒体融合成功案例

随着互联网技术的发展，国外许多知名媒体已率先步入多元共存、交叉渗透的混合媒介的时代，乃至全媒体时代。本章选取英国、美国、日本、韩国、俄罗斯等国家媒体融合成功案例作为分析对象，归纳总结媒体融合先行者的成功经验。选取案例的依据主要有三点：一是地理环境上涵盖了传媒发展蓬勃兴盛的地域范围；二是从媒体形式上包括了广播、电视、传媒集团与电信运营商等多种类型；三是从融合模式上选取了多样化的平台和媒体阵营。

第一节　欧美媒体融合成功案例的分析

一　英国 BBC 的媒体融合实践

2005 年，BBC 针对其十个部门的成员联合开展了一项为期一年的用户深度研究，研究内容包括世界传播格局及用户需求，按图索骥如何调整策略以满足用户的需要。研究结果显示，BBC 的年轻观众有不断流失的趋势。据此，BBC 在 2006 年提出了“创造性的未来”计划，作为未来六年的发展蓝图[①]。该计划明确了媒体融合的目标，标志着 BBC 开始向全媒体转型，进军 Web 2.0 时代。作为 BBC 史上规模最大的一次改革，“创造性的未来”计划秉持三大理念：导航、点播和共享。导航，即抗衡谷歌等搜

① 参见付晓燕《 BBC 的“创造性的未来计划”》，《新闻战线》2008 年第 4 期。

索引擎，加大新媒体和技术的投入，为用户提供个性化的信息检索服务；点播，即允许用户通过 BBC 专属播放器下载和观看 BBC 电视台和广播电视台的所有节目；共享，顾名思义，鼓励用户在 BBC 站点上创造自己的空间，共同分享资源，建设 BBC 的“素材库”。这三大理念始终贯穿于 BBC 此次改革之中，具体改革措施如下。

首先，采用跨平台的传播策略，例如将十个产品（包含天气、新闻、体育、儿童节目等）的所有内容覆盖电脑、数字电视、平板电脑、智能手机四个终端，旨在让用户在任何时间、任何地点，自由选择最适合的终端设备获取所需信息。同时，在进行节目策划时，既要产出优质的内容，又要兼顾各个平台的特色以及各类终端设备的特点，打破传统媒体各终端之间的界限，建立起一整套全新的共享传播与跨终端节目制作的机制。

其次，传统的生产流程已经不适用于数字媒体的转型，BBC 重塑生产流程，要求制作人员适应数字化浪潮的发展节奏和 Web 2.0 的时代背景，培养记者们使用新媒体技术，从对电视的依赖逐渐转化，习惯通过网络来寻找信息，通过资源素材库分享信息。只要节目现场有网络，“前台”的信息采集与“后台”的内容编辑便可同时进行，即时沟通，提高效率，同时又能即刻回应观众反馈，根据观众需求调整内容生产方案，以用户需求为内容生产的源动力。

最后，在机构体制方面，一改以各频道为单位成立独立的部门、“单打独斗”的组织形式，解决各单位之间信息交流不畅、工作效率低下、人员冗杂的问题，整合内部资源，按照技术开发、内容制作、节目运营、市场营销、人事管理等功能架构进行部门重组。其中，新闻队伍的重构将原有独立的广播、电视、互联网平台融合成为一个全媒体新闻中心，包括多媒体节目部和多媒体新闻部两个新部门。记者把采集到的内容发送到新闻中心，编辑根据不同传播渠道的需求将素材进行调整，使之与播放终端匹配。这种新的采编机制，要求全体工作人员都具有强烈的媒体融合意识，统一调配、共享新闻资源。机构重组之后既可以同时完成多种媒介形式的新闻内容制作，又可提高内容的利用率，借助立体式整合传播扩大媒体影响力。

与此同时，在盈利模式方面，BBC 开发了知名栏目的延伸产业，将其音视频节目和相关内容制作成唱片、DVD 等形式，并通过在线上线下开发官方游戏、精选辑等周边产品的方式进一步盈利，为用户提供付费点播服务①。

BBC 的此次改革确实使公司有了长足的发展，这受益于长期对受众的重视和对英国媒介应用习惯的监测为基础的主动改变。在兼顾技术进步所带来的特定要求的基础之上，对媒体的内容生产流程进行了深度的改革，充分挖掘互联网海量背景信息和专门报道的独家信息资源，以受众的需求为导向，在兼顾受众需求的同时，改变自己的服务方式，探索出能够与时俱进的商业模式。这是一种更为宏观的、把媒介技术进步作为变量纳入适度的考核体系内的行为方式。

二　美国纽约时报的媒体融合实践②

美国最早的媒体融合试验成果是 2000 年 3 月由美国媒介综合集团 Media General 组建的“坦帕新闻中心”，该集团将旗下的报纸、网站、电视台安置在同一座传媒大厦内，由一个新闻指挥中心统一调配、资源共享、合作采编。在这一媒体融合成功范例的带领下，美国涌现了更多的媒体融合模式，如以《纽约时报》为代表的融合创新及“付费墙”模式。

2009 年 4 月，新闻集团 CEO 默多克在公开场合谴责谷歌，指责其为读者提供链入免费新闻网站的行为为“偷盗”，呼吁全行业联手反击，并提出了“要建造一座新闻付费墙，将谷歌赶出他的新闻王国”的设想③。此后，新闻集团旗下报纸先后宣称设立“付费墙”，即对在线内容实行付费阅读。《纽约时报》正是在这样的背景下，交出了一份“满意的答卷”，证明如果内容足够优秀，用户也可以放弃“免费的午餐”。2011 年 3 月，《纽约时报》启动新“付费墙”模式后，数字发行量迅速增长，2012 年总发行收入超过广告收入。《纽约时报》“付费墙”模式的成功，引来美国报业同行的争相效仿。但这种成功，与其经年累月在媒体融合之路上做出的探索密不可分。

---

① 参见《境内外媒体台网融合先进经验三例》，人民网，http://media.people.com.cn/n1/2016/0329/c403454-28235724.html，2016 年 3 月 29 日。

② 参见新元智库《美国媒体融合发展模式与案例分析》，搜狐科技，http://www.sohu.com/a/133798104_465245，2015 年 7 月 1 日。

③ 参见彭博社《“付费墙”模式在〈纽约时报〉初获成功》，梅花网，http://www.meihua.info/a/38350，2012 年 12 月 26 日。

1996 年 1 月，《纽约时报》搭乘网络快车，建立了报纸网站。但此时的《纽约时报》网络版没有独立的编辑和运营，只是纸质版的内容迁移，尚属于融而不合。1999 年，面对数字新媒体的冲击，纽约时报公司重新定位网络业务，将旗下所有网络业务合并，组建了独立运营的新公司——数字时报公司 NYTD（New York Times Digital），网络业务得以独立编辑与运营。2005 年，纽约时报公司再次进行重组，将报纸编辑部和网络编辑部整合，在新闻采集、内容生产、多平台建设方面建立了紧密的协同机制。至此，纽约时报公司基本实现了运营、采编及管理的统一，完成多部门之间的优化重组。2008 年和 2010 年《纽约时报》先后推出了 iPhone 以及 iPad 版本，拓展多媒体终端的应用或订阅服务。2014 年 1 月，《纽约时报》网站版（Nytimes. com）完成第五次改版。2014 年 4 月，纽约时报集团推出 NYTNow，将数字业务拓展至移动端。发展至今，纽约时报集团形成了《纽约时报》纸质版、《纽约时报》网站以及移动客户端等多种传播形式，基本完成全媒体覆盖。

采用新技术为媒体融合提供完备的硬件设施，改革管理方式和内容生产方式，优化网络内容收费策略、完成新的网站收费制度，进行报网组合战略调整，推动核心业务转型并售出非核心业务，从“媒体公司”向“内容提供者”转型，拓展多平台服务，开发潜在用户，《纽约时报》的媒体融合探索之路经历数次战略调整，行走在媒体融合的最前沿，依旧是美国最具影响力的报纸之一。

对于传统媒体来说，新时代的机遇在于对传统传播媒介的极大拓展，但互联网不仅提供了更为广阔、便捷的传播渠道，同时也带来了更强有力的挑战者，能否对抗如谷歌、Facebook 这些拥有巨量用户且对内容有着大量需求的互联网巨头，这一切都来自互联网用户对独家内容的需求程度。对于《纽约时报》来说，拥有鲜明的个性和悠久的历史。独特的人力资源，想要在互联网时代发挥重大的作用，则需要通过“付费墙”的方式与新兴媒体进行融合。这样做的好处也是显而易见的，一方面过滤了互联网上的“非目标用户”，只是对其进行浅层的品牌认知的教育，以及特定广告的传播；另一方面则是强化了“自身优势资源”的特定呈现方式，通过良性的内部运营机制，让更多的内部从业人员能够通过逐渐扩大数字产品市场和提高营收来获取更多的报酬并调动积极性，从而生产出独具风格的优质内容，与互联网上大量免费且平庸的内容形成彻底的区隔。因此，这也是一个颇具代表性的媒体融合方式和思路。

三　瑞士传媒集团的媒体融合实践①

2015 年 11 月，中国记者协会组派的中国新闻代表团对瑞士进行访问，与瑞士荣格媒体集团和苏黎世传媒集团等媒体进行广泛交流，了解和学习瑞士媒体在实现传统媒体与数字媒体协同发展方面的成功经验。

瑞士的媒体收入主要依靠广告、用户付费、社会企业赞助及上市股票，其中，广告收入所占比重最大，而用户数量的多少向来是能否吸引更多广告商的主要因素。因此，瑞士媒体建立“以用户为中心”的发展策略，及时根据用户反馈数据调整内容。对用户反馈信息的收集是瑞士媒体的重要任务之一。得益于数字技术的发展，他们采用通过阅读量后台监控系统收集数据的方法来做用户分析，以便在传播内容上进行调整。苏黎世传媒集团旗下的《每日导报》总编辑介绍，两年前集团将《每日导报》的编辑部重新整合，并安装了读者阅读后台监控系统，系统每天 24 小时对报纸网站和移动应用的数字媒体业务进行跟踪。编辑部里的各版面编辑根据系统反馈的数据，对数字媒体版面及时调整，必要时对阅读量较低的消息进行改写。第二天出版的纸质版日报也以系统提供的反馈数据为依据，尽量挑选读者较为关注的消息和话题。荣格媒体集团和瑞士法语电视台采用的也是类似的后台监控系统。此外，瑞士媒体为挽留传统纸媒和电视广播的用户，尤其是年轻用户，积极举办音乐会等各类活动，并邀请用户免费参加。

如果说前两个案例是分别以“颠覆性的技术进步”“自身资源优势”为变革核心的话，那么第三个案例则是以“服务媒体的目标用户群体”作为核心变革目标，从而制定了一系列的改革方案，尤其是通过媒体以自身的快速迭代作为基础，积极搜集用户信息并做出反馈，从而更好地适应环境的变化，服务核心目标用户，进而以良好的服务凝聚广大的用户，最终实现积极的反馈和良性的发展。

---

① 参见《海外传媒观察 | 瑞士媒体融合发展现状如何》，新华网，http://www.xinhuanet.com/zgjx/2015-11/16/c_134820172.htm，2015 年。

第二节 日韩媒介融合成功案例的分析[①]

一 日本朝日新闻社的媒体融合实践

朝日新闻社成立了内部业务孵化实验室（Media Lab），作为扩充业务线和进行媒体融合创新的尝试，提出打破以往媒体模式，建立社内外信息集散中心的概念，将朝日新闻社的读者和经营资源重新整合，给用户带来新体验。

该实验室包括40名员工，采取开放的工作环境和人员结构，技术、内容、经营人员各占三分之一，甄选方式为举办社内新媒体事业创新大赛，Media Lab每年征集约100件创意产品，从中选取3—4个项目，项目执行者直接进入媒体融合实验室工作，并配置相关资源。

除内部孵化，Media Lab还通过举办社会性的众包编程大赛、收购网络广告公司等形式拓展业务。朝日新闻社并未对Media Lab的业绩做出严格考核，内部设定目标约为朝日新闻年总营收的0.8%。

二 韩国JTBC电视台的媒体融合实践

“以用户兴趣”为核心的运营策略，是JTBC电视台媒体融合探索的重要经验。JTBC电视台根据用户使用媒体的习惯调整节目形态，如将新闻报道的播出时间缩短，新闻总条目减少，将时间分配给有影响力、传播力的内容。不再以短消息的形式播报新闻，而是结合评论，尤其是社交媒体上的公众意见等多种因素对播报内容进行调整。对当下发生的事件尽可能增加现场连线的频率，突出呈现新闻的“现场感”，即缩短观众和真实现场的距离。

同时，依据用户喜好，不断研发新型娱乐节目形式，如各种综艺节目，不仅在本国获得一定的收视率，还可将节目模式版权售卖给海外媒体。

---

① 参见《日本和韩国媒体融合的四个案例》，新华网，http：//www.xinhuanet.com/zgjx/2016－05/24/c_135383119.htm，2016年11月1日。

上述日韩媒体除了在原有的产品方面进行更新之外，更大的改变是适应了市场变化而对自身的组织形式进行了深度变革，虽然具体的变革方式还是较为灵活的，但根本上还是在于调动组织内外专业群体的积极性，从而使其作为一个生产环节和单元具有更高的效率，并在更加广泛的社会范围之内进行匹配，对原有生产环节产生正向积极的鼓励，从而为将来更进一步地提升整个组织的吸引力并嵌入大的社会体系之中奠定基础。

第三节 俄罗斯媒体融合成功案例分析

2005 年年底，在俄罗斯政府的全额资助下，“今日俄罗斯”国际电视台（RT）开播。RT 建立的初衷，就是向世界展现一个“没有偏见的俄罗斯国家形象”，用俄罗斯的观点报道全球新闻。至 2014 年，RT 拥有 6.3 亿观众，分布在世界上 100 多个国家。据俄罗斯军事观察网称，RT 在英国有 200 万名观众，是除半岛电视台之外最受欢迎的外国英语频道；在美国，RT 是仅次于 BBC 的第二个最受欢迎的外国电视台，收视率最高的是它的新闻节目。此外，RT 还在视频网站 YouTube 上开办了自己的频道，观众数量排名第六。这些数据足以表明，RT 已经跻身国际大媒体的行列，成为具有全球影响力的多语种电视新闻网。

2013 年年底，为了进一步延伸“今日俄罗斯”的品牌效应，俄总统普京签署总统令，解散俄新社和“俄罗斯之声”广播电台，在这两家国有媒体的基础上组建全新的“今日俄罗斯”国际新闻通讯社。按照总统办公厅主任谢尔盖·伊万诺夫的解释，这样做的目的是“提高国有媒体的效率，以便更有效地向世界传递克里姆林宫的政治信息”①。

俄罗斯 RT 电视台的实践经验，与 2018 年 6 月 1 日召开的首届上海合作组织媒体峰会精神不谋而合。该会议提倡“开启媒体合作新时代”，增强上合组织成员国之间的媒体合作，共同构成跨国传媒网络，推动构建人类命运共同体。“媒体融合”不单只是各国媒体内部的“合”，也是跨国媒

---

① 《从国际传播的角度看“媒体融合”》，凤凰资讯网，http：//news. ifeng. com/a/20141004/42137763_ 0. shtml，2014 年 10 月 4 日。

体互信互通、相互合作的“合”，各国媒体在信息互换、共同采访、联合报道等方面合作空间巨大，各国媒体应一道向世界传播和平与发展之声，在互联网时代建设更加公正合理的国际传播秩序，做人民友好交流的桥梁。

在国际范围的媒介融合，需要有国际领域的需求和市场。“今日俄罗斯”能够在更大的范围内充实俄罗斯主流媒体的资源，原因就在于目标市场和用户的明确，从而可以在更大的范围内重新配置已有资源，通过对于国际化目标用户媒介使用和信息传播渠道的研究和分析，围绕媒介用户的主流使用习惯，建立和形成独具特色的传播渠道、传播内容和传播形式、构建起更加平等、更具有传播力的传播方式和渠道，有利于强化国家软实力和构建更平等的互联网传播平台。

第四节　“后融合时代”的国际媒体案例分析

所谓的“后融合时代”是指在整个媒介竞争的格局之下，原来按照信息承载形态而进行划分的不同媒介类型，在与植根于移动互联网的数字媒体的竞争过程之中，呈现出相当显著的“融合”特征。媒介的融合是数字化时代对大众媒体传统渠道的一种倒逼式的推进和改革。经过一轮又一轮的媒体融合与市场化的体制改革之后，传统按照不同传播渠道和媒介载体划分的媒体“融合”在一起并逐渐形成颇具影响意义的新的全媒体传播中心，与市场上不断蓬勃发展的、形形色色的互联网媒体和社交媒体一起，共同构成了全媒体传播的生态。

相对于媒介的传播渠道从各自为政、相互独立走向合而为一、充分融合的过程，传统媒体经历了从信息采集、共享资料、多元化的编辑方式和多渠道的传播以及不同传播平台的运营之后，最终还是会成为一种相对稳定的融媒体运营方式运行。相对于以往的媒体融合过程中动态的、充分的竞争与磨合，在达到“稳定”之后的一种充分融合的媒体背景下的媒体生态，可称为“后融合时代”。相比之下，融媒体的渠道相对于以往来说将会显示出更具渗透性、更加灵活的传播特征，在信息的潜在触达效果方面更具有优势，然而，这也并非说效率高了就能够解决传播效果和影响力的问题。相反，效率的提高意味着更多的个体在不同的场景下产生了更多关于信息消费的需求，因而对于大部分人而言，这种需求不断被强化，这种时刻在线的状态和实时的互动反馈，将会给内容的生产、传播、平台运营带来持续的影响。

比如对于优质内容资源的持续争夺，对于传播渠道的时刻整合，以及对于传播效果和民意的持续关注，都将会给信息消费的习惯、信息的表现方式、信息的传播渠道带来深刻的变化。在这种变化过程中，信息的碎片化、视频化、与商业的连接，甚至是对于一些官方社区和微信群的运营，都会是融媒体这种媒体的主要运营方式。

一 “后融合”的媒介生态：融合为一体，但对优质内容资源的争夺日趋激烈

在经过了互联网发展的早期阶段，通过技术进步构建起了一个相对稳定的互联网服务体系之后，一些大公司必然要通过互动从而对整个国家产生持续性的影响。例如在互联网技术最早得到大规模采用的美国，其技术成熟度和创新性都具有领先水平。国家政策对整个互联网行业产生的影响实实在在，以特朗普所在的政府为例，他废除了“网络中立条例”，促进了美国互联网大企业的发展。这是因为，美国政府对外的网络政策战略规划和实施，除了一些具有直接军事威胁的网络黑客之外，许多维护美国国家利益、输出价值观和文化的方式，正是通过这些在美国本土成长起来、具有雄厚实力和国际影响力的互联网大公司实施的。

与此同时，在日趋激烈的网络竞争的背景下，中小网站在内容创作、权威不足等方面的弊端逐渐显现，这将会迫使人们更多地关注那些规模较大的互联网公司和提供信息的机构，甚至有助于通过资本市场促使其合谋，进而让未来的网络环境更加有利于互联网大公司的持续经营，并形成垄断，从而威胁到中小互联网企业的生存与发展。同时，这也意味着在一些与互联网相关的新兴领域中，已经发展起来的大公司会对未来进入互联网服务领域的中小企业和相关关联的传统企业产生一定的门槛效应。因此，从这一点上来看，“网络中立条例”在短期内似乎是为了鼓励领域内的竞争，促使网络公司和大企业能为用户提供更加优质的服务，但事实上却会导致这些大公司持续走强，对新进入者或是中小企业提高门槛。

与此同时，传统媒体与互联网平台之间的关系也变得愈发微妙起来。对于大多数的互联网公司而言，用户的使用和相互之间的社会关系，就是作为平台的互联网所承载的内容，衡量互联网的发展和价值，主要取决于网络对用户精准的定位和日常流量。但是传统媒体的商业模式与之并不相同，对于传统媒体来说，通过内容吸引用户的关注，然后将用户的注意力二次售卖给相关的广告商才是完成了商业利润的增加。这两种完全不同的价值实现方式和商业变现模式，将在媒体的“后融合”时代发生巨大的变化，面对着需要持续扩大用户基数的互联网媒体，优质内容是吸引用户的一个核心资源和要素，而传统媒体在加入了互联网基因和相关融合技术之后，也逐步接受了互联网的评估模式，开始注重流量和平台的影响力，同时也具备了整合信息的能力，开始跨界与其他的商业形式进行融合协作。因而，传统媒体整合之后，通过优质内容的传播，对用户产生深刻的影响，最后直接作用在平台，从而提升了平台上。因此对优质内容的生产，将是媒介融合之后一个重大的趋势。

二　后浪与前浪：整合才是趋势，Facebook 和 Twitter 选择背景下的舆情

对于年轻网民和那些早期的使用者，尤其是生活中无法离开社交媒体的网络用户来说，互联网已经持续深入每一个人的生活，并且对潜在的需求也在实时地进行改造和渗透。从媒介化的视角来看，平台是一种人们日常生活中无处不在的信息提供方，因此媒介的进化和技术的创新，将会给人们的信息消费带来完全不同的媒介习惯。

相比之下，以往的信息媒介对我们来说也有很大的借鉴作用。用现在一个比较流行的话来说，如果传统的互联网媒体或传统媒体对应的是正在老去的媒介用户，我们可以称为“前浪”。正在新兴的多种网络媒体的应用形式，包括社交媒体和应用程序将会成为吸引到的新生代用户，我们称为“后浪”，代表对于先进技术的接纳以及对于媒介应用素养的提升。

传统媒体与互联网媒体之间的整合与融合，事实上代表着人们媒介消费行为和习惯的一个大迁徙，从传统的单向信息流动变成现在的交互式信息使用，以及视频信息大量应用场景的出现，这些都告诉我们在未来的发展趋势中，媒介渠道之间的整合动力，其实是来自这些“后浪”和“前

浪”之间对于媒介消费形式的变化和主流技术应用体系的变迁，并最终实现了统一。因为需求的统一，从而造就了媒介传播形态的剧烈改变。

在媒介化的社会中，社交媒体不可避免地影响国家与民众、中央与地方之间的关系。这为我们探讨网络公司发展中的政府力量提供了启示，如果在此前的 PC 互联网和移动互联网时代，互联网企业面临的最大挑战分别是技术和市场风险，那么在第三次的智能互联网浪潮中，政策风险将成为最大障碍。①

我们在漫长的互联网发展历史之中，能够看到在互联网大规模民用之后对整个社会产生了深刻的影响。不仅影响到人们日常的生活，而且还与政治和文化有着直接密切的关联。以美国为例，在互联网发展的 PC 时代和移动互联网时代就有着不同的表现。以 PC 互联网时代所萌发的主要互联网应用社交媒体的形式是 Facebook，这种具有全球影响力且能够深入看到人们生活的一种互联网应用形式，曾经在美国总统选举中立下过汗马功劳。因为它是一个全新的网络平台，不但能够绕过传统的媒体对网络用户进行直接的联系和沟通，而且它也可以通过信息的引导和观点的凝聚，促使这些人能够在选举和投票过程中产生的行为与整个社会和媒介所呼吁的方向保持一致。

相比之下，美国前总统特朗普的胜利就显得十分意外。特朗普作为一匹在总统竞选中杀出来的黑马，除了自身独特的鲜明个性和口语化的体系之外，更重要的是通过 Twitter 这种碎片化的社交媒体来传播实时信息，实现与全美的大众进行低成本的对话和沟通，这意味着他可以绕开传统竞选活动中所不得不面对的一些问题。同样，线下的活动也都是通过 Twitter 这种方式来进行组织和宣传的，相对于以往那些通过传统媒体来组织和传递相关信息的方式来说，这种信息的传递既适用于现代人对于信息碎片化、生活化、大众化的需要，迎合了他们使用的场景，同时又能够更多地彰显个人的魅力。人们所要看到的不仅是特朗普的个人意见、未经修饰和把关过的口语化的信息，而且还意味着大众更需要特朗普相对于传统媒体带来的更具有视觉冲击力和真实感的碎片化信息。

---

① 参见陈白《胡泳：今天我们需要关注“数字弃民”》，新浪财经网，https：//t. cj. sina. com. cn/articles/view/1641561812/61d83ed402000vh6t？ from = tech，2020 年 12 月 25 日。

因此，从奥巴马上任到特朗普竞选获胜，我们都能够看到，随着互联网社交媒体的崛起，这些有魅力、有影响的总统候选人在选择了合适的信息传播渠道、整合了传播资源之后，向目标群众进行了高效率的信息传递。这也使得绝大多数人都在沉浸一种全方位的信息环境之中，以往那种通过只言片语或通过中间意见领袖来引导舆论和劝服个人产生特定行为的做法，现在看起来也是不合时宜的。最终结果说明，那些能够迎合网络媒介用户需求的媒体，才是最终获得胜利的媒体。

三 言论的边界：媒介技术并非是决定影响的唯一力量，制度对于网络传播效果有决定性的作用

社交媒体作为一个以用户为核心枢纽的信息传播方式，不仅凝聚了许多用户在网络上表达个人意见，同时也是了解他人的一个主要窗口，通过社交媒体将个体的社会关系以及陌生人之间的人际交往关联起来，由此形成一个庞大的社交网络。每个使用者不仅仅是信息的接受者，同样也是能够平等地产生信息并进行传播的传播者。每个人传播的信息都带有鲜明的个人特色、体现了个人态度和意志，是一种经过了把关且融入了个人观点后的信息，因此对于信息的管控将与以往有较大的不同，管理方式也不再是线性的。更多的时候，还是需要靠制度的安排来实现对于整体信息传播体系的一种管理，从而控制信息传播的走向，并达到预先要求的效果。

“后融合”时代的媒体格局已经形成，互联网的媒介属性，以及传统媒体与社交媒体之间的竞合关系达到了一个新的平衡，实现了“你中有我，我中有你”难以分割的新局面。这种充分整合后的融合媒体渠道，不仅能够容纳传统的新闻信息内容，而且还能够容纳用户基于这些信息的讨论和沟通，也就基本上产生了一种具有组织、引导和互动的新型空间，传统的新闻资讯不再是高高在上、冷冰冰的陌生状态，而是和用户一起生产话题、制造传播素材，同时也成为用户传播内容的一部分。这在内容的分散化和形态的多样性上体现得特别显著，而融媒体对于用户的引导和管理则通过对于用户的“服务”而显得更具有隐蔽性。其中，社交媒体对传统媒体形式的整合形成了新型融媒体的传播方式，而社交媒体也逐渐从以方便沟通、凝聚共识为主的兴趣和个人信息的传播，

转变成为一种新型的、具有强大影响力的、植根于用户生活圈之内的新闻资讯传播渠道。

“社交媒体下载量最高，随着社交媒体平台新闻资讯内容的不断丰富，网民无须跳转其他软件即可关注到最新新闻资讯，社交媒体成为人们最常使用的获取新闻资讯的渠道。”① 这反映出社交媒体在网络空间中的重要角色——在融媒体这个新闻资讯制造和传播的大渠道中，成为新的且具有强大影响力的信息传播渠道。在这种背景下，美国及其他主要欧洲国家同样也在采取一些立法和司法措施，力求在制度上能够规范国外公司在本国数字服务市场上的垄断状态，同时也强调公司应该肩负起社会责任，并承担净化互联网空间和对信息进行把关的责任。历史的经验证明，媒体提供社会服务，通过信息传递和内容生产对社会的发展产生重要影响，对于以往承担社会责任的传统媒体而言，是天然的使命。然而，经过技术叠加之后的融媒体和野蛮生长的网络媒体，其主动承担起相应的社会责任，确实也需要一个过程，国际上对于美国科技巨头的约束和限制，也为我们对于规范和限制互联网虚拟世界的发展边界提供了一定的借鉴作用。为了更好地规范和引导后媒介融合时代对于全媒体传播的引导和管理，也便于能够在媒体融合的路径上更具有前瞻性地引导媒体资源深度整合和相关技术的深度应用，以及如何面对从传统媒体的“受众”转变为现代网络媒体的“用户”思维。下面一则关于欧洲政府对于国外网络媒体巨头的立法约束，能够给我们带来更多的启发。

“欧盟委员会 2020 年 12 月 15 日公布两部新的数字法案，旨在进一步限制美国科技巨头的市场行为，规范欧盟数字市场秩序。其中《数字服务法》直接关系到普通消费者，侧重社会责任领域，旨在加强网络平台在处理虚假信息、恐怖主义、仇恨言论等非法内容以及假冒伪劣产品方面的责任，即科技企业须对用户在其平台上发布的内容负责，有义务第一时间删除不合规的信息内容。该法案明确规定，覆盖欧盟人口 10%（即 4500 万用户）以上的网络平台不仅要承担控制自身风险的特定义务，同时还须在新的监管机制下运作，欧盟委员会将有权直接处罚此类

① 中传新媒体研究院：《中国 Z 世代群体资讯消费习惯研究》，腾讯媒体研究院微信公众号，https：//mp. weixin. qq. com/s/eE4IPtpbYpYVUBCPyysF－A，2021 年 1 月 8 日。

大型网络平台。”①

欧洲舆论普遍认为，两部数字新法案剑指谷歌、Facebook、亚马逊等美国大型科技企业，欧盟反对这些企业利用由某项服务搜集的数据“改进或开发新服务”，反对它们给自己的用户和竞争对手制定规则，从而使对手难以与自己竞争。通过两项新的数字立法，欧盟还希望确保规模较小的科技企业，尤其是欧洲本土的科技企业，在欧盟市场范围内能够与全球性的网络巨头展开竞争②。

---

① 郑治：《欧盟公布两部数字法案 旨在限制美国科技巨头的市场行为》，东方网，http：//news. eastday. com/eastday/13news/auto/news/finance/20201216/u7ai9647949. html，2020 年 12 月 16 日。

② 参见郑治《欧盟公布两部数字法案 旨在限制美国科技巨头的市场行为》，东方网，http：//news. eastday. com/eastday/13news/auto/news/finance/20201216/u7ai9647949. html，2020 年 12 月 16 日。

第六章

回归本土

——中国媒体融合的具体应用形式

第一节　沉浸交互：传统广电引进VR新媒介技术

VR是一项新的全景方针信息传播技术，如果能够通过沉浸的方式实现人与人，或是人与场景的交互，那么也就意味着这种技术会成为一种排他性的信息传播方式。VR同样也是与媒体运营直接相关的媒介技术，伴随着新技术的普及，建立在这种技术上的应用场景自然也会吸引大量的用户。

因此，从新的技术中探索经验和挖掘相关的机遇将会是一个非常重要的课题。下面将会探讨传统广电与VR技术融合的可能性。

一　传统广电为什么要与VR技术相结合？

技术进步是传统媒体容易忽视的，但又是基础的部分。传统媒体的组织状态在大部分时候都呈现出高度组织化、专业化分工的特点，但这种状态又是媒体融合发展的核心推动力，这不仅意味着传统媒体未来发展的空间得到极大的拓展，而且也意味着对新技术基因的获取，从而为传统媒体拓展一种能够进入其他领域快速发展的道路。同样这也是推动传统新闻能够在内容、形式、写作方式等方面进行改善，造就更独特的阅读体验和互动方式。

而在媒体融合的深入发展过程中，我们需要关注用户对于技术的感知，在内容生产上保持对技术的敏感性。在过去几年中，伴随着计算机和图形处理能力的大幅提升，VR/AR 早已从媒体实验室变为了一种有着广泛前景的媒介形式，并逐步进入传统媒体的领域，成为新闻传播等领域的重要组成部分。随着技术的不断迭代和进步，媒介形式也在不断地更新，许多市场媒体的参与者都争相采用新的技术形式，主要目的在于增强自身的吸引力，提升自我的市场竞争能力，拓展自己与用户的关联。

在此过程中，各家媒体为了能够更好地提升自身的能力，纷纷使用前沿的技术来创造全新的感受，让传统媒体的产品内容更具有吸引力，从而拓展自己的生存空间。在这个过程中 VR 新闻、VR 视频、VR 全景创意和"无人机"摄影以及人工智能对技术的渗透，这些创新的传播技术和传播视角，在逐渐成为大众媒体的"新面孔"和"新形式"，深程度地与用户进行互动，也逐渐成为融合媒体的新标配。

面对能够给人们带来直接视觉冲击的虚拟现实的信息呈现方式，将其应用在已有的成熟节目形式上，显然是技术普及的最有逻辑的应用。

（一）技术驱动

研究人员在调研的基础上，结合大量的文献研究、案例分析和深度访谈，考察了国内外新媒介技术公司、互联网前沿技术公司、VR 新闻产品生产团队，提出技术加持是追赶新媒体融合发展这班车的必要条件，传媒业进入技术驱动时代。对于我国各级广播和电视台来说，技术研发是重点，要具备技术创新的主动探索意识和各方合作的探索，保持"创新驱动"的勇气与智慧。积极向走在前列的广播和电视台及新媒体机构学习，共同推进新媒介技术应用，用技术来统领媒体与用户之间的新型传播关系，在关注技术和内容的双重要求下，找到创新的发展路径。例如人民日报客户端推出"军装照"H5 产品，图片识别的 AR（增强现实）技术，浏览量超过 10 亿次，如果没有新兴且互动性强的新媒介技术的加持，如此惊人的传播力在过去是不可想象的。

近年来的新技术变革对于传统媒体的运营方式和内容生产观念都构成了巨大的冲击。然而，这似乎也是传统媒体借助这种双向传播的互联网模式，从而实现内部整合和外部融合的难得机遇，其中虚拟现实和现实增强这种独特的技术使传统媒体发生了巨大的变化：在形式上新颖的表现形式，在用户领域独特的传播体验，对情景再现的视觉冲击，这些变化都在不断迫使国内外的传媒机构积极采用新技术，从而改善内部流程、内容制作和外部表现以及对用户研究。

北京师范大学新闻传播学院执行院长喻国明认为：“人们在VR技术的帮助之下，能够以一种无缝的、沉浸的、在场的方式来进入一个具体的事件和社会场景当中。这是过去的传播形态完全不能提供的一种新型的方式。”所以这种连接性本身所创造的价值，应该是非常有发展前景的。

VR作为一种沉浸式、富媒体的信息技术，已经应用于多个行业。在新技术的应用下，许多传统的媒体表现形式实现了升级，同样这也创造了一些应用的场景，让大众能够在游戏、影视等传统娱乐项目升级的背景下，体验虚拟现实技术，并将交互沉浸的心灵感受作为一个新的标准。而反向助推技术的广泛应用，同样也伴随着屏幕的延伸，从而将VR和AR更多地导向新的体验，为新技术的应用拓宽场景。

VR之所以如此受人关注，很大程度上是因为VR的应用范围极广，互联网、影视、游戏、硬件开发与制造、智能穿戴等领域都在大胆涉足VR，当然，把真实性当作首要原则的新闻媒体也十分关注VR。根据大量的使用感受和用户体验分析，从视觉的新闻信息传播的角度来看，VR新闻实现了受众从被动观看到全身心沉浸和主动参与信息传播的转变。

（二）内容革新

用户和信息的生产方式是大众传媒中不可或缺的两个维度，而承载的媒介形式随着技术的发展和进步，实现了根本性的变革。图片、文字、视频是大众媒体的应用方式，伴随着互联网、网络视频、社交网络、虚拟现实、人工智能、算法推荐等技术条件的持续渗透和应用，一切都在不断地实现全面创新的媒介形式升级，而VR技术就是通过这种方式改变了生产、传输、消费的全过程，也在逐渐改变新闻业的存在方式，本质上这还是在于人类的社会行为对于信息交换过程中更高效的追求。

VR是视频形式的一种升级，能够承载更多的信息，同时也具有较大的信息穿透力。它也增加了空间的维度，让信息的构建从二维空间变成三维，丰富了内容的表现形式，更高效地补充了之前的不足。新闻媒体作为一种高效的传播信息方式，对VR广泛使用，也是情理之中的事情，这是媒介技术进步所带来的媒介生态的变迁。

2017年10月，Future Today Institute（简称FTI）发布了《2018年传媒

业技术趋势报告》，报告提出："如今的传媒业，已经一只脚迈入了技术的快车道。当技术渗透到传媒业链条的各个环节，技术将重新塑造传媒业及从业者。"报告中介绍了虚拟现实、全景视频、增强现实、利用 AR/VR 和 MR（混合现实）的视频音频的新形式，计算机摄影，机器人程序，限量新闻产品，"一对少"式出版等 75 个传媒从业者应该着重关注的技术趋势。

新技术的出现为广大的从业者提供了创作的空间和机遇，并且在这个过程中实现了个人价值。以往在大众媒体中所呈现的集体主义错觉和专业化的分工掩盖了个人的贡献和价值。因而，对新技术的深入理解和充分应用，不仅有助于提升传统广电的竞争力，而且也在于能够挖掘内部专业人士的个人创造力。

（三）用户体验

VR（虚拟现实技术）是一种通过电子计算机和人类视觉识别体系而创建的虚拟仿真系统。自从 20 世纪第一次出现迭代至今，已经历了几十年的发展。最初的应用形式是在娱乐领域，因为能够给玩家带来更多的真实体验，增强游戏等娱乐的沉浸感和吸引力。

它有三个主要的基本特征，能够被大众所公认的"沉浸感"是其中之一，是指在 VR 技术所塑造的虚拟空间之中，让人有真实世界的感知和体验，能够产生身临其境的体会，进而无法辨别虚拟环境和真实世界的差异；第二个基本特征是"交互性"，是指用户在 VR 技术所构建的虚拟环境中，通过与各种支持的接口、软硬件界面进行互动，利用诸如视觉、语音识别、手势乃至脑电波等多种形式，通过传感器与 VR 所形成的人机环境进行关联和互动；第三个基本特征是"想象性"，是根据在系统中所感知获取的多种信息，进一步在想象的世界里面持续通过判断、推理分析、联想等多种人类特有的方式，结合 VR 所提供的信息和表现，从而对虚拟世界的延展和空间发展具有想象力。

具有"沉浸感、交互性、想象性"这三种基本特征的 VR 这种新的技术形式，使用户体验与以往的视频感知有较大的区别，虽然不一定能够确定这就是未来发展的方向，但前期应用阶段确实可以给用户耳目一新的体验，而这就是塑造媒体品牌和差异化竞争的重要手段。

二 传统广电 VR 技术应用现状

从根本上讲，VR/AR 创造了新的甚至是更直观的方式与计算机互动。计算机领域软硬件的快速发展，让受众走近了以往需要经过专门培训才能够熟悉的软件操作系统，但随着智能手机和触控操作方式的演进，界面变得越来越直观，操作也更为便捷，现在用户大多不需要长期学习和培训就能通过写命令行或代码的方式跟机器进行交互，智能手机和平板电脑成了人们接入虚拟世界的大门。

在 VR/AR 发展的过程中，设备的操作方式也在我们所熟悉的触控操作的基础上，增加了语音手势和画面等多种方式，也提供了更宽阔的视野和更逼真的画面。这也意味着以往那种通过屏幕大小来决定应用场景和应用内容的方式，在 VR/AR 这个技术所组成的虚拟空间中已经不再适合。而伴随着技术进步和用户规模的扩大，它也必将成为下一代的通用计算平台和充满了智能和交互的技术平台。高盛预测，到 2025 年 HMD 设备（头显设备）将从一款小众产品发展成为一个通用的计算平台，用户体验会大幅提升，移动性和电池续航问题均得以解决。高盛在报告中列出包括事件直播、视频娱乐在内的 VR/AR 的九大核心应用领域与案例，如 NextVR 体育直播等。在九大应用领域中，视频游戏、事件直播和视频娱乐这三大领域将完全由消费者推动，占整体 VR/AR 预期营收的 60%，剩余 40% 由企业和公共部门推动。

通过 VR 课题研究者对行业产业链的相关调研和发展趋势预测，VR 技术的进步将逐渐加速，而这种终端进入门槛成本的降低，也必然促使人们采用更加便捷和丰富的互动手段。以往那种智能手机里面通过触碰进行沟通和互动的方式，也必然让位于虚拟现实 VR/AR 这种更加便利的手势操控、语音互动和 3D 界面。

2017 年 6 月底，艾瑞咨询联合 Greenlight Insights（全球虚拟现实/增强现实行业数据与研究咨询服务的领军企业）发布了中国虚拟现实研究报告，报告显示我国的虚拟现实（VR）市场将达到惊人的规模：2021 年包括用户市场、广告营销和企业应用在内的中国 VR 内容市场规模为 386.4 亿元。总体市场规模将达到 790.2 亿元，成为 VR 行业占比第一的细分市场（见表 1）。社会对于 VR 的应用呈现出一种乐观的预期，尽管后续的

VR 遇冷和新冠肺炎疫情都给这种预测带来了极大的不确定性，但 2021 年的“元宇宙”概念又一次将 VR 的市场热度推高。

表 1　2021 年中国 VR 市场规模预测

1	中国将成为全球主要的 VR 市场，预计 2021 年中国 VR 市场规模将达 790.2 亿元
2	预计 2021 年，VR 头戴设备市场规模为 297.5 亿元，VR 内容市场（包括用户直接消费、广告营销和企业级应用）的规模为 386.4 亿元
3	预计 2021 年，企业级内容市场规模将增长至 87.8 亿元，占整体市场的 11%
4	2019 年将会是消费级内容市场的一个转折点，行业内主要的内容制作商将开始盈利。预计 2021 年，消费级内容市场规模将达到 278.9 亿元
5	从 2015 年开始兴起的 VR 体验馆，是目前中国 VR 市场中的核心部分。预计 2021 年，VR 体验馆的市场规模将达 52.5 亿元，占整体市场 7%

资料来源：艾瑞研究报告。

从 2014 年开始，VR 在全球快速升温，社交网络巨头 Facebook 以最终的 30 亿美元的价格收购了虚拟技术公司 OculusVR，其他全球主要的科技公司三星、HTC、Sony 等公司也在 VR 技术领域投入巨资。并预期 2019 年将会是消费级内容市场的一个转折点，行业内主要的内容制作商开始盈利。消费级的 VR 内容包括游戏、影视、直播等类型，其中 Facebook 在 VR 内容方面的投入惊人，并且搭建了内容生态系统。2021 年这个持续布局达 6 年之久的产业模块为 Facebook 下一步的战略转型奠定了一个良好的基础，这 6 年来对于终端接入硬件的研发迭代和持续更新也进一步降低了产业发展门槛，为大规模推广奠定了基础（见图 17）。

易观智库于 2017 年 5 月底发布《VR、AR、视频云发展分析 2017》研究报告，提出相对于以往的内容而言，VR、AR 将会成为下一代通用计算平台，因为这个未来的内容呈现方式是万物可视、万物皆屏。VR 设备为大众提供沉浸式的虚拟体验，这是视频呈现方式的升级，也是视频行业发展的逻辑主线。VR、AR 或将成为取代手机成为下一代的信息呈现平台，通过背后的逻辑主线而为信息的智能传输奠定基础。

在以 VR、AR 为代表的第三代计算时代，会使人类的感知系统将与之前有所不同，感知经济成为价值的重要衡量标准之一，内容产业提供方必须拥抱技术。

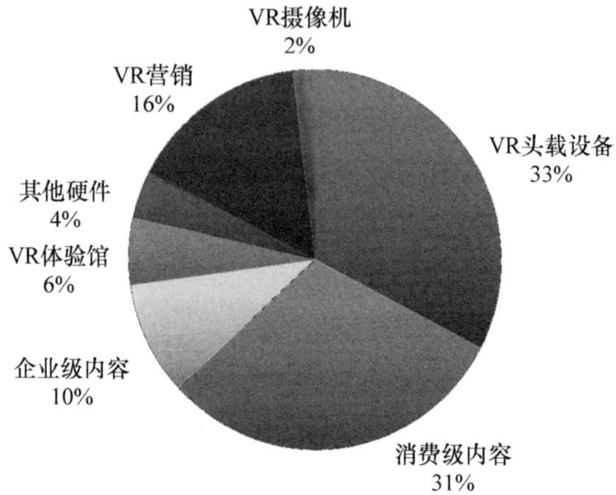

图 17 2021 年中国 VR 市场各细分市场占比

资料来源：艾瑞研究报告。

三 中国广电 VR 产品策划

目前，VR/AR 从早期的试验阶段逐步进入编辑室，成为新闻业的重要组成部分。随着技术的进步，这种媒介形式不断向消费者靠近，如今人们能够在智能手机上观看全景视频，或者借助特殊头盔观看 VR 视频。

党的十九大期间，各地媒体运用 VR、360 度全景等技术推出一系列融媒体产品，如西安广播电视台推出《喜迎十九大重走党史路丨VR 视界：中共七大会址杨家岭》；新疆日报社推出的《全景看新疆》系列作品；苏州广播电视台推出《砥砺奋进的苏州：掌上主题展》VR 作品等。《全息全景！身临其境看报告》是新华网的 360 度交互场景 H5 产品，在其推出以后，作为一个专业的严肃新闻产品在当日的击量达 1.1 亿次。以传统报道方式融合 VR 类新媒体形式作为传播手段，增强内容传播的效果，完成了一种产品的升级和迭代。

（一）VR + 新闻：开启

“沉浸式新闻”是利用了新的计算机技术和虚拟现实，这种视觉呈现把计算机技术与新闻业的传媒报道相结合。2010 年美国南加州大学安娜伯格传播与新闻学院的诺妮·德拉佩纳在她发表的论文上首次提出“沉浸式新闻”（Immersive Journalism）的全新新闻报道形式，这种报道形式目的就是让传统媒体的受众通过 VR 平台和新闻产品的消费，体验到新闻故事中所描述的场景和事件，并且以“第一人称”的视角与现场的环境进行互动，从而进行更深层次的探索。这不仅是一种全新的新闻报道的叙述方式，也是一种人造的“拟态环境”，让传统媒体的受众不再是简单地、单向度地收听和收看新闻，而是体验新闻，并且能够在大量的现场信息中进行探索筛选和处理。

“沉浸式新闻”是在保障新闻真实性的前提下，增强用户身临其境的现场感和体验而做出的一种新闻产品。具体而言，是通过 360 度全景相机和其他的现场新闻的收听收视设备，进行信息的收集和传输，并且在通过计算机设备进行后台整合。经过媒体编辑平台的处理后，呈现在用户面前的一种新闻产品，他与传统新闻产品最大的不同，就在于以一种安全的方式，多角度地还原新闻事件发生的场景。因为 VR 所能够提供和还原的巨大信息量，能让新闻产品用户对于信息的处理可以呈现更多的主动性。比如，人们可以在战争的现场体验到战火纷飞的场景，能够目睹人类在现场所遭受的灾难，因而 VR 新闻在呈现战争真实性和唤起人性等方面更具有优势。互动形式使观众不仅仅能够获知这一信息，而且能够及时地参与到事件的发展中。因而“沉浸式新闻”不仅改变了人们的信息消费的方式，而且赋予用户消费新闻的新内容。

它的制作过程也大致可以分为前期和后期两个阶段，并且在最终的信息传输与呈现中，通过头戴式设备或运动追踪感应器等方式实现。在“沉浸式新闻”制作的前期阶段，可以通过传统的新闻素材采集，加上实时的声音、图片、视频、真实场景，对其进行深度的融合，创造数字模型和精准的数字化身，实现对于现场环境全数据、全信息记录。其制作的后期阶段则需要引入 Unity 引擎或是其他的技术来构建出一个整合现场信息环境的空间模型和用于描述特定新闻事件的虚拟场景，并加入人物模型的塑造，营造出一种具有强烈现场感和真实性的虚拟空间。在这种空间条件下进行叙事，将会带来极大的视觉冲击性。在最终阶段，需要通过虚拟现实图的设备和体感追踪器等融为一体的终端，将制作好的“沉浸式新闻”产品进行呈现。

“沉浸式新闻”和传统新闻的最大区别，就在于能够给用户提供更多的细节，从而增强用户在形成核心信息的过程中的现场感受。同样，“沉浸式新闻”能将以往的阅读者转变为目击者，让他在丰富的现场环境和信息体会中得到一种现场感和真实感，并且在此基础上形成自己的判断。区别于以往的新闻媒体，这种全新的“沉浸式新闻”能够增强更多的参与性和互动性，让用户能够主动地去获取信息、筛选信息，形成有别于以往观点且更为全面的新闻信息，也更能增加新闻的说服力。

以往的新闻都是叙述性的，也就是“我说你听”，但“沉浸式新闻”最大的特点在于呈现事实的过程中将现实再现，并加入更多充满细节的现场环境和后期制作的虚拟场景，用于营造一种真实性。让受众在不断探索信息的过程中形成自己的观点，用户会产生一种较为强烈的获得感。同样，“沉浸式新闻”对生产流程、承载设备、传播终端的要求会更多、更复杂。需要在图片、音频、视频符合新闻材料的基础上，加上虚拟建模和计算机互动的形式构建“真实”环境，嵌入真实信息，进而形成较强的现场感和真实性。受众往往会在这种强烈的视觉冲击和情感震撼中沉浸，并以见证者的身份去认知并重新构建新闻事实。这种新闻能够给受众带来更多的洞察变化、感受细节的契机，但也对产品的制作提出更高的要求，不仅需要借助三维虚拟环境的丰富表现形式，而且还需要整合以往的新闻制作流程，最终将使新闻变得更加客观。

许多知名新闻机构近年出品的 VR 新闻作品类型多为“沉浸式新闻”。例如：

The New York Times 的“The Displaced”（2015），体验难民儿童的日常生活；

RYOTVR 的“The Nepa Earthquake Project”（2015），感受尼泊尔地震后的救援工作；

The Los Angeles Times 的“Discovering Gale Crater”（2015），在火星表面漫步。

（二）VR + 广播电视：360 度全景视频

目前，许多媒体机构的虚拟新闻呈现方式都还比较初级，其中所用到的虚拟景象也只是 360 度全景视频。同样，大部分用户并没有可以使用的专业终端设备，其浏览效果也并不如人意。这就使消费者虽然容易接触到全景媒体产品，但这种通过浏览器或移动设备所带来的感受，肯定不能够提升体验。例如“两会”期间用户使用手机就能观看短视频，但是并不能体验到“沉浸式新闻”。一方面的原因是目前许多移动应用程序的内置播放器是180度平面的二维播放器；另一方面是硬件环境滞后，只有少数用户购买如Google Cardboard、暴风魔镜等VR眼镜。国外媒体机构如《纽约时报》在推出NYTVR应用时，曾对报纸订阅用户免费赠送Google Cardboard，随着国内媒体机构竞相与VR厂商展开合作，此类内容提供商与设备提供商的合作改善用户环境的举措也将越来越多。

2015年3月，Youtube推出专门的360度全景视频频道，一些国内视频平台也都陆续支持对该产品的浏览，智能手机和平板电脑就可以作为一个浏览的终端设备在视频网站上使用。随着技术的发展，这种全景视频频道有普及的可能。同时为了更好地提升影像效果，用户可以借助比较简单的衍生卡片来实现对虚拟影像的360度观察，所能看到的内容会伴随着头部的转动和抬头低头而发生变化，但其观察点往往局限在视频拍摄的原始位置，这种情况是由制作者决定的。Google Cardboard、暴风魔镜、Samsung Gear VR等，这些装置加上智能手机，就能够获得入门版的虚拟现实体验。

对于传统媒体来说，360度全景视频是一个非常具有吸引力的信息呈现方式，一方面来自这种产品可以提供传统新闻中所无法覆盖到的新闻细节和真实感；另一方面智能手机广泛的普及，意味着360度全景视频有着较大的市场。因此，《纽约时报》、BBC、ABCNews等媒体也快速进入“VR+新闻”的赛道。2015年，许多传统媒体就已经逐步上线了360度全景视频内容，甚至推出了360度全景视频平台，并帮助用户去制作和上传一些具有新闻价值的内容。与此同时，一些360度信息呈现的直播也在多个平台进行尝试，将一些重大事件的现场连续不断地呈现在大众面前。因为这种技术与传统媒体所擅长的制作有着较强的相似性，因此传统媒体在制作方面优势明显。例如，各级广播电台和电视台可以尝试融合多种媒介载体，进而产生更好的传播效果。一些现场感强的突发新闻比较适合全景直播，这将为社会热点新闻提供起完全不同的呈现方式，当然，引发社会思考的新闻也可以用视觉的方式来叙述，传统的叙述类新闻更可以在叙事的基础上对VR这种新的媒介技术的应用进行创新和探索。

虽然VR作为新的媒介技术有助于拓展人们的感知和体验，甚至可以通过带宽来实现远距离的实时互动，而且伴随着终端联网设备和感知元器件的优化与成本的降低，将会有越来越多的 VR 设备联入互联网，但是真正能够被网络媒体用户所接纳并且愿意长期使用的内容传输方式，还有赖于更进一步的正向市场反馈。目前，虽然沉浸式的网络信息传播方式正如日中天，但对于消费者而言却是喜忧参半。VR 内容的传播有显著特征，即 VR 信息的传播方式可以让人更加专注于眼前的信息内容，同时也可以规避一些无谓的信息干扰。然而考虑到人们在现代社会中，不断移动的生活状态和碎片化的时间消费方式，因而那种屏蔽外界信息的沉浸式 VR 传播并不一定适用于现代快节奏且需要大量消费和接收信息的环境。

第二节 全球直播：传统广电与直播技术

一 传统广电与直播技术相结合的原因

我们可以看到移动 + 直播不仅带来了新的信息传播和生产方式，而且也带来了多种商业模式，伴随着商业模式的丰富和直播生命力的拓展，许多人也逐渐地感知到新的商业模式给现实生活所带来的变化，直播与传统商业模式进行融合的结果就是催生了“网红打赏”和“直播带货”等针对媒介消费而产生的市场消费模式。

传统广电与直播技术的融合，将以往单向度的信息传播方式，在信息的制作和信息终端消费层面都产生了较大的改变，从而使传统的直播技术在遇到互联网之后，无论是应用场景、现实价值还是参与范围，都产生了较大的变化。

（一）技术加持：移动 + 直播开启新型传播模式

从电视报纸到 PC 网络媒体，到移动媒体，再到直播，是一种建立在技术进步之上的逐步演进。文字、图片、影音、视频、互联网已经开始将以往的媒介载体充分融合，传播已经进入直播时代。因此，内容和技术的相互促进，以及演化交织促使信息的传播效率越来越高，展示的方式也越来越丰富，但是实时互动的趋势和需求也越发显著，移动直播的到来正顺应了这一潮流。传统直播需要专业设备，主要用于新闻播报、娱乐节目等；移动互联网时代，移动直播只要移动设备 + 网络即可实现随时随地的直播，是新媒介时代用户自我表达、交流互动的全新平台。

（二）舆论宣传：内容创新迎合用户需求

传统广电在移动直播上的探索，是借鉴互联网有效传播形式的一种尝试，能充分发挥自己的优势。从内容的生产和供应方面，进一步挖掘和解放内部的生产力，提高产品的竞争力，从而生产出更具有吸引力和被用户喜欢的内容产品，进一步有效地传播和引导，并在网络传播大背景下，在新媒体传播战场上建立根据地。同时以社交网络服务等社交网络平台连接互联网用户，能够跨越传统媒体和新媒体的平台，使社交媒体成为视频直播产业新生态，通过其引流和互动，进一步融合内容和传统的媒体渠道，提升传统宣传的影响力，做到网络和受众之间的充分融合。

（三）组织变革：新技术革新传统组织架构

新技术形式倒逼广电系统在体制上进行深度变革，这种组织变革目的是支持广电新媒体内容生产，同时也进一步改变内容生产的流程。伴随着直播的流行，内容生产将围绕直播的需求而进行，传统电视台生产的内容是由上至下线性进行的，这种以生产为导向的制作方式，也伴随着移动互联网的直播中心而实现内容生产资源的大转型和重新配置。那些实时互动、具有现场感的内容将会成为新媒介的主流，而具有互联网思维特征的内容生产将进一步取代传统的内容生产成为主要形式，这恰恰是内容生产变革的核心目标。

（四）商业模式：重塑传统商业生态

互动的直播方式也重新塑造了传媒的商业模式，互联网的商业模式和直播具有天然的共同基因，都是通过互动和实时信息的传递来实现传播价值。以往通过广告的购买流程将会被大大缩短，变成实时的交互方式，而电商直播中所产生的销量将直接被统计。如最近两年非常流行的直播带货模式，正是这种商业方式的进一步演进。除此之外，各种离线商业模式中所涉及的线下场景，也可以通过直播与互联网进行深度融合，传统媒体不再简单是单向的广告信息传递，而是可以融合广告、商业交易、反馈互动、感知介绍的复合系统，因而整个直播体系就是一个更加完整全面的、融合以往广告和电视购物形式的复合商业交易系统和生态链。

二　我国传统广电直播应用现状

通过对国内外媒体转型案例分析发现，就国外直播平台发展来说，呈现出“巨头鼎立，资源集中化、直播平台寻求差异化发展”的趋势；而国内直播平台则突出表现在“从 PC 到移动直播朝着多元化、垂直化深入”的发展趋势。为了进一步了解直播平台的运营模式，直播领域研究者对湖南娱乐频道、一直播、花椒直播等国内领先的直播平台和直播模式进行了深度调研，进一步发现在休闲娱乐类先后成为直播热点之后，电商带货的直播也成为各家媒体的标配，这种标配不局限在文化和娱乐领域，在商业方面也有广泛的应用。传统媒体对直播带货也开始有所行为，而且目前来看直播带货似乎是一个值得尝试的新领域。

移动互联网直播已经成为一种商业的主流模式，不仅仅是一种传统娱乐的商业化应用。当然，伴随着互联网技术的快速发展，各种商业直播活动能够实现实时互动，如网络单品秒杀和直播促销。还有一些产品的介绍，尤其是一些新产品的宣发都首选线上。伴随着直播技术门槛的降低和容量的增加，线上直播带货已经表现出高度垂直化和分众化的特点，在直播间里面进行促销或是砍价也成为线上消费的新形式。传统媒体对于受众的认知和了解以及在传统直播方面的丰富经验，让它们在转型进入直播带货领域时具有一定的优势。

与此同时，一些视频博主和自媒体也通过直播的方式把自己的线下生活代入网络，让大众通过互联网了解线下信息。这不仅为自媒体提供了展示平台和交流渠道，也为大众网络娱乐开辟了新的空间。在大多数年轻人的日常生活中，每天学习工作之余观看心仪主播的直播内容已经变成了固定的休闲娱乐方式。

娱乐化直播与当下年轻用户对媒介的娱乐功能诉求相一致，广播电视要结合用户需求，增加对休闲娱乐类直播节目的开发，这也有助于丰富广播电视的节目类型，实现多元化发展。另外，在用户层面，主播与观众角色自由转换，凸显年轻化趋势，加强直播技术的革新及内容创新有助于吸引年轻用户群体，从而丰富传统广播电视的用户结构。

三　我国传统广电移动直播产品策划

（一）核心理念

第一，通过全媒体互动的技术开发，迎合受众的媒介使用习惯，在移动直播等传播媒介新技术方面走在前列。

第二，坚持“用户体验检验一切”的原则，专注于产品的不断研发和改进。

第三，内容制作方面，加强自身优势，并伴随着行业的发展持续地对垂直内容进行精细化研究和深耕细作，例如关注旅游、出行、美食、慈善、新产品合作等方面的内容和策划。

第四，遵循市场规律，在数据研究的基础上，探索直播的商业运营新形态，引入市场化的资本和资源并进行深度的沟通。

移动直播是广电使用新型互联网工具实现转型的契机，也是传统主流媒体所应抓住的机遇。毕竟，传统广电媒体在直播经验和独特的信息资源方面具有得天独厚的优势。大多数的情况下，相对于社交媒体上网红大V的直播，以及自媒体的直播来说，传统广电媒体的直播的内容和题材可以更加丰富多样，同时也可以创造性地结合用户的反馈对诸如政务、文化、医疗等方面的传统直播内容和形式进行深度创新，从而衍生出一些具有竞争力的直播内容。

（二）广电＋直播操作化方案

1. 平台属性：开设独家直播 App，抓取移动用户份额

移动直播和网络直播具有鲜明的互联网特征。相对于以往的电视直播来说，具有典型实时互动和垂直深入的特点。而且相对于以往的大众媒体所对应的受众规模，更加分众化和小众化。传统媒体直播所对应的是有门槛的舞台，在上面能够参与直播活动的往往都是经过专业培训的媒体人员、主播、社会精英、专家等。但是新媒体直播是大众化的、几乎没有门槛的平台，生产的内容主要为用户自己消费，区别于以往传统直播的方式，就在于生产和使用这些平台的个体都持有的观点是媒体应该具有“自由、平等、开放”的特征，他们遵循这种核心网络精神，也同样这么要求直播媒体。伴随着智能手机的普及，“人人可以直播”“人人可成为主播”的口号已深入人心，个体已经代替过去的具有权威形象和专业形象的主播群体，如今电脑、智能手机和自拍杆已经让每个人都可以随时随地进行视频直播，这是技术赋权在大众行为中的一种呈现形式。直播作为平台，其赋权的另一方面则体现在：个人不再需要是全面、万能的内容生产者或分享者，每个人在某一方面的特色、个性、才能，都可以获得展示自我、表达自我的空间。综观当下的直播平台，除了秀场直播、游戏直播等主要类

型外，主播的个人特色都极为明显。不管是以形象、学识，还是才艺为主的内容展现，都很容易赢得高点击率和打赏量。即便有些主播的直播间缺乏专业制作和技术，但依然可以通过内容来实现直播的个性化。毕竟参与媒体事件的个体更愿意看到丰富的内容和新颖的视角。因为在移动直播领域，主播为受众提供了更多的在场感和个性化的认知角度，通过不同的性格、才华、专业甚至讲话方式，都能给受众带来新鲜感。因此有些具有自身特色、能够迎合特定群体的个性主播，往往会受到更多的认可与追捧，从而实现商业价值和社会价值。

直播的平台属性对于广电等传统媒体来说意义重大，也是新媒体转型中的核心要素之一，即平台化。

在直播的早期阶段，通过 UGC 来提供内容生产，不仅具有成本低、内容丰富、多元化、令人耳目一新等众多优势，同样也体现了互联网直播平台参与度高的典型特征。网络直播平台所产生的内容，虽然制作未必精良，但是受益于技术进步带来的画质提高，在面对主流直播终端时，也能满足早期用户对画面品质的要求。另外，因为丰富的内容制作和广泛的参与，直播适合于多种行业的需求，在业务发展范围方面，呈现出平台化的倾向。首先，泛娱乐平台除了一些个体的自发行为和成本负担外，企业基本没有直接的投入，因此，在直播平台早期，自媒体制作内容基本上占据了直播内容的半壁江山；其次，比较流行的是游戏类直播，这种平台具有显著的引导销售和社交化倾向，相关产品处于稳定发展的阶段，基本上占据直播平台内容的 18%；再次，直播带货这种方式伴随着线上商业环境的成熟和流量变现的需求，逐渐成为渗透最广、发展最快、最具有商业价值的直播方式，但是这种方式未来的发展和走向还值得我们做更进一步的研究；最后，影视版权类直播属于较为传统的媒体方式，因为稀缺的资源，大众能够参与的比较少，因而平台内容在整体中所占的比例较少。

各级广播电视台可以根据自身的特色及需求开设独家的直播平台，这方面可以借鉴国内领先直播平台的运作模式，《人民日报》《华西都市报》、中国青年网等都是通过各大直播平台做融媒体报道，把最鲜活的资讯第一时间传播给用户，这种做法对于传统媒体转型具有很大意义。我们可以看出，广播电视台也可以聚合当地传统媒体，在自己的直播平台上发布内容，从而加强自身直播平台的传播力、影响力。

直播作为媒介内容形式出现，将最鲜活的内容第一时间进行传播，这对新闻传播方式是新的挑战。传统电视直播与平台直播不同，电视直播要求受众必须在电视机前面才能看到，现在移动端则能够直接参与平台直播，例如送礼物、表达观点等互动。在如何与观众互动方面，平台直播能够进一步带动更多粉丝，比如《人民日报》有上千万粉丝，一旦开播粉丝会收到私信，这样就把粉丝从手机端拉到直播现场，产生了巨大的流量。

相对于传统的电视直播来说，转型成功的平台直播往往具有更强的网络基因，不仅能创造出特色鲜明的打赏方式和反馈机制，同时也通过频繁的互动让参与直播的用户能够产生一种在场感，进一步消解与网络主播之间的距离。网络直播的兴起吸引了更多人投身其中，通过直播的镜头，人们可以深入社会不同的领域，发现不同社会角色的真实形象。网络直播将媒体的触角带入更为深入细致的社交场合之中，在为平台带来不同内容和消费者的同时，也提升了影响力。

2. 社交属性：打造人气主播 IP

具有社交属性的移动直播无法简单地从传统媒体理论的角度进行分析，在其他更宏观的领域如网红经济、流量经济和粉丝经济的知识框架中，也很难对其进行精准描述。经过研究，发现移动直播是以媒体为基础，具备社交的功能，并且拥有电商的特性。移动直播不是简单的媒介产品，而是超越媒体的新事物，其自身具有创新的属性，不能简单地将其视为媒介产品，它是兼具社交、电商、娱乐等多种特性的媒介新形式。

在与国内知名直播平台负责人的访谈过程中，对方指出："对于直播发展趋势来说，IP 化、专业化是大的趋势。直播其实是融媒体的一个新的尝试，让转型成本更低。只要内容呈现好，转型成功（的概率）就大，关键要抓住每个（主播）人的特质，扩大影响力。什么样的内容更天然地适合视频直播，更能满足用户的需求，帮用户节约参与成本，那就会是有待挖掘的领域。直播中也会呈现出精美的制作（内容）。产生高质量内容的（直播）平台，类似于一个大的电视台和视频网站，但是（不同之处在于）自主选择权在用户手里。因此，直播既可以看成一个媒体，也可以是知识分享平台。"

直播平台的主播与传统主播也有很大的不同。为此，笔者也对直播平台的主播进行了访谈，其中一名主播认为："我觉得直播是一个跟粉丝沟通非常高效的平台，反馈非常直接，沟通有亲和力，及时解答用户的问题，不是那么官方，这个真的会增加粉丝黏性。”“而且直播感觉更有神秘感，直播的形式大家会顾虑到匿名性，更敢去表达自己较为真实的一面，我们也能了解到他们的真实想法。”由此笔者得出一个结论，直播平台的开放性和匿名性有助于传统广播电视台更加直观地了解用户的需求，从而有针对性地改进节目内容，增加用户黏性和忠诚度。

通过前期的深入调研我们了解到，传统广播电视台积累了较多的知名主持人，拥有一批忠实的粉丝，这些主持人常常通过留言、见面会等形式与粉丝互动，这其实与当下直播的网红效应十分相似。如果通过网络直播，将广播电视台原有的知名主持人、知名主播打造成网红主播 IP，不管是从增强粉丝黏性来说，还是商业变现模式上，都具有现实价值，并且可操作性较强。另外，根据国外著名视频平台 YouTube 的应用案例，“YouTube 会定期邀请不同领域、不同类型的 YouTuber 到 YouTube 总部或其他城市进行交流，同时会以直播的形式与粉丝进行互动。YouTube 从平台角度出发，通过定期集中直播的方式为视频博主及粉丝提供双向互动的机会，活跃博主与粉丝的同时，也高效地增强了平台的用户黏性和长期发展”，也印证了以上形式的可行性。

在移动互联网时代，我们也可以利用网络直播技术，在各级广播电视台本地以及全国各地搭建广播电视台直播间基地，在拓展观众范围的同时，也提升各级广播电视台的知名度。在内容方面，我们要立足电视台本地特色，结合自身情况进行个性化定制。比如，根据苏州园林、南京美食、兰州牛肉面等不同的具有鲜明各地特色的主题，开展相应的直播活动。这样的尝试，有助于聚集散居在全国各地的本地居民，加强对于各地广播电视台的认同感和亲近感；同时，也能够借助自身特色优势吸引其他省份甚至国外观众的注意力，在更广阔的空间内扩大观众基础。

基于互联网社交媒体而形成的直播天生就具有良好的群众基础，在内容制作方面更容易得到大多数人的认可。深层次的原因在于网络平台的主播们多根植于生活，既是主播也是观众。因而，在数量庞大且非专业的主播构成的背后，是广泛的话题选择和那些关注不同领域的多元观众。伴随着充分互动且低成本的网络直播行业的长期发展，互联网与传统直播相互融合的结果必然会带来更具有差异化的特色内容。同时，人气主播的打造也必然以充分且深度的互动来凝聚对于特色话题感兴趣的粉丝。因此，越是个性的主播、越懂得与人互动的播客，就越能够获得粉丝的喜爱。

3. 场景属性：开发“移动＋场景”节目形式

互联网与移动技术是网络化个人主义的基础，也标志着新媒体时代的到来。网络化个人主义基于对原有社会关系、地域空间的颠覆，为人们的表达带来了全新形式，网络直播便是最新体现。网络直播之所以成为全民追捧的社交形式，其核心是网络化个人主义的快速普及，普通个人拿起手机就可以建立以自我为中心的直播间，在其中围绕兴趣、爱好、特长进行展示、交流和沟通，并有选择性地允许其他人加入讨论，在这个过程中，形成了一个个以网络化个人主义为特征的空间。

互联网具有信息实时传递与碎片化的特征。因此，基于互联网所衍生出来的新媒体往往会形成一个跨越时空的社会信息关联平台，移动互联网直播的本质是基于场景和信息需求的有效匹配。因此，线下的物理场景，逐渐成为和内容、形式、社交同样重要的虚拟信息。毕竟，功能性服务已经无法满足用户需求，取而代之的是场景体验。在网络直播的众多特征中，场景化是其最重要的特色，直播间充斥着各种各样的场景以吸引不同需求的受众。

由此，本书的研究认为中国广播电视在媒介融合中应投入开发基于场景的新节目形式。以吃播为例，吃播是一个场景性极强的直播类型，它将原本属于私人领域的吃饭、聊天搬到直播间，公开在用户面前将用户迅速带入吃饭的场景中，临场感、亲近感骤然提升。广播电视可以根据自身的技术、专业优势，打造“移动＋场景”的直播节目形态，从而增强用户的黏性和互动性。

4. 技术属性：直播与 VR 结合，创建沉浸式互动演播室

技术属性的确认主要是从 Facebook 的调研案例中获得的启发。Facebook 提出了“社交新玩法”，即以 Facebook 为平台，充分发挥直播的社交属性，开设直播功能。除此之外，Facebook 还提出了直播技术深入应用的发展前景，即直播与 VR 技术的结合。VR 与直播最大的共同点在于对场景的把握和展示。Facebook 提出，“可以通过 VR 技术将类似 TED 这样的演讲做成沉浸式场景互动。首先，我们知道，TED 演讲的形式是演讲人在舞台上演讲，观众坐在离舞台非常近的地方观看聆听，互动的方式有鼓掌、

提问等方面”，这和传统的广播电视的演播室几乎一样。

传统的广播电视演播室主要用于节目录制，主持人与嘉宾在舞台上进行访谈，观众坐在离舞台不远的地方参与互动，互动形式多为鼓掌、提问等类型。这种传统的演播室节目录制与观众参与，相对于当下的新技术应用于反馈机制来说，较为陈旧、迟缓和僵硬。

借鉴 Facebook 提出的全新理念设想，我们可以同样引进 VR 技术与直播间相结合，创建沉浸式互动演播室，全面提升新媒介时代的用户观看及互动体验。由此我们可以设想，VR 场景中真实感与现场感急剧提升，甚至比亲临现场更加有吸引力。观众不用从家里去演播室现场就可以身临其境地参与节目录制，并通过先进的 VR 技术以新的互动形式与节目主持人、嘉宾等进行互动，如隔空握手等。这种沉浸式互动演播室尤其适用于明星大咖类的主持人及嘉宾，由于平时亲身接近的机会较少，对于观众来说吸引力巨大。通过 VR 与直播结合，搭建沉浸式演播室，在虚拟空间 VR 中进行互动，在降低成本的同时，也能因新鲜感而吸引大批年轻观众。

此外，从商业角度来说，也具有实际意义。直播能够发展到现在，并快速发展到融资、上市的程度，很大程度上得益于其以打赏、广告等变现能力。根据对现有发展状况的总结，现在直播的商业模式主要有四种：第一种是打赏经济；第二种是媒体属性，主要是广告；第三种就像达人经济一样，达人推荐商品，也是直播电商的概念；第四种是付费观看，细分了受众，从而实现盈利。直播经济在与 VR 技术的结合上非但不冲突，反而上升空间更大。VR 技术除了现场感的体验外，还会带来肢体上的真实接触感。由此，我们认为 VR 与直播技术结合，打造沉浸式互动演播室，是聚合当下新媒介技术，更新传统观看及互动方式，挖掘并增加年轻用户群的重要策略。

媒体融合下的传播形式日新月异。当信息潮涌而来，怎样的呈现才能将新闻价值最大化？怎样才能在保障舆论导向的前提下，生产出内容真实、形式新颖，受大众喜爱的产品？这是媒体机构始终需要研究的课题。

一直以来，创新是媒体的核心，也是媒体生存的基础。如何能够利用网络对媒体进行深度改造和革命，需要通过内容生产的创新、运营模式的创新和体制机制的创新来实现，来促进媒体生产力和竞争力的提升；通过创新来促进融合与发展，为广电未来的发展奠定新的基础。

伴随着新的媒介平台和媒介终端的产生，从个人电脑到网络平台，媒体已经从文字、图片时代，跨越影音视频技术时代，逐步地向移动互联网时代发展。信息传播量越来越大，表现方式越来越多元，受众实时互动和即时需求的满足是新媒体显著的特征，而移动直播的到来正顺应了新媒体发展的潮流。

传统直播需要专业设备，主要用于新闻播报、娱乐节目等。移动互联网时代，只要移动设备 + 网络即可实现随时随地的移动直播，是新媒介时代用户自我表达、交流互动的全新平台。

在移动直播越来越普及的背景下，广播电视台要在直播领域找到新媒体转型的准确定位。根据对国内外传统媒体新媒介技术应用案例的研究，对多家直播平台及主播的调研访谈，结合广播电视台自身专业优势及本地用户媒介使用习惯的变迁，项目组从两个方面对我国广播电视台的媒介融合提出直播建议：革新传统新闻直播模式，引进网络直播新形式；拓宽直播类型，增加休闲娱乐类直播内容。一方面，是对传统媒体舞台的革新，比如在传统演播室引进 VR 技术，搭建沉浸式互动演播室，实现与观众的亲密互动，增强临场感；另一方面，考虑到娱乐类直播的主流地位，受到年轻用户的追捧，广播电视台为了吸引年轻观众，可以开设娱乐类主题直播。例如，知名主持人开设与观众的定期直播交流会，打造网红式主播 IP。娱乐类直播内容不仅能满足当下年轻用户的功能诉求，还有助于丰富广播电视台的节目内容。

VR 虚拟现实技术在新闻传播领域的应用，不仅对原有的表现方式、报道和叙事思路产生了深刻的影响，同时也以更逼真的信息呈现方式、更强大的场景再造能力，逐渐被国内外专业的新闻传媒机构认可和应用。这不仅是一种形式上的变化，而且在产品的呈现和传播终端使用方面，也产生了巨大变化。因此，由新技术推动新闻报道的策划、生产、传播和盈利的商业模式，也发生了相对应的改变。同时，技术的发展和生产成本的降低会加快发展的步伐，提升内容的多样性。例如小型全景相机使时长较短的 VR 新闻内容以较小的成本被生产出来，并且整合进现有的后期制作流程中。VR/AR 新闻不一定以一个全面而独立的新闻报道而存在，而是可以更多地存在于融合性报道的形式中。新媒体技术将会对未来新闻业的发展产生深远影响，VR/AR 新技术应用于新闻报道才刚刚开始，对于广电媒体而言，一切都处于探索之中。

第三节　移动视频：传统广电的短视频化

一　视频化转型的背景

（一）短视频政策

2017 年 6 月 1 日实行的《互联网新闻信息服务管理规定》明确新闻信息传播的条件和要求，其第五条有明确的规定，凡是通过互联网终端平台向公众提供内容信息服务的机构组织或个人，都应当以得到互联网新闻信息服务许可为前提，也需要在许可范围之内展开。

2018 年 3 月 22 日，即中央公布《深化党和国家机构改革方案》的第二天，国家新闻出版广电总局对文娱行业出台了一份整改信息的红头文件。对视频平台、UGC 和 PGC 制作人等内容生产平台和机构设定了标准：坚决禁止非法抓取、剪拼改编视听节目的行为；加强网上片花、预告片等视听节目管理；加强对各类节目接受冠名、赞助的管理；严格落实属地管理责任。

同样，我们在 2021 年 4 月 26 日工业和信息化部网络安全管理局所发布的《〈移动互联网应用程序个人信息保护管理暂行规定〉公开征求意见》（以下简称《征求意见稿》）中也可以看到，对于内容的生产规范化要求也包括对用户信息获取和应用的规范。这种规范则是通过明确关键环节主体所承担的责任义务来实现的。例如，《征求意见稿》对现在主流的网络媒体平台和应用平台治理全流程给予规范，在移动智能终端提供服务的组织、企业和个人应该在保护用户信息方面承担义务，从而在宏观上对其进行深度的治理。另外，《征求意见稿》要求加强监管，让监管措施更具操作性。如果个人信息服务机构违反相关规定和要求的，将按照流程对其进行惩戒；凡想要通过技术手段逃避检查或是反复出现问题不能整改的，将做出相应的要求，最严重的惩罚措施包括行业禁入等方式。

（二）短视频机遇分析

随着智能手机硬件的发展与移动 5G 网络的出现，使得手机随时随地进行短视频的上传成为一种习惯，这开启了短视频时代。同时，5G 网络的普及意味着更快的网速、更稳定的连接，云计算也促使编码速度和压缩效率等方面有了较大提升，画质与流畅度的提升为移动短视频的普及奠定了技术基础。同时，社会化媒体的普及切割了时空，人们的媒体消费方式日益碎片化。短视频继承了视频相对图文的优势，内容直观生动，而且更短的视频，也意味着更广泛的应用场景和更高效的观看模式。移动短视频成为一种逐渐流行起来的传播方式、娱乐方式与社交方式。

中国互联网络信息中心（CNNIC）2021 年 8 月 27 日发布的第 48 次《中国互联网络发展状况统计报告》显示，截至 2021 年 6 月，我国手机网民规模达 10.07 亿人，网民使用手机上网的比例为 99.6%；我国农村网民规模达 2.97 亿人，占网民整体的 29.4%；城镇网民规模达 7.14 亿人，占网民整体的 70.6%。我国网民使用手机上网的比例达 99.6%；使用电视上网的比例为 25.6%；使用台式电脑、笔记本电脑、平板电脑上网的比例分别为 34.6%、30.8% 和 24.9%。

在视频内容的发展和规划方面，版权内容受政策影响较大，且逐渐趋于稳定；网站的自制内容快速发展，融合了多种传播渠道的共同开发成为主流。短视频内容成为传播信息的主体。各大视频网站早已将短视频作为生态模式的基础构成，挖掘长视频与短视频跨境交互的部分，充分发挥自己的版权资源优势。

传统的内容呈现方式诸如图文消息、视频、网络电台、直播等已经成为常规配置，短视频开始成为重要的信息组织方式，有力地填补了以往图文传播的知识门槛、容易引起阅读疲劳等缺点。传统视频、直播和互联网融合之后，高成本和长周期已经成为过去时，融合同一 IP 多渠道产品开发模式已经成为新的生产方式。社交网络的用户已经将短视频和互动娱乐视为他们获取信息的首要选择。

一方面，移动媒体切割了时空，带来“时间稀缺”的时代。平时忙忙碌碌的人愈发习惯碎片化的内容，在空闲碎片时间登陆社交网络的网民越来越少有精力看长文，短视频成了他们最“省力”的消遣。另一方面，随着移动互联网的大范围普及，人们拥有非常便捷的分享与表达渠道，短视频以便捷的方式允许人们随时随地分享个人动态，满足用户的表达、沟通以及个人展示和分享的需求。

在全球的互联网平台上，短视频正在吸引越来越多的注意力。早在

2017 年人们对于未来的预期判断中，Facebook 的全球市场解决方案副总裁卡洛琳·埃弗森就发表了“短视频将会是未来发展趋势”的这一观点。他在纽约广告周的演讲中提及，未来三年内在线短视频将占据七成手机流量。而 Facebook 此前收购的 Instagram 是以视频表达为主的全球性社交网络，在图片和短视频的驱动下，Instagram 的用户数从 2017 年 4 月的 7 亿个猛增到 8 亿个仅用了几个月的时间，这也是全球互联网有史以来增长最迅猛的一个案例。

中国互联网也顺应了全球的趋势。据艾瑞咨询发布的数据，2017 年 7 月，我国短视频用户月活量达到 1.8 亿人。短视频正在社交媒体上呈现爆发式增长。在路透社新闻研究所（Reuters Institute for The Study of Journalism）对 143 位媒体从业者的访谈调查中，89% 的媒体人表示，2017 年其所在媒体将会重点发展社交短视频。思科（Cisco）预测，2021 年视频流量将占据全球互联网总量的 80% 以上。

二 传统媒体加快短视频平台聚合与二次发布

总体来说，传统媒体短视频形态在自有账号里，发布的大多是传统媒体新闻的精简版，以中央级媒体发布的内容为例，这些内容在移动平台上也基本上是电视新闻的精简版，内容以时政新闻为主，缺少对于网络新媒体属性的认知和应用。当然，在党的十九大期间央视也曾聚焦时政短视频，并在此下了功夫，应用了多种新媒体技术手段来制作短视频。腾讯视频作为主流互联网平台的视频传播渠道，几乎每天都会有来自中央媒体的短视频内容推送。相比之下，地方的传统媒体所发布的内容更加注重民生新闻。这与地方媒体所拥有的相对优势有关，专注于地方内容，赢得贴近民众的评价，从而增强自身的吸引力和服务性。同时，地方媒体也有显著缺点，就是轻原创重民生。很多传统媒体的视频平台，基本上就是电视台内容搬运的技术部门。电视台将传统的内容拆开之后，上传到各个互联网平台，很少有根据不同平台属性和不同受众重新创作的内容产品。

传统媒体在其网络化新媒体转型发展的早期，并没有一种品牌的意识，往往是以各个频道、栏目将自己的内容分别发送给多个互联网媒体。相对于传统的纸媒来说，广电类的媒体类似的情况尤其突出。与中央媒体相比，地方媒体不具有持续的、系统性的、全国性热点新闻的组织能力，因而形成全国性的品牌也较为困难。传统广电各自单打独斗生产制作播出节目已经成为习惯。在这种背景下，虽然在制作和内容运营方面可能有个别的产品会受到某种程度上的欢迎，也会产生实际的经验，但这并不是可以大规模推广并发挥资源协同的一种生产流程。由于单打独斗还是传统电视台的制作惯性，只就生产的内容本身进行初步加工并应用于多个平台仍然是一种惯例。

缺少规划、单打独斗的传统媒体和地方频道，往往只会把内容免费上传至特定平台，并成为商业化媒体的补充，却在长期经营上缺少品牌规划。相比之下，传统纸媒则是更有规划地进行融媒体布局，这也意味着品牌将会伴随着优质内容的持续输出而得到加强。脱胎于传统媒体的新媒体在这方面就具有很大的优势，比如澎湃新闻所分出去的梨视频、《新京报》的市场化，这些带有传统媒体基因的新媒体平台，既充分发挥了传统媒体多年练就的专业性和权威属性，同时又结合了市场上较为灵活的制作方式，在各大平台上逐步形成了自己的品牌，吸引了用户，用优质内容增加用户黏性。

广电短视频内容体现出自己的优势和制作的惯性，形态单一、多聚焦于民生新闻发布，这都脱胎于传统媒体自身。如果要求传统媒体的短视频内容多样化，就意味着需要开始进行有针对性的原创，这就会面临以下三个主要的业务问题。

首先，在内容层面上，对于短视频来说，流量始终是它最重要的衡量标准，点击量就是短视频的生命。为了点击量，一些传统媒体的公众号也不能免俗，游走在灰色地带，成为吸取流量的标题党。

其次，传统媒体短视频对平台的依赖性太强，自身用户的黏性不足。主要原因在于它们所生产的内容只是在其他的主流互联网媒体平台上作为补充而发布的，比如作为微博和微信的有益补充，但却不够独立，缺少自身的系统完整性。依托于这些内容所形成的粉丝和用户并不能够长时间地关注传统媒体的新媒体账号，一方面可能因为用户的媒体使用习惯，另一方面也是与内容有关。

最后，短视频业务商业模式不够成熟。每个传统媒体做短视频业务都会被问及如何盈利，虽然挤进了头部账号，可以从今日头条、腾讯视频中拿到一些分成，暂且不论这笔钱的多少，但是这种完全依赖第三方分成的模式就让人不安，毕竟这些钱是随时会消失的。当然目前短视频变现还有一条值得借鉴的模式，即原生广告，为广告主量身定制内容，再通过二次售卖的方式实现更好的广告价值。

针对以上现状与问题，结合媒体融合的进程，以人民号、中央三大台合并、国内首个“广电＋报业”融合模式为例，来分析传统媒体响应对短视频的挑战。

（一）全媒体聚合，人民号的成立

中央级媒体选择短视频或者动画视频在重大会议和节日发布，比如两会、国庆等，都会在新媒体平台进行传播。2016年之前的这些视频，转发率相对较低；但是2016年之后，重大事件发生的视频，都会有全网明星主动转发。这是对不同终端特征的内容信息传播规律充分地分析之后的结果。微博、微信、客户端、电视、报纸、新闻网站都是传播信息的终端，但是微博、微信作为社交平台，具有一定的娱乐休闲性质，用户众多，因此将视频在此平台上进行传播，可以迅速扩大影响力。

此外，媒体融合的发展必须与用户使用习惯变迁紧密结合。尽管Facebook一直主导着美国人的社交习惯，但它已经不再是最受美国青少年欢迎的社交平台了。皮尤研究中心近日发布了《青少年、社交媒体与技术报告（2018）》（见图18）。到2018年，使用Facebook的青少年人数减少到51%。一半多的青少年表示，他们使用Facebook的频率明显低于YouTube、Instagram和Snapchat。这份报告在一定程度上表明，短视频不仅输出创意内容，更是一种社交趋势。

伴随着互联网上海量用户的需求逐渐分层分类，意味着越来越多的内容需求产生。如果仅是依靠传统媒体可能难以满足这些需求。因此，2018年6月11日，“人民号”上线就是要通过建立平台，把PGC、UGC这样专业机构制作内容和大众用户制作内容进行整合，在积累了丰富内容产品库之后，以此为基础对差异化的用户进行有差别的服务，从而增强其对于内容的黏性。在兴趣基础上的社交关系的建立，也会提升平台的黏性。“人民号”全称是全国移动新媒体聚合平台，是由人民日报客户端推出的，面向全国媒体、党政机关、各类机构和优质自媒体的聚合平台。人民日报客户端之所以推出这样一个内容平台，是为了落实习近平总书记“网络强国战略思想”，积极构建兼具主流价值与创新活力的新媒体内容生态。这个

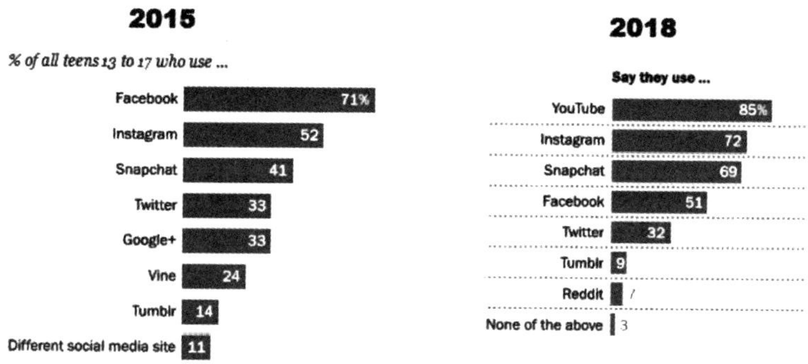

图 18　皮尤研究中心《青少年、社交媒体与技术报告（2018）》

内容生态应该包含三大要素：一是用主流价值纾解“流量焦虑”与“算法焦虑”；二是用社会责任规范“内容创新”与“内容创业”；三是用优质平台凝聚“众人之智”与“众人之力”。

与商业平台合作是“人民号”的一大特点。与商业媒体进行合作，意味着专业的内容制作机构，甚至舆论引领机构需要通过一定市场化运作的平台来实现发展目标。“人民号”与百度公司进行战略合作，这就意味着百度“百家号”中 100 万个自媒体能够与“人民号”合作打造互联互通、内容共享、流量渠道、收益变现的平台。“百家号”入驻之后享受开通“人民号”的绿色通道、同步创作内容等服务，“人民号”的用户收益与“百家号”息息相关。

从界面上来看，“人民号”其实更像是一个社交产品，和微博、微头条很像，用户可以点击关注、分享、评论和点赞，点击进入后可以看到完整的内容（见图 19）。“人民号”的优势有两点：一是背靠人民日报社，有大量权威的内容供应；二是人民日报新媒体发展迅猛，两微两端用户总量超过 3.6 亿人，其中人民日报客户端累计下载量已突破 2.4 亿次。

（二）中央三大台的平台模式

作为党的喉舌和权威主流媒体机构的中央三大台，是传统媒体的榜样。它们在面对不同的挑战时，采取了不同的策略，主要是根据自身的特点和体量，找到适合自身的融媒体发展策略。它们将现有的核心品牌、成熟产品和相关内容的知识产权，最大限度地覆盖相应的传播渠道。同样，相关的政策也进行了配套，包括一些战略合作，对自有渠道的管理策略等。

图 19 “人民号”手机界面，2017 年 7 月

2018 年 3 月，原有的中央三大台进行了重组，对整个传统媒体的生态产生了深度影响。中央电视台、中央人民广播电台和中国国际广播电台合并，合并后所组成的中央广播电视总台，具有更大的体量、更多的资源、独有的信息来源。在这些独特优势资源的加持之下，加上内部生产流程的再造，得以在组织重大宣传报道，生产电视、广播精品，引导社会热点和舆论监督等方面，推动了媒介融合向更强大且更高质量方向发展，加强国际传播能力。

此次合并将带来更大的影响。让传统主流媒体的业务划分，从以媒介传播渠道作为分类标准转变为以内容和产品作为分类标准，标准的改变带来了行业的深度变革，也迎来了全媒体时代的诞生。然而，形式上的媒体融合并不意味着传播效果一定会呈现倍数增长，影响力的提升需要通过媒体全员认知的提高，需要从宏观概念到具体执行层面都能够深刻领会变革的意义。合并后的中央三大台更好地利用了现有的资源和优势，丰富内容，提升产品竞争力，创造出超越市场竞争对手、具有良好传播效果的媒体产品。

（三）“广电＋报业”模式

伴随媒体融合的加剧，各个县区的融媒体中心也都纷纷成立。2018 年 6 月 16 日，北京市延庆区融媒体中心宣告成立。这是在人民日报媒体技术公司提供技术支持的背景下，成立“广电＋报业”模式的“中央厨房”，区县融媒体中心在内容生产上逐渐开始具有融媒体的特征。这种“中央厨房”模式一方面避免了已有技术的二次开发，节约了开发成本，能够利用先进技术，同时又可以充分发挥报纸、电视、广播、新媒体等集成的全媒体发展优势，明确了发展方向，节约了发展资源。另一方面在内容上也有所提升，并在观点创新、核心资源突破等方面有了显著成绩。针对不同的媒体用户和传播的多种渠道，区县融媒体中心也根据自己的用户需求，对内容进行了二次优化和剪辑。延庆区的融媒体中心通过报纸、电视台、广播、电台、微博、微信等多种电子媒介和渠道对外发布内容。同时，技术的革新也改变了原有媒体各自为战的情况，提升了内容生产的效率和对用户的精准服务，让内容传播的效果得到了加强，让产品的表现形式也出现了较大的改变，实现了可听、可看、可视、可触等多媒体信息表现方式。

“人民号”成立、中央三大台合并、“广电＋报业”模式的实践，都是媒体融合过程中的关键举措。深度融合，资源打通，在保证内容丰富的基础上，推动智能化推荐和宣传，从而进一步提升传统媒体视频内容在全媒体发展过程中的影响力。

三 移动短视频 App 的行业发展

（一）短视频 App 整体趋势：快速增长，视频行业新增点

2018 年 1 月，易观千帆发布《2018 年 1 月移动 App TOP10 排行》（见图 20）。微信、QQ、爱奇艺继续蝉联移动 App 用户规模前三名，月活跃人数均超过 5 亿人。自 2017 年以来，微信与 QQ 的月活跃人数都稳定在 5 亿人以上，而爱奇艺则是在 2017 年 12 月首次突破 5 亿人，2018 年 1 月爱奇艺月活跃人数达 5.09 亿人。作为移动视频行业首个月活突破 5 亿大关的应用，爱奇艺成为“全民 App”。在视频领域中，前三强依旧是综合视频应

用，爱奇艺、腾讯视频、优酷持续领跑；以快手、火山小视频为代表的短视频应用快速增长，成为视频行业的第二梯队。

排名	APP名称	月活跃人数（万人）	环比变化%
1	微信	90,369.1	1.00%
2	QQ	54,338.5	-4.74%
3	爱奇艺	50,917.6	-0.10%
4	腾讯视频	48,234.6	-3.36%
5	支付宝	43,816.2	0.34%
6	淘宝	42,537.1	-5.10%
7	优酷	42,222.6	-1.03%
8	微博	37,406.1	-5.30%
9	WiFi万能钥匙	34,352.5	4.96%
10	手机百度	30,039.4	3.76%

图 20　2018 年 1 月移动 App TOP10 排行

资料来源：Analysys 易观千帆，2018 年 1 月。

从细分领域来看，综合视频与短视频成为视频行业的重要支撑。根据易观千帆 2018 年 1 月数据，视频行业前十应用中，爱奇艺、腾讯视频领衔的综合视频应用占 5 席，短视频应用占 4 席。其中，综合视频应用具有显著的规模优势，以快手、火山小视频、西瓜视频为代表的短视频应用成为第二梯队，用户规模增速较快。

2017 年，作为视频行业的新势力，短视频行业发展迅速，头部短视频应用月活跃人数上亿。易观千帆数据显示，2018 年 1 月，快手月活突破 2 亿人，火山小视频月活跃人数达到 1.16 亿人，进入视频行业前 5。2018 年 1 月，快手月活跃人数同比增幅达 68.62%；火山小视频从月活不足 200 万人，迅速增长至月活过亿，同比增幅高达 7804.64%。2017 年底“直播答题”兴起，成为吸引用户的导流利器，西瓜视频推出《百万英雄》，月活跃人数同比增长 8400 万人，增幅达到 574.62%。

综合来看，2018 年 1 月整个移动视频行业继续高速发展，以爱奇艺、腾讯视频、优酷为代表的综合视频仍旧保持绝对领先优势，但整个移动视频行业不再只是综合视频应用的独舞，短视频的强劲势能正在爆发，将成视频行业新的增长点。

（二）移动短视频案例

抖音、快手、微视作为传媒市场中现象级的短视频产品，其运营模式可以为媒体融合提供借鉴。本部分主要通过三个案例，来分别介绍在市场环境下，短视频平台如何进行营销，扩大影响力。

1. 抖音

（1）抖音概况

抖音自 2016 年 9 月上线后，迅速蹿红，一度占据软件商店排行榜第一。有趣、年轻、潮酷是平台的基本属性。用户的男女性别比例大致为 1：2，女性群体大，美妆、美食类这些女性倾向明显的品牌发展迅速。

年龄结构方面，抖音很有特色。24 岁以下的人占比为 70% 左右，这一群体是正值年轻的 95 后。抖音的用户 90% 以上都是 90 后，90 后和 95 后占据了整个用户群的绝大多数。用户群基数大且特征明显，适合做年轻化的营销。

据企鹅智酷调查统计，一二线城市抖音人数占比为 45% 左右，三四线城市占比为 55% 左右。抖音在品牌升级的过程中的广告语是“记录美好生活”，这也意味着扩大了受众范围。

抖音和快手是目前最火的两个短视频应用程序，两大软件占用了用户很多时间，很多人都表示一刷抖音就是四五个小时。企鹅智酷调查发现两大软件占用用户时间最多的是闲暇时间，主要是睡觉、社交聊天和观看影视节目的时间，这是其他平台内容流量下降的原因。

受到 2018 年 3 月短视频政策的影响，抖音开始在海外爆发，在国内的运营方式被复制到海外市场，而且更加彻底，只选明星和超级网红来做推广。运营团队从小咖秀、微博以及艺术院校挖来 300 多个红人为抖音海外版造势。

根据最新数据显示，目前抖音国内日活用户突破 1.5 亿人，月活用户突破 3 亿人，海外版月活用户超过 10 亿人。用户越来越多，这意味着抖音在网民的媒体生活中占据了越来越多的时间，影响力越来越大，因此对其进行研究可以更好地理解媒体融合。

（2）抖音如何快速增粉

抖音有三个频道，推荐、附近和直播。推荐页面右侧有关注，关注

KOL你会看到她/他每天发布的视频，附近是根据你的地理位置推荐给你一些内容。抖音还有直播和评论的功能，并且伴随着互联网的发展而一直进行实时更新。

这种产品结构承袭了今日头条的算法推荐逻辑，抖音在运营过程中有“流量池”的概念。一个视频上传后被扔到10万播放量级的流量池里，让这一部分用户先看到，产生转赞评的数量达到一定程度后，视频会被推送到100万播放量级的流量池，依次上升的流量池，会让越来越多的用户看到。所以我们在预览的信息流里看到的都是观看量、点赞量、评论量很高的优质视频。在这种机制的作用下，越来越多的热门内容被推荐给不同的用户去看，会出现很多人看到同一个视频的情况。

视频的推荐算法似乎与文本信息流的推荐算法有很大不同。文本的推荐算法主要是靠内容的标签，通过关键词与用户的兴趣标签匹配，视频类型没办法标签化，它是通过结构化的数据来实现的。

抖音上有舞蹈、美妆、宠物等品类，各个品类下每天都会诞生几个新的爆品，抖音的KOL会对爆品进行模仿，吸引更多的用户观看并模仿。抖音一个很强的特点是每个爆品会跟BGM去挂钩，这种形式下算法很容易识别内容。

（3）如何做爆款内容

既不想成为签约达人，也不想加入MCN机构，那么如何可以生产爆款内容？在内容方面，抖音用户有特定比较喜欢的类型，比如说搞笑、技能展示、生活、3B（baby，beast，beauty）教程、歌舞表演等类型。据数据统计，其中前四大类型出爆款的概率更大，可以从这四大类型中决定内容方向。

根据这四大类型，首先是搞笑、技能展示，这两个方向的内容出爆款的概率最大。其次是日常生活，体现生活美好的内容难以持续生产，爆款存在偶然性，但可以朝着这个方向策划内容。最后是3B（baby，beast，beauty），即萌娃、萌宠和美妆，也可能出现一些爆款。很多账号通过一两个百万赞、千万播放量的短视频一下子带火整个账号，短时间内聚集大量粉丝。

抖音上出现内容数据波动是很正常的，与头条一样，只要能出现爆款，账号持续运营的可能性会大大增加。

（4）运营技巧

据分析，抖音上 2 万多个热门内容中都包含关键词，点赞多的抖音内容会在文案或其他方面加入这些关键词，包含这些关键词的内容更容易被机器识别、上热门。

第一，BGM 使用技巧。

很多内容创作者在转战抖音的时候没有重视 BGM 的使用。BGM 在抖音视频里起着核心作用，抖音根植于音乐，除了一些段子外，如果你的内容没有音乐，它便随之失去了传播的意义。必须让音乐节奏和画面配合起来，尤其是节拍和动作的结合点要恰当，增加画面流畅感，这直接影响用户的体验。

第二，抖音的发布时间。

抖音的发布时间是早 8 点到晚 12 点，晚上睡觉前是发布的黄金时间。通过大数据分析，晚上 9 点是视频发布的高峰，但是这段时间单日视频点赞量很低。经过对数据的分析，中午饭之后和下班前是粉丝最爱点赞的时刻。

第三，更新频率和互动。

日更和非日更出现爆款的概率会不一样，高产的内容和稳定的发布时间，会让粉丝养成观看习惯。抖音是基于算法运营的，评估内容能否上热门一个很重要的维度就是点赞、评论与整体推荐量的大致比例，经常活跃在评论区对涨粉有一定帮助。

抖音上入驻的账号，如果在启动期间没有得到平台主推，成长的速度就会很慢，而且在发展过程中有显著的马太效应，越是头部的账号，涨粉速度就越快。抖音未来还有一段时间的红利期，如果你的内容足够优秀，符合平台调性，包含自身特色和个性元素，运用上述的运营小技巧为内容加分，仍然有可能进入快车道。

第四，营销策略。

内容—涨粉—变现是内容创作者的运营思路。抖音平台用户年轻、集中，广告价值高，商家更多的希望站在抖音这块流量高地上，直接实现品牌的曝光和产品转化。

在抖音上的营销方式大概有以下几种：开屏广告、信息流广告、达人创意合作、创意贴纸定制、抖音挑战赛和抖音嘉年华。其中信息流的广告也经历过多种的演变阶段，第一个阶段是很多广告主只是把原有的广告（大多是来自传统媒体的广告）进行后期编辑，做成15秒的品牌广告投放抖音。这是一个粗放的阶段，传播效果也比较一般。第二阶段是广告主针对抖音专门去做一些内容，但是广告植入比较生硬。第三阶段出现了软性植入的信息流广告，比如每日优鲜、携程等，拍一些日常的生活情景，与品牌相结合，打上广告的标签，传播效果比前两个阶段有所改善，实现了更大程度的曝光。目前在抖音上，信息流广告比较成功的案例有爱彼迎、哈尔滨啤酒和雪佛兰等。品牌方需要根据抖音用户的喜好去优化广告投放的内容和方式。

抖音挑战赛相对复杂，涉及的资源比较多，如开屏资源，发现、搜索类资源，屏幕定制资源，用户参与资源等。在挑战赛方面，抖音的官方资源很透明，而且价格很高。据说官方挑战赛已排到几个月以后，同时品牌挑战赛也很热门。挑战赛的一个最大好处是可以结合抖音最炫酷、最流行的玩法，吸引很多用户参与，并通过话题、音乐、文案、贴纸等各种形式来实现品牌的曝光，直至产品的转化。挑战赛是抖音平台的一个核心玩法，由于价格高，参与的多是行业领先的品牌，如多芬、京东、智联招聘等。品牌挑战赛让用户去参与整个挑战赛的话题和相关活动，最大限度地为品牌沉淀粉丝，用户在参与的过程中会直接关注企业的账号，从而提高粉丝的黏性。如联想的品牌挑战赛，几乎将官方挑战赛的玩法都做了一遍，而且比较有特色。

官方挑战赛和品牌挑战赛的区别体现在价格上，价格直接影响推广资源和用户参与量级，价格差异也会带来不同的推广资源。官方挑战和品牌挑战推广资源不同，用户参与的量级自然有差别。官方挑战赛用户量级达到万级以上，品牌挑战赛可能在千人级。

此外抖音推出了企业号，抖音不想破坏当前的内容生态，在刷抖音热门的时候几乎看不到有品牌植入的内容，所以企业想在抖音上扩大影响，就应该在企业号的运营方面多下功夫。目前抖音对于企业号和普通内容创作者的政策一致，没有特殊的政策扶持，之后抖音官方可能会开放一些资源给企业号，实现品牌的传播和产品的转化。

“双微一抖”是现在企业营销的标配，除了微信和微博，抖音还处于现存流量红利期，值得企业去运营的社交平台。

2. 快手

快手在2017年就有了1.2亿的日活跃用户数量，每天也产生近千万条视频，这个数量在短视频领域是顶级水平。快手的同城模块用户的使用时长占比很大，从这个数据可以看出快手的用户在使用过程中，社交的需求占了很大比例。快手为了提升用户体验，甚至还做了同城漫游的功能，通过定位到不同的城市，使用户了解周围人的生活，体现了鲜明的地域特点。同样快手对于评论区的内容也非常关注，对视频的内容与评论进行整合，方便用户在评论区进行评论和交流，增强其社交属性。

快手的商业逻辑见图21。从传统互联网产品的商业模式来看，抖音做短视频电商似乎并不靠谱，因为大多数人使用短视频是为了逃避无聊来进行视频消费的，因而电商的转化率相对比较差。许多企业在做自由电商几个月之后得到的利润还没有做一篇广告收入高。相比快手来说，抖音的强项在于对内容的消费。而快手的特点，则是其平台至上的社交属性，许多人是依据快手短视频的内容而产生的人与人之间、人与地区之间的关联。抖音更强调的是对于内容的支持，尤其是对于头部内容的支持。这意味着抖音的头部大V会更加集中；而快手更多的是强调内容对于内容制作者个性的支持，这也意味着在快手这个平台上更容易建立粉丝和主播之间的关系。相比之下，电商直播这个基于信任关系的商业模式，在快手更容易获得成功。同样如果我们只看内容的消费，那么意味着抖音更容易让人把视频化的时间充分利用起来。

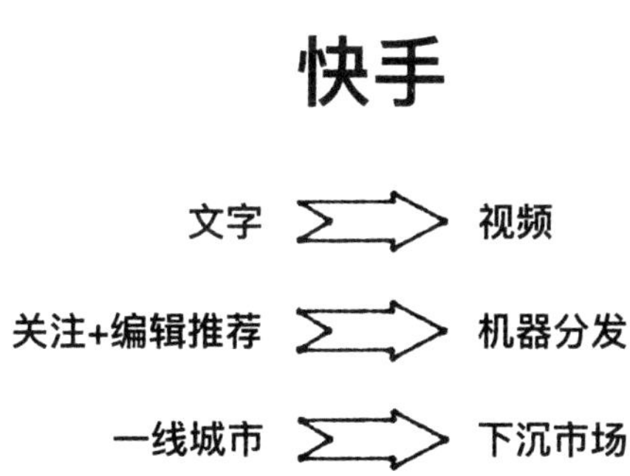

图21 “快手”相对于传统网络媒体的显著特征

两者的差异也同样来自消费用户和粉丝之间的社会化关系，基于内容消费的抖音平台，其粉丝与制作者之间的关系较弱，这也意味着带货能力不强。而快手的粉丝与制作者关系则会强很多，其内容相对来说更具有个性化，而且在平台上的内容功能设置往往能够强化粉丝与用户之间的社会化关系。这也意味着无论是直播和电商，快手都有着更强的用户黏性。

3. 微视

（1）微视概况

2018 年 4 月 2 日，腾讯旗下的短视频 App“微视”上线新版本，升级后的产品推出了三种主要的功能：视频跟拍、歌词字幕玩法、AI 滤镜一键美型，并且与 QQ 的音乐正版数据库进行了对接。产品的品牌标识“分享不一样的视界”，也让用户更有参与感。这是微视 2018 年最重要的一次更新。

（2）首创视频跟拍功能

不同于其他短视频 App 需要单独录制的特点，腾讯微视开发了一项新功能——跟拍。用户可以在视频播放界面找到“跟拍”按钮，点击“跟拍”后，正在播放的视频就会以小窗形式呈现在屏幕的左上角，并且可以随意拖动小窗位置。这个功能的主要使用场景是：当用户想学习模仿视频中的动作时，可以边学习边录制，相比其他短视频 App 来说，明显降低了视频拍摄难度。目前，模仿类视频在短视频中占比相当大的一个部分，例如很火的海草舞、seve 舞步都是大家争相模仿的对象。所以，跟拍功能的使用场景非常多，新版的微视抓住了用户的痛点。

（3）短视频 App 里的首个歌词字幕玩法

为了解决用户在录制短视频时候忘记歌词的问题，新版本还在场景中增加了字幕显示的功能，因此，在用户录制视频的时候，不仅可以选择喜欢的背景音乐，而且还可以看到歌词，就像卡拉 OK 一样跟着唱。这大大降低了视频录制的难度，也提升了产品的品质和可看性。录制结束后，用户可以通过二次编辑选择歌词是否显示，或者背景音乐是否播放。虽然只是细节上的改动，但这个新功能对用户来说确实很友好，是众多短视频 App 中的首例。

（4）AI 滤镜创新：美型

新版本中，微视首创性地加入了美型功能，用来修饰人物。拍摄时，用户可以同时选择添加滤镜、美颜、美型三项功能。拍摄结束后，还可以通过二次编辑使用“弹簧”“哈哈镜”“扩散”等特效，添加涂鸦和贴纸。

（5）打通 QQ 音乐千万级正版曲库

音乐版权资源不只是音乐类 App 的抢夺对象，对于短视频平台来说，音乐版权同样重要。正版的音乐就是一种资源，同时也是一种有门槛的资源。正版的音乐资源库越多，意味着用户创作所可以使用的素材越多，这可以有效提升产品制作的门槛和竞争力。由于背靠着整个 QQ 音乐海量的音乐库和正版资源，许多全新的单曲都在 QQ 音乐进行首发，这不仅意味着 QQ 音乐的排他性和竞争力得到了进一步加强，而且意味着这种优势可以在不同的产品领域进行共享同步提升竞争力。截止到 2018 年，微视有多达 21 种不同类型的音乐可供选择。

（6）品牌升级：logo + slogan

品牌和产品口号的升级也体现出了微视的全新定位十分精准，针对年轻群体，整个 Logo 更具时尚感、界面更清晰，酷炫黑白两种模式，由外而内，从形象到功能，都是为了迎合年轻群体。此外，产品的 slogan 也从此前的“沟通视界，8 秒无限”改为“分享不一样的视界”。

（7）智能识别：对于图画中的内容随时认知并提供背景信息

视频化的确正在成为新闻叙事的重要方式，但是在实际运营中也存在着问题。根据路透社 2018 年的趋势报道，我们可以明显地看到网上的视频新闻的消费量越来越多，这也意味着其背后的逻辑是社交媒体发挥了信息分发渠道的作用。一方面，网上新闻覆盖的领域越来越多；另一方面，用户更容易把这些新闻内容通过社交平台，一键分享给特定的朋友。当然，伴随着整个互联网的发展，我们也可以明显看到社交媒体越发达的地方视频新闻的消费程度也就越高，因此去预测一个地方视频新闻的市场有多大，就需要对商业短视频 App 进行研究。

在视频新闻的需求总量上，整个亚洲地区除了日本以外，一般都超过了北欧国家，但遗憾的是新闻短视频的变现能力并不强。主要原因在于，随着社交媒体的普遍发展，这些视频新闻在制作成本上并没有下降，但是在分发渠道上却被大量强势的新媒体所掠走。因此，这对于视频新闻的制作方来说并没有好处，同时还缺乏一套有效的商业模式用来变现，从而实现可持续运营。Youtube 和 Facebook 采用了不同的模式，用来对应这些新的竞争。首先，YouTube 网罗了一些搞笑演员，通过启动付费粉丝俱乐部的政策，以增加营收，多元化覆盖制作成本。其次，YouTube 虽然每年广告收入高达数十亿美元，但该公司正在拓展其他业务收入来源，以减少对于广告主的依赖，从而进一步拓宽内容的多样性。Facebook 算法的改变，也对很多内容制作者和 MCN 机构产生了巨大的打击，无法让其通过内容获得更多的收益和流量，减弱了视频新闻制作者在 Facebook 上运营的积极性。

用户对音频内容的需求量在不断增加，是因为智能语音设备的兴起。这些设备能帮助用户更容易搜寻到播客节目，听到各种新形式的内容。Quartz 等媒体也都在开发可以供用户对话交流的应用程序。35 岁以下收听播客的用户是45 岁以上的两倍之多。这并不意外，因为年青一代是使用智能手机最频繁的人，也是最爱用按需服务（比如 Netflix 和 Spotify）的群体。

亚马逊的 Echo 是智能语音市场的代表，虽然适用范围有限，但用户量已经很可观。苹果推出了 Home Pod，谷歌则有 Google Home 和 Google Assistant，一年时间就开拓了 30 多个国家和地区的市场。在美国，声控设备的使用率已经达到 9%，英国为 7%，德国为 5%。智能音箱的普及，一定程度上会推动音频新闻的发展（见图 22）。

四 国内外专业媒体的短视频应用与媒体融合

短视频只是一种新的技术形式，并非是新媒体所独有的，传统媒体依然可以在向融媒体转型的过程中采用短视频的形式，利用短视频具有形象立体、善于说服、视听冲击和影音效果直观等多种优势，加快媒体融合。而新闻作为一种即时性的资讯形式，以短视频的方式传递到用户中，将会更具直接、迅速且冲击性强等特征。新闻与短视频的融合，不仅很好地适应了当下移动互联网环境的发展，而且还为传统媒体向新媒体转型提供了一个不可多得的新思路。事实上，目前网络新闻短视频的形式已经无处不在，而且正在朝着快速普及的方向发展。我们从腾讯新闻中视频所占的比重即可了解，短视频新闻正在快速地替代原有传统媒体的新闻传播方式，短视频与传统媒体的融合势在必行。

（一）短视频新闻的发展优势

时长短、轻量化是短视频的突出特点，它们的长度往往是以秒计数

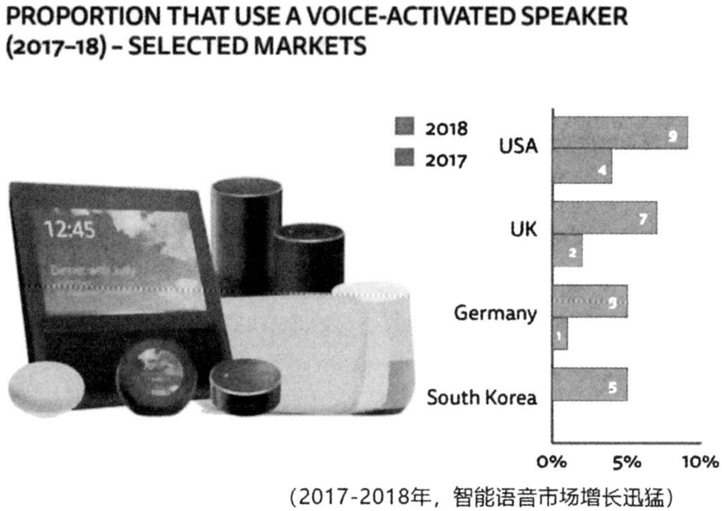

图 22 特定国家中智能语音控制市场增加显著（2017—2018）

资料来源：https：//www. emarketer. com。

的，因此将新闻资讯以短视频的形式呈现，能够极大地契合移动互联网时代大众的信息接收习惯。当下，移动互联网的迅猛发展已成为媒体发展不容忽视的一个重要趋势，移动客户端的普及、使用成本的不断降低，都使移动互联网越来越受到大众的青睐。截止到 2021 年 4 月底，我国已有移动互联网用户 11.7 亿人，上半年净增 7938 万人。伴随着移动互联网的兴起，大众迫切需要的是能够方便地通过移动终端获取丰富的信息，而短视频恰恰能够极大地满足受众的这种需求。可以说，移动互联网的兴起给短视频新闻的发展创造了良好的用户基础和巨大的市场。

同时，除了便于在各种移动终端进行信息接收之外，短视频新闻也满足了用户倾向于利用碎片时间接收信息的需求。当下，用户的时间越来越碎片化，这使得大众的媒体使用习惯也发生了相应的变化，人们对碎片化时间的利用已经成为一种必然的趋势。因此，传媒业必须要对新闻报道生产与传播的策略进行变革，以适应这种新的趋势。在这样的背景下，信息采用“微小”型的方式加以展现，无疑成为一种很好的选择。短视频新闻以其自身的特性契合了受众时间碎片化的传播情境，满足了人们在碎片时间里的新闻需求，方便了人们利用碎片化时间快速地获取新闻资讯，自然会获得受众的欢迎和喜爱。

（二）传统媒体短视频新闻的发展策略

短视频新闻作为传统媒体一个新的发展方向，不仅极大丰富了传统新闻的呈现形式，而且在生活娱乐等多方面应用十分广泛，一些有影响力的平台和 MCN 机构也陆续出现在传统媒体的领域中。在传统媒体与短视频融合的过程中，我们还应该注意以下几点，以便谋求短视频在新闻领域的发展。

1. 坚持“内容为王”

短视频新闻的内容是整个传媒行业的重要组成部分，而持续生产高质量的短视频新闻内容，就是形成传媒行业内容竞争力的重要基础。因此，优质内容是构建自身影响力的基础，而且在整个运营的过程中，优质内容决定了能否受到用户的关注和喜爱，“内容为王”的原则仍然是媒体发展的关键。

传统媒体在新闻报道方面有着诸多的优势，比如说传统媒体的新闻专业人才多、新闻内容和生产制作经验丰富，优质的新闻资源以及不断积累的公信力和认可度。因此从整个媒体市场来说，传统媒体在新闻报道方面有着毋庸置疑的话语权，这也是目前社会新媒体所无法企及的优势和高度。因此，在短视频新闻的发展过程中，媒体应该通过强化自身优势，组建专业团队，提高运营能力，通过专业化的运作，保障能够持续生产出高质量的短视频新闻，从而形成自身的新闻品牌与持久的传播力和影响力。然而，在这一过程中应该特别注意的是传统媒体在原有新闻制作经验的基础上，还应适应短视频新闻的消费场景变化，以及在此变化的背景下对新闻制作提出的新要求，并且以受众需求和心理的认知为基础，探索出更适合短视频新闻的生产策略。这也说明短视频新闻并不是简单的传统视频新闻的精简版，而是在新媒体环境下，对传统的视频采编发的过程进行深度变革，并且以移动设备的应用为基础，赋予了新闻更多的表达，从内容到形式为传统的新闻媒体带来新的发展空间和可能。

2. 积极发挥短视频新闻社交性强的优势

短视频新闻有着强烈的社交属性，这是新媒体平台所具有的特殊价值，也是短视频新闻被大众所广泛喜爱的重要原因之一。短视频新闻要强化自己的社交属性优势，同时通过所蕴含的社会关系以及互动来实现两个目标：一方面巩固新闻短视频媒体品牌与用户之间的强关联，在产品内容层面增加关系属性；另一方面促进用户的广泛参与，同时也促进媒体信息和内容的广泛传播。

短视频新闻的社交功能，在于新媒体可以积极地为用户提供广泛参与的社交平台和空间，而用户可以通过对短视频新闻内容的评论、转发和交流，以及在短视频新闻内容中增加一些社交的元素进行引导。例如，通过在内容中设置一些能够引起讨论的话题，鼓励短视频新闻用户广泛参与。这不仅极大地激发了用户的参与欲望，也提升了参与体验，而且有利于引导用户对内容进行评价，从而扩大传播的影响力。

同时，传统媒体还可以跟社交平台进行深度合作，通过将短视频新闻等诸多内容，按照不同的社交属性进行多元化的分发，与社交媒体平台进行联合发布，从而弥补传统媒体平台传播力不足的问题。传统媒体与社交媒体平台进行合作，可以充分利用新媒体的属性和社会化关系的传播，形成联动效应，增加用户对于短视频新闻平台的黏性和认知。目前许多媒体在这方面都做了有益的尝试，例如新华社和新浪移动在短视频方面的合作就是一个很好的例子。

新华社官方视频账号落户新浪看点，新华社的短视频内容和直播内容将在新浪的客户端、新浪网、微博等多个新媒体终端进行共享、推荐和传播，从而有力地提升了传统媒体的影响力。

3. 注重对 UGC 视频内容的开发利用

众所周知，新媒体的属性在于互动和双向交互。而 UGC 指的是在用户使用媒体过程中所原创的内容。传统媒体除了依靠自身的专业优势之外，在新媒体内容生产上也需要关注和加强内容的产生机制和运营方式，通过对内容的整合进一步提升短视频新闻的内容质量和数量，从而推动短视频新闻的发展。

现场性是短视频的一个非常重要的特征，短视频新闻应重视这种新时代媒体技术的属性和特色。伴随着人们对短视频新闻需求的日益增加，对现场素材的需求大增使得传统媒体面临巨大的困境。作为机构的媒体很难第一时间到新闻现场获取相关资源，而那些不易保存转瞬即逝的新闻画面和场景，也往往会被错过。这是采编过程中所不可避免的问题。然而，伴随着新媒体的崛起和智能手机等拍摄设备的普及，民众参与意识的增强，新闻素材的获取能力的提升弥补了这方面的不足。当发生新闻事件时，现场的目击者会在第一时间利用手持设备拍摄并发布到网络中。因此，持续的生产优质的短视频新闻内容，需要充分利用 UGC 的产生机制，并以此为基础进行深入的开发。

在机构合作方面，传统媒体还可以通过与其他市场化的短视频制作机构建立合作关系，从而获取丰富的视频素材，挖掘有价值的新闻线索，同时也可以通过市场化的手段，鼓励 UGC 进入传统媒体的生产流程和机制中，从而方便用户能够全流程、全方位地参与新闻内容的生产。这样一来，通过对 UGC 的吸收，有制作人员的精心参与，可以有效地聚集大量的网络资源，并在内容聚合的基础上对 UGC 相对碎片化的内容进行加工，从而将其内容以一种更专业的方式呈现出来，给广大用户提供更优质的信息服务和资讯服务。

新华社的“现场新闻”客户端不仅为用户提供新闻资讯，而且还是采集新闻素材的渠道，用户可以通过后台认证的方式获取信息资料上传的资格，或者在有一定的身份认证的基础上发起现场视频的多媒体直播。新的媒介传播形式为内容的生产提供了多种可能，也强化了用户的参与感。这些新闻资讯经过后台的审核之后，能够有效地补充新闻内容，为新闻报道提供更多的新闻素材。

五　短视频转型的操作流程

（一）如何搭建短视频团队

人员配置：参考当前市场短视频团队的运作及电视台的短视频团队的模式，团队人员可控制在 8—10 人左右，包括内容策划/编剧、导演、手绘/设计师、配音、后期剪辑等。

（二）短视频选题、策划与制作

1. 精简报道叙事，挑选更具视觉冲击力的画面

短视频所特有的信息组织方式和更简练紧凑的故事讲述方式，是由短视频新闻传播的环境所决定的，因此要考虑场景的移动、智能终端的伴随性等特点。当前很多传统媒体的短视频内容尽管主题较为集中，但是叙事不够精练，不必要的细节保留较多，甚至由于传统媒体的业务经验，很容易将短视频做成“移动的 PPT”，这在一定程度上降低了传播效率。

短视频因为篇幅所限，所以需要开门见山地对核心信息进行传播和披露，无须进行铺垫和渲染，但对于复杂的事件可以采用系列化、多角度的方式进行内容的组织和生产，因此也可以借鉴 BBC、CNN 等媒体的短视频生产方式来实现对于新闻事件多角度、多元化的重现和传播。

在具体的生产方面，短视频可以通过增加新闻现场的近景和特写景象的使用来捕捉那些具有视觉冲击力的细节，以弥补短视频画面冲击力不足的现实。如果拍摄时短视频未能收集到合适的素材，也可通过后期编辑时加入转场效果实现。

2. 平衡质量与速度

不同的生产者往往注重不同的因素，互联网短视频的先驱“一条”一直追求精致，在“一条”做短视频时投入了较多的人力与时间。而相对于“一条”精细化的短视频内容生产来说，梨视频具有比较高效的流程和完善的生产制度，因此能够在保证一定内容质量的前提下，大量生产复制出具有新闻价值的短视频，并且能够保障新闻的实效性。

梨视频创始人在谈及短视频制作时，提到需要平衡角度、成本、质量与速度四个维度，这对传统广电内容的短视频化而言，也非常具有借鉴意义。对于短视频选题，角度往往是优先考虑的问题，而在确定好角度后，成本是需要考量的第二个问题，包括时间成本、资金与人力成本。但有些情况还是需要综合考虑素材和环境，比如有些时候尽管策划的角度很好，但是制作的时间越来越长、成本越来越高，最终导致选题失控，造成人员精力和前期投入的浪费，也是比较普遍的制作陷阱。例如对于地震的报道就容易进入这种“误区”，各个媒体、视频拍摄机构都在做类似内容，因而拍摄者希望寻求一些比较好的角度，花费大量的人力，但最终视频拍摄并未完成，单纯强调角度而忽视了深入灾区比较危险的地方所需要的成本。

传统广电往往更加注重质量，在视频节目制作中会投入较多的时间，以期有精品产生。而在移动短视频化的过程中，传统广电需要针对不同的内容做不同的选择。

（三）分发策略：探索全新的分发模式，把握平台特性

传统媒体在短视频领域进行突破的时候，也需要探索全新的分发模式，因地制宜地选择搭建平台还是利用社交媒体平台，对传播效果有很大

影响。移动互联网时代的内容生产者和内容的发布渠道在一定程度上是互相独立的，而独立信息传播平台对内容生产者的影响越来越大，甚至在某种程度上决定着制作的标准和内容的形式。然而目前针对不同传播渠道而专门生产的内容较少，多数广电媒体在制作短视频时，只是把电视台的视频进行简单的后期加工，并非在制作之初就考虑到不同用户群体的使用习惯和传播渠道的差异，这导致了内容的时效性较差。

事实上，从内容生产者的视角来看，面对新的媒体环境和形式，我们更应该关注内容的生产。通过对传播渠道、用户群体、内容承载方式的深度研究，针对不同的平台属性和用户群体，需要对视频内容进行深度调整和规划，这将有助于传播效果的整体提升。比如以国外媒体为例，Facebook 和 Twitter 更适合发表新闻，因为其社交媒体的属性和篇幅的限制以及内容形式的差异，其中 Facebook 更适合深度信息和配解说的视频，有一定的说服性；而 Twitter 的视频则更注重在场感和及时属性。Instagram 和 Snapchat 则更适合一些软性新闻，适合突出一些视觉化、形象化、艺术化的内容。

若采取国内网络分发平台，则在分发渠道的选择上需要针对平台特征进行不同的选择与运营。毕竟每个平台都有自己的定位，在整个媒介生态中有自己的“生态位”，也拥有特定的用户。因而，内容生产者不能只是把内容一股脑地放上去，却不对内容形式、用户人群以及媒介使用方式进行深度的研究和了解。各个平台具有不同的特性，而运营目的要符合平台的特性（见表2）。

表2 **微信、微博、今日头条等三个主流网络媒体平台的特征**

	运营平台的选择
微博	微博的特性是比较开放，当发生爆炸性事件时，其传播力度较强 微博的导流强度比较弱，因为它同样不太允许在正文或者评论中插入外链。一旦插入非微博的链接，微博会有降权算法，所以它的导流可能比微信还弱一些。微博的视频产品处于中期阶段，虽然还有许多关于视频内容的想法没有完全开发，但是目前视频产品在微博已经能得到比较好的呈现

续表

	运营平台的选择
微信	微信的导流比较强，比如结尾查看原文的链接，可以直接加外链。但其封闭性较强，如果要从其他平台向微信转化，需要用户主动操作 对于短视频而言，微信是一个波动较小的展示、运营空间，不过公众号的产品周期差不多到了中晚期，用户关注新号的意愿、转化率都在变低 微信公众平台的产品周期本身到了比较饱和的阶段，因而已经不再易于运营，传播效果取决于运营方式
今日头条	今日头条的平台传播性非常强，但导流能力较低。今日头条平台对优质内容比较友好，在算法体系中可凭借优质内容产生大量点击，做单独爆款的账号是有很大可能的，但想保持粉丝的忠诚度、向账号导流并实现转化，也许今日头条平台不是最优选择。相比之下，微信平台是个不错的选择，在导流的同时也能增加账号本身的关注和转发。尽管微信体系最初对视频类内容产品并未给予太多关注，但随着媒介技术的发展，微信短视频已经成为新的主流传播方式 从运营账号涨粉的角度来看，微信是个不错的平台，只要账号能提供系列视频资源，让粉丝持续看到新鲜的内容，就比较容易实现涨粉的目标；但如果内容数量较少，只有单款视频，又想在粉丝较少的情况下短期内做出高传播量级的爆款，还是要选择今日头条平台来开设账户比较合适

（四）合作策略：中国广电短视频联盟

在市场化短视频通过 MCN 实现资源联合的时候，传统媒体的短视频平台也采取了另外一种合作方式。在 2017 年，上海五岸传播有限公司作为内容制作方，就与国内最大的分发平台今日头条以及部分频道和城市电视台共同成立“中国广电短视频联盟”。联盟成立的重要前提是保持各自的优势，进行联合专业的协作，提升整体的效率和竞争力。通过专业分工，明确职责的方式，无缝协作。例如，五岸传播是整体的管理和融合的运营方，通过把城市电视台和地面频道的制作能力聚合起来，重新开发并保持持续的输出；今日头条则作为新媒体的内容传送平台，借助于算法大数据、推广资源，提供有效的竞争，对“联盟”生产出的内容进行有效的匹配，进一步推进对短视频市场的占有，持续提升占有率和社会影响力。

1. “老牌制作方 + 专业营销平台 + 最大流量分发平台”组合

今日头条与城市广电来说，有着天然的合作基础。对于城市广电来说，平台所具有的大数据、技术和个性化的推荐可以更快速地帮助内容的制作方找到和了解自己的目标用户，而且可以建立一个基于新媒体的移动端品牌，跟上新媒体发展的节奏。而对于今日头条来说，传统电视台的制作能力和优质的短视频内容以及数量是它们所欠缺的，优化与广电之间关于内容的合作，不仅能够进一步提升平台的分发效率，而且能增加今日头条在用户之中的影响和吸引力，进一步强化用户和内容之间内容匹配的价值，从而增强平台与用户之间的黏性。短视频无疑是当下最重要的内容战略方向，今日头条对短视频的制作方的政策是保持用户数据和技术的开放，以及流量的支持，平台的助力将有助于城市广电在短视频上起步，从而实现内容制作的转型和平台运营经验的积累。与此同时，今日头条与地方台也将进一步地探讨未来商业化的合作方式，合作对于增强地方台专业视频制作能力、探讨短视频分发平台和互联网新媒体的应用价值，以及强强联合对提升竞争力都有深远的意义。同时，“老牌制作方 + 专业营销平台 + 最大流量分发平台”的组合，充分保障高质量的短视频内容、较大的流量和市场终端表现、及时的终端信息反馈和精准的用户画像，还有在整个社会舆论引领方面的话语权，这或许也意味着它们将一起重新定义短视频行业规则。

2. 加快整合，打造核心产品“电视大头条”

“中国广电短视频联盟”第一阶段内容产品聚焦于“电视大头条”，在与今日头条合作的基础上，形成深度的联动，除了聚焦地方广电个性化的制作能力和精良的视频，制作“电视大头条”将从第一阶段初具规模的十城开始，进行广电联动，然后陆续打造一些分门别类的短视频产品线。例如，关于旅游、美食、亲子、法制、纪实等类别的短视频，这些内容天然具有群众基础且具有深度参与的可能性，其精准的分类将进一步推动十城联盟频道开展推广民间的美食视频大赛、旅游达人微视频大赛等有着广泛群众参与的活动，而且这些活动将全部在头条号上呈现。这显然是能够适应广电媒介运营和制作的活动形式，因而也必然会伴随着效果的显著提升，在规模上有一个较大的发展。而“人民号”的成立，将加快传统媒体内部采编资源的整合。

有时一些网络用户会对抖音中“模板”和“同款”的版权问题有所置疑。事实上，“抖音拍摄同款”作为一种商业模式和主要应用形式，是可以进行制作并传播的。在内容的制作领域，互联网提供了一种可以无限细分且有效沟通协作的可能，因而我们能够看到伴随着互联网技术的普及，多种创新应用平台的出现，越来越多的节目或话题可以凭借一个画面、一段音乐得以普及。

同样，那些网红城市和地标建筑与音乐 BGM 一样，同样可以制作成为抖音短视频中的标志性内容。在素材的搜集阶段，专业的媒体记者和大众的 UGC 制作者都在扮演着将现实社会中的方方面面向平台复制的角色；而在编辑和生产阶段（包含策划阶段），则需要更多的人从多元视角出发，一起进行互动交流并分享创意，某种程度上这种做法被称为“众包”的阶段；在内容分发阶段，需要有多元化的传播渠道和平台，并且针对不同的粉丝来进行有效的运营。

因而，想要做好短视频的运营，不仅要在平台特性的认知方面有一定的基础，而且还应该在运营全流程和多媒体技术发展特性方面，拥有全面的认知。内容的汇集并非简单叠加，同样也是跨界的创作，分散在地方台的素材并不能形成聚合的力量，而将分散的资源集中在专业平台上进行制作与分发，才是媒体融合的方向。

第四节 网剧助力：传统广电与网剧结合

一 视频化转型的背景

（一）政策转向

2009 年 4 月，国家新闻出版广电总局发布《关于加强互联网视听节目内容管理的通知》，该通知在内容的网络传播方面有着明确的要求，“未取得许可证的电影、电视剧、动画片、理论文献影视片，一律不得在互联网上传播”。2011 年广电总局发布《广播影视知识产权战略实施意见》，该意见主要是为了保护影视行业的知识产权，重点打击盗版和侵权的行为。这也意味着正版购买剧集的方式得到了政策的保障，间接引发了新商业模式的出现。视频网站在斥巨资购买正版剧集的基础上，也发现了传统电视台的价值和意义。因而在探索收费观看模式外，也开始向传统电视剧学习，谋求与影视产业的合作，因此，自制剧得以快速发展。

政策法规意味着未来一段时间产业发展的方向，尤其是在商业化程度较高的电视剧市场中，国家通过“限播令”“限广令”，对电视剧在数量、市场、题材甚至广告上面都有所限制和约束。在2010年3月广电总局出台的《关于进一步规范卫视综合频道电视剧编播管理的通知》中，进一步明确了“限播令”的内容，不仅对不同的电视台播出的剧集、每天播出的时长和内容有一定的限制，而且对同一电视剧播出的集数有一定的限制。除此以外还将一些后期剪辑多出的非正常剧集进行了一定的限制。

在播出题材上，国家政策风向还是比较明显的。宫斗戏、穿越戏不准再上黄金档，并且不再接受此类剧的立项申请。除此之外涉案剧也再次被强调不得上卫视黄金档。同时，国外电视剧、克隆翻拍剧也不得出现在卫视黄金档。

在广告营销上，国家广电总局也下发了一系列通知，规定了在电视剧播放中间不得插入广告，对广告的插播的限制，意味着能够插入的广告数量减少，直接影响到广电在电视剧播出方面的收入和利润。

“一剧两星”政策使得电视剧在卫视播出数量受限，使得电视剧营销更加依赖视频网站的支持，以弥补“四星”变“两星”即买家的减少。在媒体融合及“一剧两星”政策合力的影响下，几大视频巨头分割市场的格局初步奠定。2014年作为网络剧爆发的元年，不仅意味着网络剧生产规模迈出了一大步——从少数的点缀直接跨越到全年205部，还表现为创作体裁变化——从最初碎片化的“段子剧”统领天下，到2014年73部长篇剧情剧的出现，再到2015年剧情剧甚至达到179部。这些变化有一个特点，改编自优质网络小说即所谓热门IP的长篇剧情剧影响力飙升。由网络小说改编的《匆匆那年》击败了当年的“段子剧”，获得了“2014中国横店影视节”的大奖，这被看作是传统影视制作行业对于网络剧的一种认可和接纳，侧面也反映出网络剧产业化的发展、制作能力的提升。

随着网络视频行业的发展，国家相关部门也一直在完善政策，进一步加强对内容的监管，从而促进行业健康发展。2016年，相关部门就开始对直播节目、新闻信息服务和网络原生内容进行监管；2017年6月，广电总局发布《关于进一步加强网络视听节目创作播出管理的通知》，进一步强化网络视听节目与广电系统制作的节目，用统一的标准和尺度来衡量。这一规定的出台不仅进一步提升了网络原生内容的质量，而且对各个互联网播出平台的内容布局也产生了极大的影响。

2017 年 9 月，国家新闻出版广电总局、发展改革委、财政部、商务部、人力资源和社会保障部五部委联合发布《关于支持电视剧繁荣发展若干政策的通知》，用来指导电视剧的发展，其中特别提到：对于网络剧的政策引导应该按照媒体融合的总思路，对电视剧和网络剧进行统一的管理，对重点的网络剧应该有备案，并加强上线之前的内容把关，强化网络平台的主体责任。鼓励视听节目网站投资制作优秀的国产电视剧，也鼓励传统的电视剧制作机构进入网络剧制作的市场，同时规范网剧播出的行为，凡是未经许可的影视剧，一律不准在网络中播放。

2018 年 3 月，中央公布《深化党和国家机构改革方案》，随后国家新闻出版广电总局出台相关文件，间接给视频平台、UGC、PGC 等娱乐节目的制作单位，划出了红线。禁止非法抓取、拼凑、改编视听节目的行为，加强网上片花、预告片、广告片等视听节目内容的碎片化管理，并且对各类节目接受冠名、赞助等商业行为进行严格的规范，同时，还明确落实管理责任制。政府的管理措施在一定程度上明确了网络剧版权和制作权的重要性，同时也为网络剧的健康发展开拓了空间。

国家连续出台互联网行业的规范政策，广电总局作为网络视听行业主管部门，从调控管理入手，注重引导和培育，为网络视听发展营造了有序空间，促进网络文化繁荣健康发展。

（1）规范传播秩序

2017 年 1 月 16 日，中共中央办公厅、国务院办公厅印发《关于促进移动互联网健康有序发展的意见》，从推动移动互联网创新发展、强化移动互联网驱动引领作用、防范移动互联网安全风险等几个方面，为促进我国移动互联网健康有序发展提出了意见。2017 年 5 月 2 日，国家互联网信息办公室公布新版《互联网新闻信息服务管理规定》将新媒体全面纳入监管，并提高了申请提供互联网新闻信息服务的门槛。非公有资本不得介入互联网新闻信息采编业务，采编、转载行为要求更加严格。与本次新版规定同步发布并于 6 月 1 日实施的，还有《互联网信息内容管理行政执法程序规定》，标志着真正意义上的依法管网、依法治网的时代已经到来，网信执法已经驶入快车道。

2017 年整体网络视听市场发展势头较猛，在广电总局的管理下，传播秩序得到进一步规范。5 月 25 日，广电总局网站发布公告《总局责令腾讯网视听节目深入整改》。对腾讯公司存在的自采自制的时政社会类视听节目、新闻节目中含有大量低俗内容的问题，以及腾讯微信公众号、移动客户端播放视听节目管理中存在的各种问题，责令腾讯网全面整改，并对其违规行为进行处罚，在整改期间，暂停受理部分引进相关节目的申请。这也显示出广电总局对违规内容和平台整治、处罚力度的空前。6 月 22 日，广电总局网站发文《国家新闻出版广电总局要求“新浪微博”、“ACFUN”等网站关停视听节目服务》。针对上述网站在不具备《信息网络传播视听节目许可证》的情况下开展视听节目服务，并且大量播放不符合国家规定的视听节目，广电总局责成属地管理部门，按照《互联网视听节目服务管理规定》（广电总局、信息产业部第 56 号令）的有关规定，采取措施关停上述网站的视听节目服务，进行全面整改，为广大网民营造一个更加清朗的网络空间。

（2）网上网下“统一标准、同一尺度”

坚持传统媒体和新兴媒体管理“一个标准、一把尺子”，强化网络视听节目服务管理。2017 年 6 月 1 日，广电总局印发《关于进一步加强网络视听节目创作播出管理的通知》，强调未通过审查的电视剧、电影，不得作为网络剧、网络电影在网上播出；导向不正确的电视综艺节目，不得以网络综艺节目的名义在互联网、IPTV、互联网电视上播出；不允许在广播电视播出的节目，同样不允许在互联网（含移动互联网）上播出；不得在互联网（含移动互联网）、广播电视等任何平台上以任何形式传播所谓“完整版”“未删减版”“未删节版”“被删片断”等节目（含镜头片断）。2017 年 6 月 30 日，中国网络视听节目服务协会发布《网络视听节目内容审核通则》，本次是在《网络剧、微电影等网络视听节目内容审核通则》（2012 年版）基础上修订完善而成的。该通则有 26 处变化，对网络剧、网络电影、微电影、影视类动画片、纪录片等网络视听节目进行了明确规范，提出了与广播电视节目一样的八大导向要求。8 月 15 日，广电总局发布了关于加强网络视听节目领域涉医药广告管理的通知。不给违规广告钻政策空子、转移阵地、传染蔓延的机会和空间，网上网下共同治理违规广告，也表明广电行业主管部门对于视听节目传播秩序管理的进一步升级。

（二）网络剧机遇分析

在网络视频的使用调查方面，CTA 研究表明，人工智能和机器学习的技术能够帮助人们快速发现自己想看的内容。千禧一代在这方面的学习习惯和媒介素养领先于其他的内容用户，他们会经常访问推荐的内容，他们更喜欢点播视频而非直播电视。网络视频的发展，可以吸引年轻观众，培养潜在用户。

此外，用户的“媒体素养和使用习惯”正在发生改变，在社交媒体融合发展的过程中，促成了媒体融合的社交视频的产生，就是这种媒介融合的具体表现。这类媒介融合也有利于社交媒体和视频媒体的发展。视频媒体与社交媒体融合可以增加视频网站的用户数量，分散在各个社交媒体的广大用户可以低成本地获取相关内容的链接或者是直接浏览，实现了吸引用户的目的，提升了视频媒体的价值。视听新媒体从媒体格局的边缘进入了中心地带。

截至 2021 年 6 月，我国手机网民规模超过 10 亿人，其中手机视频用户规模超过 6 亿人，而在此基础上视频媒体的应用排在移动手机应用程序前 3 名，手机的视频用户规模决定了网络视频行业的蓬勃发展，移动视频全面超越 PC 端，进入移动视频时代。

伴随着智能手机的普及，人们在媒介使用习惯上发生了重大变化，移动视频也伴随着这种变化而发展。智能手机的普及使互联网用户从以往的单平台使用习惯转向了多平台化、多媒体碎片化的视听媒体使用习惯。这种大大小小的屏幕无处不在地覆盖了网络媒体用户的 24 小时生态圈。根据调查显示，电视屏幕和移动屏幕同时使用成为一种大众最新的收看电视剧和网络剧的方式。而网络媒体则成为我国数字应用领域的主要形式，手机成为视频网络终端收看的第一重要平台。人们纷纷以移动手机作为媒体消费的主要渠道和形式，而那些视频应用也成为人们消费的主要场景和渠道。除此以外，笔记本电脑、台式机、平板电脑，以及互联网电视，也根据不同的使用时长而成为网络视频传播终端的主要设备，其中网络视频中手机网络视频使用频率最高。可以看出，互联网时代，随着用户需求发展变迁，追求跨终端、跨屏的娱乐体验是当下最主流的需求。

手机网络视频使用频率的高企，源自人们生活节奏加快、使用场景的移动化，以及对于碎片化信息需求的增加。而跨屏互动和视频收看方式也意味着，人们可以无缝对接不同的使用场景来进行视频的信息传递，从而让人们对于主要的收视渠道从传统的电视，转变为“机顶盒 + PC + 移动手机客户端”。

二　互联网视频网站网络剧发展

（一）国内视频网站网络自制剧早期状况

1. 2014—2016 年国内主流视频网站自制剧选题、类型、传播统计

2014—2016 年是各大视频网站热门网络自制剧快速爆发的三年，中国网络剧制作量和播放量双双快速增长。这一方面是资本市场的推动，同样也是在新媒体网络技术条件加持下，诞生了新网络视频市场空间。网络剧也逐渐成为能挑战传统广电媒体生产的电视剧集和电视节目的重要对手。

随着视频网站竞争的白热化，各平台都在对热门网络剧的首播持续投入大量的资金进行争夺，这是生存之战。除此之外，为了提升平台形象和竞争力，各大视频网站也加大了自制剧的投入，带动了整个网络剧制作水平的提高，并充分利用平台的数据库优势和新媒体运营的经验，吸引大量的粉丝，从而推动网络剧的快速发展。据相关数据，对排名前十的平台自制剧分类后表现出以下一些特征（见表 3）。

通过对类型的分析，我们发现四个趋势：

（1）网络小说热门 IP 改编为网络剧成为最流行的网络自制剧的方式。某些单一剧集的播放量，甚至突破百亿次。从三年的数据来看，播放量级快速提升，2014 年还是 1 亿次起步的网络剧，2015 年就是 10 亿次起步，2016 年就是 20 亿次起步，这充分说明了网络剧已经抢占了原有电视剧的大部分市场。

表 3　各平台网络剧情况统计（2014—2016 年）

年份（含数据来源）	名称	平台	剧本来源	节目类型	其他类型标签	集数	每集长度（分钟）	播放量（次）
2014（半年数据，速途研究院）	灵魂摆渡	爱奇艺	原创	连续剧	悬疑/惊悚/鬼怪	20	30	5 亿 +
	万万没想到（第二季）	优酷土豆	原创	情景喜剧	喜剧	16	8	3 亿 +
	废柴兄弟	爱奇艺	原创	情景喜剧	情景喜剧	20	8	3 亿 +
	超级教师	乐视	网络小说改编	连续剧	喜剧	40	25	3 亿 +

续表

年份（含数据来源）	名称	平台	剧本来源	节目类型	其他类型标签	集数	每集长度（分钟）	播放量（次）
2014（半年数据，速途研究院）	暗黑者	腾讯视频	当代小说改编	连续剧	悬疑	23	40	3亿+
	万万没想到之小兵过年	优酷土豆	原创	情景喜剧	喜剧	6	8	1亿+
	你好，外星人	爱奇艺	网络小说改编	连续剧	奇幻/科幻	20	32	1亿+
	蕾女心经	乐视	原创	连续剧	喜剧	30	25	1亿+
	微时代	腾讯视频	原创	连续剧	喜剧	40	45	1亿+
2015（骨朵传媒）	盗墓笔记	爱奇艺	网络小说改编	连续剧	悬疑/奇幻	12	45	27亿+
	花千骨	爱奇艺	网络小说改编	连续剧	奇幻仙侠/穿越	32	35	15亿+
	暗黑者2	腾讯视频	当代小说改编	连续剧	悬疑	23	40	14亿+
	执念师	PPTV/搜狐视频	原创	连续剧	悬疑/科幻/偶像	20	35	10亿+
	无心法师	搜狐	网络小说改编	连续剧	悬疑/喜剧/玄幻	20	45	10亿+
	校花的贴身高手	爱奇艺	网络小说改编	连续剧	偶像/校园	24	30	9亿+
	灵魂摆渡2	爱奇艺	原创	连续剧	悬疑/惊悚/鬼怪	20	40	9亿+
	他来了，请闭眼	搜狐	网络小说改编	连续剧	悬疑	24	45	9亿+
	纳妾记	PPTV	网络小说改编	连续剧	穿越/古装/言情	20	30	7亿+
2016（艺恩网）	老九门	爱奇艺	网络小说改编	连续剧	悬疑	48	40	114亿+
	太子妃升职记	乐视	网络小说改编	连续剧	穿越/古装/喜剧	35	25	34亿+
	最好的我们	爱奇艺	青春小说改编	连续剧	偶像/青春	24	45	27亿+
	重生之名流巨星	腾讯视频	网络小说改编	连续剧	偶像悬疑	16	50	26亿+
	余罪第1季	爱奇艺	网络小说改编	连续剧	悬疑/警匪	24	45	22亿+
	余罪第2季	爱奇艺	网络小说改编	连续剧	悬疑/警匪	12	45	21亿+
	半妖倾城	乐视/芒果TV	网络小说改编	连续剧	奇幻/偶像	20	45	20亿+
	如果蜗牛有爱情	腾讯视频	网络小说改编	连续剧	悬疑/犯罪	21	30	20亿+
	九州天空城	腾讯视频	奇幻小说改编	连续剧	奇幻/言情	28	34	17亿+
	法医秦明	搜狐	网络小说改编	连续剧	悬疑	20	40	14亿+

（2）网络自制剧的资本投入持续增长，制作水平稳步提高，甚至媲美广电播出的电视剧。一些主流的网络视频播放平台（如爱奇艺等）也投入自制剧的生产，并且产生了较好的社会影响，甚至反向被电视台购买播出。这意味着网络剧的制作水平和质量都有了较大提高。网络剧快速发展的同时，也逐渐获得了较好的口碑。2015 年爱奇艺参与投资的《盗墓笔记》，播放量超过 27 亿次。2016 年，爱奇艺参与投资的《老九门》得到网友的热捧。随后《老九门》在传统媒体东方卫视播出后，登顶卫视收视冠

军，也刷新了2016年的周播剧收视纪录。

（3）主流广电媒体中所缺少的悬疑题材最受用户的喜爱。在这三年的榜单中，悬疑题材的网络剧几乎占据了半壁江山，而且往往能够以较低的成本撬动极高的播放量，并且还会带火一些娱乐明星，提高网络剧的影响，“烧脑”的剧情吸引了大批年轻用户。

（4）成本并非决定网络剧火爆程度的决定性因素。除了上述的悬疑剧之外，一些自制的小成本轻喜剧仍然有着广泛的市场，同时投入成本较低的情景喜剧也在网络上比较受追捧。在《2017年三季度网络剧市场报告》中显示，2017年前三季度共上线网络剧54部，产生总流量收入322亿元，首次突破三百亿元大关。在这些网络剧集中，头部剧集拥有更强的影响力。前10名可以囊括80%的点击率，因此剧集的影响力更加集中于头部。优秀的头部作品受欢迎的题材是不受限制的，既有《春风十里不如你》《双世宠妃》等流量小霸王，又有《白夜追凶》《无证之罪》等精品口碑。

2. 国内视频网站盈利模式探究

目前视频网站盈利模式有以下10种。

（1）在线观看版权节目成为网站盈利的主要模式，这种模式主要依靠用户在各种付费平台对节目的点播或是在线观看，形成点播收入。除此之外，还有平台会员等形式，网站要做的就是降低版权成本和提升点播量。版权和播放量对视频网站来说是非常重要的两个方面，与此同时，也可以通过手机付费在提示付费等环节中加入广告或相关的会员业务，使附加值的收入提高，从而有力地避免了由于盗版、搜索、转换制等多种元素而导致的常规影视难以盈利的问题。这是视频网站盈利的主要模式之一。

（2）通过下载收费的方式盈利。在网络PC时代，用户一般都是通过将影视剧下载到自己的计算机上观看，还有一些是通过客户端下载到移动视听设备中，然后通过移动端再连接到电脑和电视观看。在用户下载的过程中，可以植入较多的广告、下载推荐、软件推荐等界面，从而获得收益。

（3）技术植入的模式。在客户端播放的同时，可以通过在线直播、高清点播等视频服务的形式，依靠广告获取盈利。然而，这种模式竞争十分激烈，预期收益总值虽然大，短期内不会成为主流的盈利模式。

（4）免费收看视频，但需要浏览广告的模式。这种模式其实依靠广告盈利，互联网是把流量转换成收入，尤其是广告收入。有一些网站通过网络联盟来购买流量，一些比较大的互联网公司（百度、网易、新浪、搜狐等）会与相关的机构进行战略合作，从而提升流量或大幅地提高用户数量，因此，能带来流量的商业模式都具有广告价值。

（5）通过用户提供内容差异化以实现社区盈利模式。依然是通过差异化的内容以及用户的收视习惯，也就是我们日常所说基于版权的 UGC（用户生产内容）的方式，例如免费点播、在线观看或是下载网友自制的节目，在产生流量的同时通过广告进行盈利。这种盈利模式的关键是多种广告形式的开发和营销活动的推动，其基础就是内容的差异化。目前这种模式已经成为各种网站的主流盈利方式，是传统盈利模式的一个有益补充。例如，可以通过它解决带宽和服务器成本的问题。我们常说的 B 站就是这种方式的典型应用，包括目前常用的知乎、抖音、快手中 MCN 的制作内容也使用了这种方式。

（6）大客户销售的模式，例如将网站的技术以及影音的内容卖给连锁网吧，再由网吧提供给参与网络服务的用户或者个人买家，让他们付费或者免费来进行观看，也就是说可以实现 B2B 或者 B2B2C 的模式。在这个环节中，B2B 的一个关键就在于找到那些真正服务大众的机构，以代替我们目前通过互联网直接销售给用户的这种盈利模式。

（7）打击盗版经营的商业模式。由于有 C2B 和 C2C 的模式存在，盗版现象屡禁不止，因此包括保护版权、打击盗版在内的商业模式成为主流。例如一部 100 万元买回的影片的信息网络传播权，经过盗版和分销的组合会给网络信息传播经营权造成巨大的损失，然而通过对盗版的打击和分销的结合，收入可以达到 200 万元以上。短期看来，这种商业模式是有一定盈利空间的，但它并非长期模式，长期来看这种模式是伴随着环境动态发展而改变的。

（8）直播的模式在“三网融合”的背景下，是一个重要的发展趋势，也产生了特定的商业模式，可以通过直播作为网站的主要产品形态来盈利。面对独家内容的发布活动，媒体的共享是一种趋势，同样以直播内容为基础的点播和时移业态也会是很好的盈利模式。

（9）深加工的方式，在原有视频产品的基础上进行剪辑、组合、包装，形成更有市场针对性、更符合用户使用习惯的产品。这种盈利模式的关键就在于通过市场策划和财务成本的分析，以及结合自身资源来谋求一些项目的增值和成本的降低，它本身并不依赖自有的网络资源来获得盈利。

（10）终端和跨行业盈利的模式，通过不同的格式、不同的制式，以及相应的策划和推广，在包括电脑、电视、手机、户外大屏等多种终端播出，产生特定盈利的渠道。这种方式比较适合前期有着丰富资源积累，而且能够和传播渠道进行有意义合作的网站，例如优酷与中国移动、百代唱片的一些彩铃业务合作。

3. 视频网站的困境

（1）主要盈利模式相对单一

目前国内的视频网站主要还是通过广告和收视会员的方式来实现盈利。广告的形式相对单一，主要是传统网页广告和视频嵌入式广告；广告收费低，国内视频网站广告加个是美国的1/80到1/100。视频网站会员费的收取难度大，由于目前我国视频用户未建立起付费收看的习惯，造成了付费收看的模式效果不明显。除此之外，国内一些视频博客、P2P下载、视频分享、视频搜索等多种形式，虽然形式多姿多彩，但并未形成稳定的商业模式，也无法促进视频行业的繁荣。与此同时，国内视频网站进入了同质化混战的阶段，内容相似的盈利模式，缺乏精准的竞争策略，造成了目前视频行业的盈利困境。如何找到更好商业模式并实现盈利，同时，在这个过程中又要避免过度烧钱以致无法持续，已经成为视频行业面对的主要问题。目前来看主流的视频网站仍在继续探索，过程中还有一些新的竞争者加入，会员制收费和提前点映的方式也在社会上引起轩然大波，“内忧外患”让视频网站盈利模式创新迫在眉睫。包括优酷土豆、腾讯、爱奇艺、西瓜视频等在内的国内主流视频网站，正在结合其协作公司的核心资源对商业模式进行调整。

（2）视频运作成本高昂

制约当前视频网站发展的另一个重要因素是运营费用的高昂，因为视频制作的费用主要是由版权质押贷款和人力成本构成。从2009年以来对于盗版的全面打击，也让反盗版的运动深入人心，建立在视频盗版基础上获取流量，从而变现的商业模式走向了死胡同。因此，版权质押贷款成为视频网站运营中的最大支出。除带宽之外，还有其他用于存储、交换、传输的服务器，以及内容版权费用等。这些内容加上原有的带宽成本，会让视频网站的运营成本达到一个令人震惊的地步。早在2011年，我国视频网站的前十名，平均每年运营成本至少也得一亿元。高昂的运营费用是视频网站运营的基础特征所决定的，而且根据最近五个季度的财报显示，这些排名领先的视频网站其成本的增长往往大于广告收入的增长。因此，视频网站长期处于亏损状态，并急需探索出新的商业模式。

4. 国内典型视频网站盈利模式分析

主流视频行业目前的竞争格局主要是优酷、腾讯、爱奇艺三家，下面以优酷和爱奇艺为典型个案分析其运营模式。

（1）优酷：合则增值，整合困难

视频网站合久必分，优酷与土豆的合并曾经拉开了视频网站改革的序幕，让我们更清楚地知道短视频和长视频网站整合所带来的种种可能性和想象空间。随着时代的进步和市场环境的变化，包括资本市场对于视频网站发展的重要影响，优酷土豆又重新回到了各自为战的状态，但这并不能影响它们在早期合并给整个市场带来的影响。

作为美国上市的视频网站第一股，优酷曾经与土豆进行过深度的合作，成为在中国市场上占据优势的领先者，当时的市场份额也仅次于全球视频网站的黑马YouTube。优酷与土豆最擅长的两大领域分别是长视频和UGC。长视频也是基于版权拥有所体现出的资本优势，更接近于传统的电视平台所播放的内容。而基于长视频版权拥有的自制剧也称为PGC，指的是具有专业生产能力的自制内容。而UGC则是指用户生产内容的能力，这是两种完全不同的生产方式，同样也带来了更好的视觉体验，当时占据了很多优势，也一度被市场所看好。在综合视频领域是独一无二的存在，在合并后土豆通过将版权内容的优势进行复制，而且调用了优酷独家版权内容，实现了强强联合。

除此之外土豆还与地方台进行充分合作，并建立城市频道，对当时已有的传媒资源进行整合与联动，抢占先机。但是移动互联网的兴起迫使传统的网络视频企业不断调整政策，启动移动端的商业化，去寻找更加稳定和广泛的收入来源。优酷与土豆的合并不仅可以降低优质内容的采购成本，也提升了针对广告商的溢价能力，同时也会对其他的视频网站经营者和竞争者产生更大的压力，维护自己的地位。它们与传统的从互联网时代转移过来的终端应用相比，具有更强的竞争能力；在PC终端时代的领先的视频网站和应用，则逐步地让位于抖音、快手等新的短视频终端。而优酷和土豆所形成的联合体，则因为收购方阿里巴巴和创始人管理团队在企业文化和整合方面的乏力，进而分道扬镳，土豆又重新定位于曾经的核心竞争力UGC，并专注于短视频领域。只不过经此流转，优酷和土豆失去了很多机会，市场有了新的发展趋势和市场格局，重新洗牌后的移动互联网格局将会诞生一位新的王者。

（2）爱奇艺：后起之秀，技术制胜

从早期的模仿到现在的创新，爱奇艺是最早引进了美国视频网站HULU等版权贴片广告盈利商业模式的帝国。这一始于PC时代的领先的视频网站，在移动互联网时代依然有着自己独特的商业模式，并成为主流视频网站，而且在技术方面起着重要的引领作用。

2021年，爱奇艺副总裁、影视文学研发中心总经理张恒曾经提出，爱奇艺新的经营战略，“一鱼多吃”，这个“鱼”指的就是同一个IP。在这个IP呈现的过程中，能够通过文学、漫画、游戏、影视等目前主流的内容表现形式，通过多个渠道在不同的群体中持续塑造出一个热门的IP。在不同场景下塑造出来的IP有了一定的粉丝和用户之后，再通过广告、用户付费、出版、发行、游戏和衍生品等多种形式来实现盈利的目标。这种通过IP和相关场景化应用的落地，进而形成一种能够变现的经营矩阵和综合的文娱产业的商业模式，是传统的单向度的大众媒体所不具备的。互联网媒体这种双向的沟通模式，把这种内容信息的消费以及随之产生的情感情绪、购物消费的冲动，直接转化成可以产生商品交易的方式，不仅促进了其各个环节市场价值的提升，同时也进一步锻炼了专业人才团队，最终通过这样的一种商业模式，整合了平台的资源。

“一鱼多吃”的商业模式，不仅仅能够在内容制作方面产生更高的效率，同时降低生产成本，也可以进一步通过对内容进行多种形式的开发，进而产生综艺、剧集、网络、电影、动漫、游戏、纪录片等多种内容呈现方式，还可以衍生出云演出等多种相关产品，进而构建一个从网络起步到现实生活全方位影响的格局。

爱奇艺主要有两个优势：第一是含着金汤匙出生，百度作为其投资方，是中国搜索引擎的创立者，通过搜索推荐，爱奇艺可以获得海量用户；第二是在网络方面自建服务器提供稳定而连续的视频服务，在全国超过200个城市铺设近千台服务器，节点超过180个。相对于其他视频网站采用租赁布局CDN的方式，爱奇艺更稳定。同时其规模是国内最大信息外包厂商的三倍，因此在春节等视频使用高峰期，大概有一成的流量就来自爱奇艺的网络，这能够极大地优化视频播放、响应速度及、视频质量，有力地提升信号传输和终端呈现的品质。另外，在自制节目方面整合多方面资源，重点布局自制节目，其内容执行“爱奇艺出品”的战略，不仅通过挖掘原有电视台等专业制作人员来实现自有产品的专业化制作和高品质播放，而且吸引了一批知名主持人的加盟。在内容方面与传统的电视台联合，整合内容资源，从而形成独特的、不可复制的内容生产能力。

根据2017年的资料，爱奇艺总体商业模式简单说是freemium，意思是“羊毛出在牛身上”，就是说平台上的内容大多是免费的，其中少量的内容是付费的，平台付费占比10%，但是发现最后这部分收入占总收入的三分之一，未来的收入会超过广告收入。目前爱奇艺正在加大视频存储和编码、人工智能和大数据的投入，因为数据和算法会让平台取得良好的业绩。比如之前爱奇艺的自制节目《中国有嘻哈》，就是通过大数据来做周边产品，并投放于商城，获得了很好的收益。由此证明，衍生品已经成为网络综艺的一种变现方式。

三　国内外传统媒体的媒体融合道路

（一）金鹰网与芒果TV的实践

信息网络传播视听许可证制度的实施，虽然对于社会媒体是个限制，但是对传统广电媒体向网络视频的转型和拓宽业务是一个积极的促进。2009年，中国网络电视台上线，广电系视频网站遇到了发展的新契机。目前，国内大多数的省级电视台所办的网站都已经获得了网络信息传播视听许可证，广电系统网站的发展也逐渐地引起人们的注意。如何才能够体现出自己的优势？在竞争激烈的视频网站市场上应该如何定位自己，才能够实现差异化，走出商业视频网站的包围圈？这些都是非常值得关注的内容。

在这个突围的过程中，湖南电视台旗下的金鹰网是国内省级视频网站中表现最为优异的，同时也能够跟其他商业网站形成竞争，并且取得了不错的成绩。这也是国内广电系旗下少数能够跟各大明星专业视频网站相抗衡的网站，后来的芒果 TV 也借鉴了金鹰网的运营经验。因此，我们将通过回顾金鹰网和芒果 TV 运营发展的路径进行研究，通过总结其专业视频网站成功的运营经验，供其他广电系统的视频网站发展借鉴。

1. 湖南电视台围绕金鹰网的新媒体业务拓展

2004 年成立的金鹰网，是湖南电视台主办、湖南广电主管的专业网站，也是一种以公司化运营的电视台全资子公司，快乐阳光互动娱乐传媒有限公司负责具体运营业务。自 2009 年以来，湖南电视台在新媒体领域的发展进入快车道：2009 年推出芒果游戏平台；同年，与盛大网络共同出资成立影视公司，进军电影业；12 月，芒果网络电视被剥离出来独立运营；同月，湖南卫视与淘宝网合资成立快乐淘宝文化传播有限公司，进军电子商务，2010 年宣布成立广告联合实验室；同年，芒果传媒与腾讯在深圳达成战略合作框架协议，共同拓展电视互联网融合的内容产品，打造跨媒体传播的互动平台。由此，我们可以看到湖南电视台的新媒体业务，在游戏、电子商务、视频广告、移动增值等多个领域全面发展。由于这些新媒体业务脱胎于传统广电，因而网络视频是其中最引人注意的一部分。目前内容制作和播出早已分离，为了适应影视媒体的大环境，制播分离将会进一步促进电视台的经营性业务和新媒体的同步发展。

2. 金鹰网“芒果网络生态圈”品牌战略

为了构建完整的互动平台，更符合互联网发展的趋势，同样更好地利用湖南广电的内容资源，也为了凸出金鹰和芒果双品牌策略，因此，将一些主要的交互性业务以及芒果 TV 的直播聊天室、芒果游戏论坛等整合在一起，汇聚起一个以内容为核心，以互联网应用为主要延伸的芒果网络生态圈。

基于芒果网络生态圈而建立起的芒果圈和相关产品，不仅能够聚集相当忠实的用户，而且还可以利用论坛等进行内容推广和反馈，从而打造移动增值业务平台，探索新的盈利模式。

3. 打造专门化网络视频平台芒果 TV

自从 2009 年 12 月芒果 TV 独立运营之后，启用了独立域名为芒果 TV，并且继承了原有网络资源，提供视频直播和点播服务。2010 年 5 月又通过与腾讯战略合作，集中双方的优势资源，共同拓展电视和互联网的产品，建立起一个跨界融合的新平台，推动和促进互联网的发展。

芒果 TV 主要是通过网页和客户端两种形式进行运营。它所拥有的内容资源全部来自湖南卫视的自有版权节目，而且在传统湖南广电节目进行直播时，同步进行网络直播。与此同时，金鹰网的自办节目和相关引进节目也在该平台播出。以自有节目内容作为核心基础，整合其他优质节目和影视内容，形成了以“正版、流畅、高清、交互”为特点的新媒体视频服务平台，全面实现点播直播的延伸服务，同时面向 PC 端、智能手机和数字电视三大视频网络终端，形成跨媒体产品，构建三网合一的互联网网络娱乐电视。

对于广电系统来说，最值得借鉴芒果 TV 的上述方式，充分利用传统广电的核心资源，实现多元增值；与用户互动，形成良好且稳固的关系；整合互联网新媒体的资源，开展与传统广电的深度合作。

4. 如何应对视频网站危机

传统广电目前的生存状况可谓是内忧外患，一方面，在内容制作方面，由于惯性和制度约束，内容呈现同质化的倾向。面对竞争与用户的需求，传统广电需要寻找创新的空间，这是所谓的内忧。另一方面，视频网站发展势头强劲，逐渐挤占市场，这是外患。传统广电想要突破重围，长足发展，不仅需要一个内在的驱动力，还需要勇于面对外部竞争，利用好自己的优势主动出击来赢得市场。

通过数据分析，在 2018 年的上半年综合频道电视剧的收视排行榜中，湖南卫视的六部剧（《谈判官》《我的青春遇见你》《老男孩》《亲爱的她们》《温暖的弦》《如果爱》）都能够登上榜单，这样的好成绩来自其竞争策略：第一是通过生态捆绑的打法，扩大传播的影响力；第二是通过互相借力、互相促进，拓展平台和渠道的影响力。与此同时，湖南卫视所播出的多部话题剧的出品单位中，也出现了“芒果 TV”的身影。这种利用现有资源互相支持、互相促进的方式，既节约了制作成本，同时也降低了风险，促进了传统媒体和互联网新媒体之间的协作与融合，增强了竞争力。芒果 TV 也充分利用了其与湖南卫视之间良好的关系，以主要合作方的身份参与芒果影视出品和定制剧、独播剧的制作与发行。这体现了媒介生态改革的成功，同时也进一步弥补了湖南广电在内容和用户之间互动的不足。

芒果TV打造了线上线下双线运营的模式，受年轻群体的追捧以及互联网互动平台的加持。湖南卫视的青春化定位和互联网传播特征有着内在的强强联合的关系，既扩大了内容传播的强度，也提供了内容传播的动力，形成了网络和电视相互助力的传播格局，以及“双核驱动”的台网联合模式。将这一模式贯穿在剧目播出、营销宣传等多方面也可以被看作是制胜的法宝。

优质内容和好的平台是共生的关系，例如《人民的名义》之所以能够在年轻人中广泛传播，并引发认同，首先是因为电视剧内容赋予了时代内涵，传播了正能量。其次该剧在湖南卫视首播，受众面广。这是长期的优势积累所形成的品牌效应，同时平台也利用差异化定位和品牌效应，对优质内容进行了加持和助力。最后湖南卫视形成了多元化的剧场体系，为了进一步强化平台和内容的契合程度。湖南卫视创立了“金鹰独播剧场”“青春进行时”等品牌。金鹰独播剧场与热门IP合作紧密，早在2017年，《因为遇见你》《人间至味是清欢》《人民的名义》《楚乔传》《择天记》《夏至未至》等剧就已成为国内重磅IP作品。而在2018下半年的热门大剧中，《知否知否，应是绿肥红瘦》《甜蜜暴击》等剧又成为叫好又叫座的热门剧集，这些剧集的风靡，也让平台和内容更加紧密地契合。

湖南电视台在内容创作、排播体系和品牌形象方面，与其他卫视形成了鲜明的对比。然而，市场和用户的需求是多变的，如何能够持续地保持优势，并不断根据变化的市场环境进行创新呢，也许金鹰独播剧场是一个典型的案例，其在自制剧方面给内部团队以孵化的成长空间，让市场上的新编剧、导演和演员有更多的表现空间，并且在类型创新和创作手法上积极寻求突破，通过特色方式的加强和发展格局的拓宽，并应用新型技术，在市场方面走在了省级卫视的前列。

（二）BBC iPlayer的实践

当传统广电媒体面对新媒体和互联网的挑战而产生生存危机的时候，变革与转型就势在必行。在新旧媒体融合的过程中如何突围，成为每一个传统媒体所必须面对的挑战。BBC在2007年推出的网络视频点播服务类应用程序iPlayer就是这样顺势而为的产物，并且在本国和全球都取得了巨大的成功，是传统媒体向互联网视频服务转型的一个典型案例，具有里程碑式的意义。BBC对于变革的认知经过了几个阶段，从“关注高品质的内容生产”，到“注重用户关系的建构”，再到“优化和提高用户的个人体验”。最终BBC深刻地认识到，谁能够提供对用户来说最深刻的体验，将会是整个行业的领跑者，而营造用户体验的能力，将成为整个行业最稀缺的资源。下面，我们就以“营造用户体验”的改革作为主线，来进一步分析和探讨BBC iPlayer的经营之道（见表4）。

根据BBC全球网络和iPlayer总裁在伦敦数字电视峰会上的表示，iPlayer的拓展策略并不只是将电视移动到平板设备上，而是让电视成为无所不在的内容传播源头，同时，也希望BBC iPlayer能够代表英国的电视节目水平和创意文化。事实上，BBC终端拓展的战略，已经通过两个渠道实现了终端和渠道的全覆盖，“全渠道（广播、电视、卫星电视网络、互联网等）+全终端（PC、平板电脑、手机、游戏平台等）”，使用户能够在任何时间、地点，用任何方式、终端均可收看到自己喜欢的节目内容，同时以自己喜欢的互动方式进行参与。

表4 BBC iPlayer **大事记**

年份	事件
2007	第一代iPlayer正式上线，首次从技术层面实现了全媒体传输渠道的整合。此举不仅带来了传送方式的革新，而且使得BBC认识到按需服务的重要性，引发节目制作、包装、传输方式的系列革新与调整
2008	第二代iPlayer面世，优点是播放器集成了无线视频点播电视功能，并且开始积极“抢滩”各种平台
2010	第三代iPlayer，整合社交功能。第三代iPlayer携手Facebook、Twitter、Windows live Messenger等社交媒体，使用户能够轻松分享音视频和观感体验。到2010年4月，iPlayer可以在超过40种不同的移动设备和平台上使用
2011	iPlayer开放国际市场使用权。BBC的眼光并非局限于英国本土，其目标指向全球用户。在iPhone和iPod Touch上开放的globe iPlayer首先向欧洲的11个国家开放。用户付费后即可通过WiFi或3G观赏BBC提供的最新及过往的节目
2012	iPlayer与微软Xbox360合作，在Xboxlive上推出视频服务。iPlayer将触角伸向全球最流行的游戏平台，为其提供全面的视频点播服务。在此基础上，BBC开始试验“认知媒体”，iPlayer第一次可以使用手势和语音识别来进行控制和搜索，并朝着人机智能交互的模式研发和推进

在内容呈现方面，BBC 保持极简理念的定位，不断优化用户界面，进行个性化设计。在用户关系重构方面，BBC 在 2006 年提出为期 6 年的“创造性未来”计划中，明确将“年轻受众”和“积极主动的受众”作为重点开发的对象。BBC 希望与受众，尤其是年轻受众建立一种新型的关系。BBC 希望他们能以更加主动的姿态参与到节目的收看、讨论、创作及分享的过程中。BBC 也需要通过他们来指引如何更好地为受众服务。BBC iPlayer 的出现，不仅成功实现了 BBC 向年轻用户群体的延伸，而且建立起新型的视听关系。

在增强用户黏性方面，根据对 BBC 当时的统计数据，16—24 岁的群体很少收看电视；收看最多的群体在 65 岁以上；26—34 岁的群体收看广播电视的比重出现下降。能否通过 BBC 所推出的 iPlayer 这种应用触及年轻受众，并且提升与受众的关联，已经成为这次战略转型的主要目标。事实上，通过 iPlayer 推陈出新，BBC 也拉近了与年轻用户的距离，从而使他们在经常使用的平台和视听设备中能够看到 BBC 的内容。比如说智能手机、平板电脑、互联网电视，这些在 iPlayer 进入以后，BBC 的内容传播都能够呈现出较快的上扬趋势。因此，这种转变不仅增强了 BBC 的竞争力，而且为其争取到了更加年轻的用户，预示着 BBC 未来的发展会有更好的前景。

在内容和社交关系方面，BBC 对这方面的认识也逐步提升，随着新技术的应用，BBC 也开始注重用户数据库的完善和内容数据库的深度整合。在此基础上开发出适合用户特定需求的产品、体验更好的社交关系。BBC 的发展经历了人与产品的关系、人与网站的关系、人与人之间的关系，这三个阶段分别是从对产品内容的观看、用户的体验、再到用户需求，这种认知也在逐步推进和深入，从而对 iPlayer 的运营和市场竞争力方面产生了深远的影响。

在内容的融合方面，BBC iPlayer 以此为平台，整合从 BBC1 到 BBCHD 的 10 个电视频道，并且在 2011 年将第三方合作频道引入 BBC iPlayer，其中还包括以往作为竞争对手的 ITV、Channel4、S4C、Five、SeeSaw 等。在此基础上，BBC 充分利用内容对用户的吸引力，加强与用户之间的联系。例如，在终端下载节目的同时，引导用户进入 BBC iPlayer 主页，通过跟踪、分析用户的点播习惯自动生成用户感兴趣的信息，推送至客户邮箱，保持与用户的沟通与互动。

由于社交网络的兴起，用户的媒介使用习惯也发生了很大的变化，分享的需求急剧增加。根据英国电视营销公司的用户调查，大概60%的人每周会有两三次在看电视的同时也会上网；而37%的人看完电视后会立刻上网；44%的人会一边看电视一边上网，通过Facebook和Twitter来分享信息。而在分享的信息内容中，有37%的人会通过自己的社交网络聊到电视的内容，19%的人会分享真实的内容。看到这种社交媒体的发展趋势，BBC开始通过开发与维护，方便用户更好地去建立和维系自己的社交关系。也就是说，在观看的行为发生时，融入社交网络，通过社交关系，分享和发送内容，形成以内容和话题为中心的社交群体。

BBC的iPlayer借助于强化用户的个人品牌信息对业务和产品进行更新，这意味着能够有新的发展机遇，塑造了以用户体验作为核心的新结构，明确了内容生产与使用终端的发展方向，从而使用户在观看内容的同时可以通过社交媒体或社会关系分享心得感悟，通过社交裂变进行推荐，也可以在此基础上打造个人专属的电视台。因此传统媒体所创造出的iPlayer就可以借此形成一系列的“认知媒体、个人视频网站和社交化的视频”网站，从而获得发展。

四　网剧转型的操作

2008年9月，国内首部互动的网络剧《Y. E. A. H》开播，预示着网络剧时代的到来。之后，越来越多的个人和投资集团进入网络剧的生产阵营，参与制作更多的网络剧。随着新媒体的普及，网络剧逐渐成为公众消费产品。

2015年是网络剧大红大紫的一年，出现了许多新奇的内容。首先，《盗墓笔记》突破十亿点击量，然后是《太子妃升职记》成为网络热议话题，《十万个冷笑话》走向电影大屏，还有《他来了请闭眼》从网络平台转向电视台播放，各式各样的网络剧吸引了如此多赞助商的关注和社会资源的涌入，原因也在于它独特的盈利模式代表着未来发展的方向。

然而仅仅两年之后，2017年网络剧市场的差异化布局，基本上已经完成内容和品牌的整合，虽然可能还需要进一步探索，但IP全产业链化发展已形成常态，接下来就应该促进品牌价值进一步深化。除此之外，网络剧的联动也释放了更多的能量，打造独特的内容，成为每个平台的发展重心。根据内容而进行的多渠道、多元化、多生态的营销，也给单纯的贴片广告形式带来了新的突破。付费用户规模的扩大，也让网络剧成为盈利模式的纽带变为一种新的生态。随着网络剧产业链的延伸，成就了具有较高知名度的流量艺人，平台与艺人相互成就，也进一步扩大了网络剧产业链的规模，丰富了商业模式以及商业变现的途径。

网络剧以往只是传统电影和电视剧的补充，但在特殊背景下也有可能成为传统电影和电视剧的首发平台，这取决于付费收视模式的成熟、商业模式的创新、外部环境的变迁、剧集内容的呈现特点等。2020 年原计划春节上映的电影《囧妈》的网络首播就是类似的情况。

在新冠肺炎疫情的影响下，虽然电影院无法营业，但网上院线和网络剧集却蓬勃地发展了起来，这是电影制作和发行方与观众的共同需求。电影行业涉及策划、生产制作、院线播放、衍生品开发等多个领域，产业链完整，规模大。网络剧集却由于其成本小、市场广阔、限时少、门槛低，也形成了独特的制作群体。同时由于注重平台受众的反馈，从而聚集了大批用户，初步具备了能够系统化集合人们的平台属性。

（一）网络剧的制作和盈利模式

1. 独具特色的制作模式

（1）低成本、易众筹

传统电视台，为了保证收视率，往往选择著名的导演、编剧和演员，确保播出时的关注度，降低市场风险，扩大影响力，从而得到更多的赞助。但是这种做法的前期成本很高。

网络剧作为一个题材广泛、低成本制作的新鲜事物，在其发展初期，观众对于它的预期并没有那么高，因此前期的导演、演员方面的成本并不高。而选择网络剧的观众大部分也都是为了消遣和娱乐，并不会对其有太高的心理预期，大众接受程度高，投资风险较低。

网络剧的主要观众是青少年，低成本制作和青少年受众群体也降低了制作的门槛，各行各业的人都可以制作网络剧。随着网络剧的发展，兴起了一种众筹模式，一方面解决了网络剧制作所需的费用；另一方面也能从中预测未来的盈利可能和市场规模。网络剧作为一种新鲜的娱乐形式，带来了更多的可能。

（2）互动频繁，边拍边播

网络剧的另外一大优势，就是可以把观众的情况随时反馈给制作方，因此每一集的点击率和重复播放的数据，以及评论和弹幕等观众的一些评价，都可以及时反馈给制作方，以便制作方随时调整剧情，为网络剧的持续受欢迎提供有效的反馈和指导。

因为反馈比较及时，网络剧制作方能够很快捷地对内容进行修改，因此，很多网络剧都采用了一边制作一边播出的方式，通过收集观众意见，及时对剧情进行调整，甚至拍摄多个结局，以供用户进行选择性观看。这一方面能够让剧情更受欢迎，降低了播出的市场风险；另一方面又可以在不断调整的过程中持续吸引观众的关注，从而获得更大的盈利空间。因此我们也可以看出技术进步和互联网的互动性是新模式和新体验的主要来源。

除了网络电视剧，传统的电视剧也吸取了边制边播的优点，积极尝试采用这种模式。例如 2015 年湖南卫视制作的暑期青春励志偶像剧《旋风少女》就是边制边播的模式，但由于其用户信息反馈路径较长，只能通过网络间接反馈，同时审核流程也较长，内容修改滞后，影响了这种尝试的效果。因此，无法实现边制边播的方式，不得不按照以往既定的情节发展下去。

2. 独具特色的植入广告方式

（1）独家定制，完美诠释

动画片《大力水手》是一个专门为菠菜罐头生产厂家定制的动画片，本质是广告，但是播出之后深受观众的喜爱，成为动画片的经典。然而，在电视剧成为主流剧集的时代，由于观众对于电视连续剧逻辑严密和情节连贯的普遍要求，定制广告很难制作成电视剧的形式，难以普及。但是网络剧的火爆却改变了这一状况，因为网络剧本身是以娱乐休闲为主，对于故事情节并没有太多的要求，很容易就可以插入广告信息和相关桥段，从而达到一种定制广告的效果。虽然在网络剧中，有些内容和整体剧情毫不相干，但是却可以利用其中人物的对话自然而然地把广告插入故事情节之中，同时不会引起用户反感，反而还有某种真实的意味，引起一些剧情以外的联想，这在传统电视剧的剧情中是不可思议的。

在《报告老板》这个网络剧中，每集都是专门为某个广告定制的，并形成了统一的模式，同时每集又是有独立剧情的小故事。因为其精良的制作和搞笑的剧情，吸引了很多观众，从而成为一种最具有盈利模式的网络剧，独具特色。

（2）轻松氛围，相辅相成

传统电视剧的广告植入大多是在剧情中使用相关的产品，但是由于电视剧多变的剧情和环境特征，这种方式很难将广告商品的调性植入电视剧的剧情之中。有些植入广告是违反常识的，比如在《一起来看流星雨》中，挥金如土的富二代竟然每天开着不足十万元的汽车出门兜风，完全不符合剧情中主人公的身份定位，所以这种广告的植入也不会被广大的观众所认可。此外，在《老婆大人是八零后》中一款不足20元的鸡尾酒频繁出现在各个高中低档的饮酒场合，甚至还一度被剧中人称为红酒，这种不合时宜的广告植入已经违反人们认知常识，虽然具有一定的曝光率，但是产品美誉度却受到影响。

网络剧本身就是轻松的剧情风格，因为有些剧情不严谨，所以看起来会有不少漏洞，但有时这些看似粗糙的制作与广告结合起来，竟然还可以用来营造幽默的氛围。网络剧对于广告的植入比较宽容，只需要配合当时的氛围就可以实现高曝光，从而能够增加广告的识别度，同时又不会让用户对产品和品牌产生强烈的反感情绪。

3. 付费点播，直接盈利

与传统广播电视台只能通过广告来获得盈利的商业模式不同，网络剧还可以实现付费观看，尤其是在播出几集以后就可以通过对网络自制剧版权的掌握，控制播出节奏，可以让付费用户实现先睹为快。例如2015年的《盗墓笔记》就开启了付费观看的模式，这不仅增加了爱奇艺的VIP会员数量，而且还让这些会员中的一大部分通过付费立刻观看全剧的方式，为整个网站带来了3750万元的收入。

通过这种付费观看的收入，提升了网络剧的利润，降低了风险，因而吸引越来越多的资本涌入网络剧制作和播放平台，甚至使平台自行投入大量资金进入网络剧的创新制作中。这不仅使用户逐渐习惯点播付费，而且创新了网络剧的商业盈利模式，并使之成为视频网站的重要利润来源之一。

（二）网络剧的改进策略

网络剧具有上述建立在互联网技术和生态中的独立盈利模式，但同时也面临着许多的问题：首先，审核不严格而导致大量粗制滥造，甚至是低俗的作品走向市场；其次，网络剧可以定制广告，于是有大量的广告商开始通过网络剧的方式对产品进行夸大宣传，改变了观众对于网络剧植入广告的态度；最后，尽管网络剧可以采用付费的模式，但是购买账号和盗版现象却影响了制作方的收益。因此，网络剧还需要在很多方面做出持续的改进，这也是不断适应新的市场环境，进行商业模式探索的要求。

1. 进一步加强审核

2015 年的全国电视剧行业会议上就有业内人士提出“线上线下将建立统一标准”，因而对网络剧的审查将会逐渐严格，逐步规范，进一步建立适应网络及其发展的审核机制。不仅要对不规范的网络剧进行事后的惩戒，而且要建立事前、事中、事后的全流程审核，所有的制作环节都将接受审核，同时也要明确在网络剧中广告宣传所需要承担的责任，打击虚假广告，抵制粗制滥造的作品，从而有效对网络剧的生产和传播进行引导，保护优秀作品。

2. 延长产业链

获得极高市场关注度的网络剧，不应该在播出之后就立刻退出市场，而是应该深入挖掘其相关的衍生价值。网络剧应该凭借自身的优势，将衍生品拓展到多个领域中，如同名游戏、明星同款产品等衍生商品，从而能扩大收入来源。另外，还应该借鉴动漫行业的经验，将网络作品和漫画结合“Cosplay”“手办”等多种形式进行宣传和生产周边产品，从而增强对于网络剧 IP 的挖掘。

3. 全媒体融合，多渠道发展

网络剧的盈利和收视在某种程度上也取决于其自身的宣传。因此，有些网络剧也采用了对渠道投资的方法进行自我宣传。在三网融合的背景下，网站、播放器、PC 客户端、微信、微博等都可以成为网络剧宣传以及变现的主要渠道。

在互联网上，自媒体的影响不断扩大，有些网络剧的制作方利用意见领袖 KOL 引导，并加以宣传推动，便会引起巨大的网络影响，同时为了利用传统媒体权威性和影响力，也会在传统媒体上进行相关的宣传，与传统媒体相互融合，互利共赢。

另外，在网络剧的制作政策方面，国家相关部门开始加强引导和监管，并不断出台政策对行业进行规范。2017 年 1 月 16 日中共中央办公厅、国务院办公厅印发《关于促进移动互联网健康有序发展的意见》，鼓励推动移动互联网的发展创新，发挥引领的作用，同时要防范互联网安全等，为促进移动互联网健康发展提出意见。

国家广电总局于2017年5月和6月分别推出新规，不仅提出了信息服务方面的准入门槛，而且还进一步规范了内容管理的办法，这也标志着对互联网内容法制管理的时代已经到来，网信执法已经逐步地落到具体的执行层面。“统一标准、统一尺度”的提出，意味着新兴媒体的管理成为一个重要的领域，坚持传统媒体和新兴媒体有一个共同的标准，强化对于视听节目的管理，成为未来的重要目标。

在内容创作方面，2017年6月1日，国家广电总局印发《关于进一步加强网络视听节目创作播出管理的通知》。该通知强调，那些没有通过审查的电影、电视剧不可以作为网络电影和视频产品进行网上播出。凡是不能在传统媒体上播出的影视节目，都不能以任何形式，在任何终端平台上传播。

2017年6月，中国网络视听节目服务协会发布《网络视听节目内容审核通则》，这是在2012年通则基础上进行的调整，目的在于对网络剧等网络内容提出了一些与传统媒体内容制作相一致的导向要求。例如对网络剧、网络电影、微电影、影视类动画片、纪录片等网络视听节目进行了明确规范，进一步落实了“统一标准、统一尺度”，对网络媒体和传统媒体有了同样约束的规则。

2017年8月15日，国家广电总局也发布了针对视听节目中广告内容管理的一些要求，尤其是需要加强涉及医药类广告管理的通知。不给违规广告钻政策空子、转移阵地传染蔓延的机会和空间，网上网下共同治理违规广告，也表明广电行业主管部门对于视听节目传播秩序的管理进一步升级。

通过上述频繁出台的管理措施，我们能够看到，政府相关部门对于我国网络视听节目的监管逐步从宏观进入细则，从商业模式的重塑进入对内容的管控。因此，政策的不断升级对于网络剧的内容影响是基础性的，某种程度上是在塑造着网络生态，引领媒体融合的发展方向。

（三）视频网站盈利的路径和广电融媒体转型的方向

在爱奇艺探索自制综艺与电视剧的过程中，能够借助互联网年轻受众多的优势，突破地域性的限制，通过流量或广告或是用户付费的方式、办理会员的方式、超前点播的方式来收回部分成本。如果通过内容自制的方式，不能很好地实现资本方对于日活和月活等指标的考量，实现 KPI 的考核指标，那么直接花钱买流量，似乎就成了一个还算不错的选择。

除此之外，超前点播面临较大的舆论风险，长视频在网络进行播放缺少有效的应用场景，因此，如果超前点播的商业模式被叫停之后，也意味着视频网站的营收将会受到很大影响，短时间内难以进行有效的拓展，无法改变扩大亏损的趋势。

相对于优酷、爱奇艺、腾讯等头部视频网站来说，湖南广电出身的芒果超媒在 2021 年实现了净利润的增长。2021 年上半年，芒果 TV 实现营收 78.53 亿元，同比增长 36%。对于背靠着湖南广电的芒果 TV 来说，通过资源整合、平台协同而实现的效率提升、竞争力加强、成本降低，是其盈利的基础。

芒果 TV 相对于其他的视频平台来说，最大的优势和特点就在于背靠湖南广电而享有的独特内容资源，尤其是共享自制的综艺和电视剧优势。购买湖南卫视的版权，进而基于这些较高点击率和影响力的网络视频内容，强化自己独特的定位，同时持续增加会员的数量和广告的收入，从而实现良性的发展，这是其他不具备传统广电平台基因的视频网站所无法模仿的。尤其是内容的版权，如果在市场上进行直接交易的话，成本非常高。

爱奇艺和腾讯很早就开始尝试自制网络综艺和网络剧，尤其是在投入巨资之后，又加上其精准投放和特定推荐，网络视频平台也逐步在内容方面形成自己的特色和独有的品牌。2021 年 8 月，广电总局要求限制偶像养成类的节目，9 月又再次发文加码限制此类节目的制作与播放。制度旨在规范资本的无序竞争，以及流量至上的运营规则，这意味着需要有一个新的商业模式来支撑视频网站发展自制网络剧和探索有效的良性运转方式。对于这种政策的监管和引导，每个视频网站在应对这种转变时所产生的成本是不同的。芒果 TV 背靠湖南广电，并且拥有成熟的选秀经验，其专业的制作资源所产生的成本相对于视频网站层层转包的模式较为低廉，因此面对冲击，芒果 TV 借助长期积累的制作经验进行了迅速调整，且节省的时间成本和转型所产生的制作费用相对于视频网站会更低一些。

第五节 区块链加持：传统出版行业迎来嬗变转机

美国未来学家雷·库兹韦尔预言，人类发展的趋势之一，是将人类大脑的知识和技巧与容量更大、速度更快、知识分享能力更强的人工智能的有机结合。[①] 2019 年被称为 5G 应用元年，其传输速率理论上能够做到 10Gbps[②]。这种具有高速度、低延迟、大容量等特点的 5G 技术，将推动以人工智能为代表的智能应用与网络的深度融合，促进形成群体生产与社群共享无缝衔接的在线环境。在此进程中，区块链的出现与技术升级，将使其嵌入出版产业各方的生产、生活场景成为一种常态。

一 5G 技术背景下的区块链

5G 时代将在传输速率以及频谱宽度等关键技术上得到突破，从而推动实现“万物互联”。在这种“万物皆媒”的基础上，一种全民参与记账的传播技术——区块链（Block Chain）将会得到更加广泛的应用。

区块链是一个由分布式节点产生即时数据，并按照密码学原则对产生的区块（数据包）加盖时间戳，计算出哈希值（加密数值），并且从创始区块到当前区块，每个区块都包含有上一个区块的哈希值，以保证数据传输和访问的安全、稳定的传播技术。

区块链的核心技术包括分布式账本、非对称加密技术、共识机制和智能合约等。

分布式账本，即区块链上的每一个节点都参与交易记账，并保存有完整的账目，这种去中心的存储方式，避免了人为的操纵风险，保障了信息的绝对安全。

非对称加密技术是 1976 年美国学者戴姆与亨曼为了解决信息传递中存在的隐私泄露问题，而提出的一种密钥交换协议。非对称加密技术有一对

---

① 参见［美］雷·库兹韦尔《奇点临近》，李庆诚、董振华、田源译，机械工业出版社 2011 年版。

② 参见胡定坤《5G 走向生活 6G 布局研发》，人民网，https：//scitech. people. com. cn/n1/2019/0401/c1007 -31005568. html，2019 年 4 月 1 日。

密钥：公钥与私钥。公钥能保障交易信息全网可见，而私钥由对应的信息拥有者掌握。接收者只有获得信息拥有者的私钥授权，才能通过公钥验证解密数据，从而保证了数据的安全和个人的隐私。

共识机制是指为了保证区块链上每个用户的公平性，整个体系的所有参与者都必须遵守统一的协议，确保整个记账系统的一致性与可靠性，从而使得区块链这样一个去中心化的账本系统运行成为可能。

智能合约是指由于区块链的可编程属性，使其可以基于程序自动执行，确保交易的顺利实施。

这些区块链核心技术的存在，充分保障了其去中心化和促进信任的两大显著特征。用户以极低的交易成本，集体维护一个可靠数据库的操作理念，将会深入人心。

去中心化是基于区块链的分布式基础架构与计算范式，打破了5G应用之前的平台、电商等中介垄断的存在形态。电商、平台等形态都属于中心化的范畴，只有区块链是一种去中心的模式，各节点都掌握着同步账本。

区块链在价值转移方面优势明显。价值转移的根本在于信任的建立。互联网诞生之前，信用的根基源于人性；互联网诞生之后，第三方支付平台快速崛起，承担了更多的信用交换责任。相比于以上的信用背书载体，区块链有着得天独厚的优势：这种基于数据的信任，直接通过非第三方担保的程序代码实现用户间的价值转移，有效避免了人为的操纵与欺诈。

二　5G技术背景下的区块链3.0

2009年1月9日创世区块连接形成了链，标志着区块链诞生。[①] 从那时至今的十多年间，尽管区块链技术仍然处于从研发到应用的过渡阶段，但是其迭代创新的发展值得关注：

1. 区块链1.0是指基于底层区块链技术平台及运行其上的协议，依托比特币（Bitcoin）为代表的电子货币，实现可支付的数字货币应用场景；

2. 区块链2.0则是将电子货币与智能合约有机结合，深入挖掘金融领域可适用的场景，并进行流程优化；

---

① 参见范希文《金融科技的赢家、输家和看家》，《金融博览》2017年第11期。

3. 区块链3.0，则超越了货币、经济和市场的公正应用[①]，即在金融领域之外，为各行各业提供了一种去中心化和促进信任的技术。这种技术，将在新闻出版行业中的版权保护、维护作者权益，提升编辑出版效率、促进出版行业发展等方面发挥关键作用。例如，当前数字出版业面临网络作品侵权取证难，电子数据存在的证据分散、不完整或灭失，以及遭到侵权者伪造或篡改等棘手问题。2018 年 9 月 18 日，中国首家在审判工作中应用区块链技术的法院——杭州互联网法院宣布，司法区块链正式上线运行。该司法区块链通过时间、地点、人物、事前、事中、事后 6 个维度，对电子数据的全流程记录、全链路可信与全节点见证，解决了数据“生成”的认证问题。据此获取的电子证据，在维权诉讼中也具有完全法律效力。[②] 而这种在版权保护领域的开发和应用，正是区块链 3.0 时代的应用雏形。

三　5G 技术背景下的出版业场景应用前瞻

5G 技术的应用，将会寓于特定的时间、空间，以及用户在生产、生活中的不同场景。区块链 3.0 形成的系统解决方案，也将会应用于出版行业全流程场景中。需要明确的是，在传统出版行业中，出版供应链包括负责内容生产的出版社、图书生产的印刷企业、分销和零售的销售商；区块链中运行的数字出版供应链则由内容提供商、数字销售商、技术服务提供商等组成。[③] 数字内容供应商的外延不仅包括出版社，也包括著作权所有者；数字销售商依托区块链传播平台，实现全网络、全天候的线上线下一体销售；技术服务提供商，则涵盖围绕区块链线上出版所需的软硬件建设、提供特定服务的专业公司等。

（一）作者著作权益得到彻底保护

1. 著作权保护

《中华人民共和国著作权法》第二条明确规定：“中国公民、法人或者

---

① 参见［美］梅兰妮·斯万《区块链：新经济蓝图及导读》，韩锋译，新星出版社 2016 年版。

② 参见吴振宇、张名扬、吴巍《涉网官司“链”上公断》，新浪网，http：//k. sina. com. cn/article_ 1708763410_ 65d9a91202000mlos. html，2018 年 9 月 19 日。

③ 参见王文利、甄烨《区块链技术在数字出版供应链融资中的应用》，《出版发行研究》2018 年第 8 期。

其他组织的作品，不论是否发表，依照本法享有著作权。”① 万物互联时代，著作权保护成为一个突出的问题。互联网用户越多，存在的安全隐患相应增加。将区块链技术运用于版权保护中，区块链的节点越多，反而越稳定；区块链的分布式账本、加密算法等技术在学术成果的保护与防止剽窃、造假等学术不端行为方面，会发挥决定性作用。区块链系统的运行数据公开透明，信息的更新需要各节点的认可，单一节点对信息的篡改会被即时发现，不予接受。并且加密后的信息会被写入各区块中，参与链接的全过程不可撤销、能被溯源。而智能合约功能则会在满足某种条件设定的情况下，自动链接原创作者或者自动标注引用信息，从根本上避免了学术剽窃的不良现象。

2. 对于作者著作收益的维护

在区块链的传播体系中，例如委托印刷数量、宣传推广的成本、实际销售数据、图书利润率等通过智能合约功能，都会及时告知作者——当事先约定的条件满足时，信息会自动推送或者兑付。例如，当图书达到委托印刷的数量、宣发完成或者利润率生成时，作者将会自动接收到告知信息；若条件不满足，信息则无法推送。又如当销售达到约定规模，或在约定的销售节点过后，收益会自动打到作者的账户上，这就解决了区块链出现之前的出版社与著作权方之间信息不对称的问题。此外，未来日趋完善的智能合约，将根据具体案例的复杂程度，掌握更加复杂的逻辑，日趋强大的数据处理系统会结合人工智能的特性，主动提醒协议双方在合约的逻辑或执行方面存在的风险，从而在更大范围深化智能合约的应用场景。

（二）出版社生产简化流程与提高效率

1. 对于图书主题的把握与内容的审核，出版社的工作量将会减轻

通过区块链技术的审核，文字将会在网络上永久保留，不能删除、篡改。因此作者出于对“文责自负”原则的敬畏，与文章“永不磨灭”的考虑，不会轻易发布粗制滥造的信息产品。高品质的出版物则会为作者和出版社带来更多的流量，引起更多关注，从而实现盈利。长此以往，则会形成良性循环，出现“良币驱逐劣币”的局面，进而在扭转出版行业内容乱

---

① 参见2010年2月26日第十一届全国人民代表大会常务委员会第十三次会议《关于修改〈中华人民共和国著作权法〉的决定》第二次修正（http：//www. ncac. gov. cn/chinacopyright/contents/479/17542）。

象方面发挥重要作用。与之相对应，出版社的编辑将会腾出更多精力，用于策划优秀选题、编校、审读等工作。

2. 渠道、宣发及销售将更为高效，出版将更趋便利

依托区块链共识机制的运营，基于去中心化及非对称加密技术，作者创作的内容对于链上的出版发行方实行指定开放。在创作者的个人著作权权益得到充分保障的基础上，生产过程中的产品，可以分段实时呈现给潜在的消费者，如果对方感兴趣，则会加推后续内容，在符合智能合约条件的基础上，产生购买行为。这种营销方式，变事后营销为同步营销，在很大程度上替代了传统的图书营销宣传模式，优质的内容将会即时得到专业用户的青睐。这就破除了之前为了预防盗版侵权，而采取的种种防范措施，通过用户与作者即时联系的扁平化运营模式，实现图书销售渠道的贯通。在此过程中，出版方通过运用大数据的方法，进一步熟悉目标用户的阅读品位及审美需求。在区块链的平台上，可以实现同一内容多次传播、不同内容同一渠道传播，以及同一内容多种形态传播等多种方式传播，从而为实现便捷营销创造了有利条件。

（三）优惠读者，提升消费场景的满足感

1. 出版物的价格将更贴近大众的实际需求

传统的出版行业，期刊直接成本为定价的30%，管理费用等间接成本占到15%，而发行渠道商则占到45%的比例，剩下的10%为出版社的利润。[①] 渠道的费用在图书价格所占比例最大。客观来讲，相比国外出版物的价格，我国图书价格较为亲民。但是受图书成本上涨的影响，价格仍然有上扬的趋势。区块链技术的应用，将渠道贯通、宣传发布以及图书销售等融贯一体，冲抵了图书原材料成本上涨、减少了人力成本。最为关键的线上营销为主、线下展示为辅的模式，摆脱了渠道商的控制，从而使图书成本维持在现有价格基础上、甚至有所下降，成为可能。

2. 与区块链相伴的分享理念，让用户得到精神上的满足

在运用区块链开展图书销售的场景中，出版社会生成基于用户需求、实时开展内容调整的"倒逼机制"，即根据链中消费者的需求，即时开展相对应的选题策划与实施，充分满足分众群体的喜好以及用户个性化定制

① 参见钟声贤《出版经营的区块链商业模式》，《视听》2019年第1期。

的阅读诉求。与此同时，在区块链平台上，基于个性化标签成长起来的用户，乐于分享，读者与作者身份会相互转化。相悖于当前抖音、百度公号等平台将注意力资源引到头部文章的做法，基于区块链生成的“终端平权”的特性，区块链上的出版平台，会从操作理念方面，将资源平均分配给积极参与创作且提供优质产品的每一位终端用户，将人类对去中心化的信用共识理解推进到更深层面。

总之，在5G技术赋予的低能耗、低延迟、高速率的空间环境中，区块链3.0的数字作品交易追踪技术、侵权证据链构建技术等技术搭建的出版业场景应用，在实现区块链核心技术应用于新闻出版业的同时，将对作者、出版方、读者等三方的利益诉求予以充分的保护和满足。

第七章

全媒体运营发展前瞻

前面的研究勾勒出了媒介形态与产业格局快速变迁下的媒介融合图景。在媒介技术快速迭代、产业格局不断变化的大背景下，媒介融合成为当今全球媒体行业面临的共同挑战。一方面，数字媒体技术如 AI、VR、AR 等飞速发展，不断为传媒业提供新的增长点，整个行业处在风口、机遇与风险不断变换的状态中，在互联网公司引领的技术潮流中，新旧媒体形态飞速更迭，使得用户的注意力也随之不断迁移。另一方面，数字鸿沟下被忽视的地域与用户缺乏其所需的媒体服务，普惠大众的媒体格局形成依然缺乏相应的社会基础。更为重要的是，技术更迭与资本扩张所引起的隐私、安全、侵犯用户权利的问题层出不穷，在网络舆论渠道多元化发展的今天，这些问题的涌现，给主流媒体在网络舆论中承担的责任提出了新的要求与挑战。

要实现媒体内容的变迁，在工作流程和认知方面进行深度的变革，其重点就在于应该更强化主流媒体对于使命的认知。正如 2019 年 1 月 25 日，中共中央政治局在人民日报社就全媒体时代和媒体融合发展举行第十二次集体学习，习近平总书记主持学习并发表讲话指出："传统媒体和新兴媒体不是取代关系，而是迭代关系；不是谁主谁次，而是此长彼长；不是谁强谁弱，而是优势互补。"① "要加快推动媒体融合发展，使主流媒体具有强大传播力、引导力、影响力、公信力，形成网上网下同心圆，使全体人民在理想信念、价值理念、道德观念上紧紧团结在一起，让正能量更强

---

① 《习近平谈治国理政》（第三卷），外文出版社 2020 年版，第 317 页。

劲、主旋律更高昂。”①

为确保媒体运营内容更加科学合理、高效且可持续，以符合党和国家的要求，我们将从产品、市场、组织、发展趋势等几个维度，来思考媒介融合变革下的媒介生态的具体表现形式，以及相应的策略分析和建议。

第一节 以产品为核心的生产理念

一 发现：从内容到产品的思路转变

在媒介融合的道路上，如何把互联网精神植入传统媒体人的思维，是传统媒体在转型中面临的最大问题。媒介融合并不仅仅是把电视或报纸上的内容搬运到微信、微博上那么简单，而是彻底的思维方式的革命。传统媒体人必须具备互联网思维，用移动媒体的思维设计媒介产品，提供用户服务，才能实现理念与价值层面的媒介融合。

从内容到产品，首先需要注意的是产品结构的转型。彭兰教授指出，对于普通用户而言，新媒体给他们提供的主要是网络接入、内容产品、关系产品、服务产品等几类。网络接入是指接入服务，既包括终端这样的硬件产品，又包括相关软件及带宽提供的基础服务。内容产品的生产要求当把传统媒体的内容变成新媒体的产品时，不仅其表现形式，提高产品的内涵及产品层次的认识更为关键。其次是内容产品的生产者，不要局限于专业机构，重视网民在内容产品生产中的重要性。最后要关注关系产品是新媒体产品这一特色。关系产品不仅仅可以满足人们的互动、社交愿望，维系人们的社会关系，还可以带来社群，也就是基于社区的同好者的群体。对于传统媒体的转型来说，合理的产品结构，是其内容作为产品得到持续发展的基础。

从内容到产品，其次是从业者思维方式的转变。以湖南广电为例，湖南广电以用户为中心，发展内容定制，完善用户体验，在规模用户的基础上实现商业运营。与以往传统电视台以广告为主的商业模式相比，通过视频 App 产品，建立完整的用户体系，掌握用户的收视行为、习惯、偏好等

① 《习近平谈治国理政》（第三卷），外文出版社 2020 年版，第 317 页。

资料，为用户提供个性化节目体验，也为精准广告、在线交易等商业模式提供了空间。同时，在新媒体和市场的推动下，传统的电视制片人实现产品经理人转型，把电视内容产品变为IP资源，进行商业化运营，湖南广电在此领域有成功的尝试，其推行的项目制度，与之相匹配的就是产品经理人制。《爸爸去哪儿》就是一个成功的案例，节目全程由产品经理人控制生产过程、观众反应等流程。用“产品经理”机制匹配生态建设，是湖南广电推行全媒体转型的关键。将来电视节目已经不是一个单纯在电视和网络播放的视频，而是一个基于节目粉丝团全产业链的商业模式，这一切要靠产品经理来推动和运作。

产品经理与制片人之间最大的区别在于，相对于传统媒体来说，制片人的作用和价值是为产品的制作而服务，产品经理更多地考虑内容产品的市场接受度以及整体的经济效益。类似于“以产定销”那种生产出来不愁卖的方式，早在多年前是比较流行的大众媒体的生产方式。然而在“融媒体”时代，内容生产方式已经扩展到大众群体，内容产品的数量也已爆发，内容品质也有显著提升。因而，媒体融合必然会对媒体从业者提出更高的要求，不仅要求其承担内容产品的策划、制作，还要把控内部生产制作领域的多个环节，而且还要求媒体从业者把视野拓展到专业的产品生产和流通之外，从社会的需求入手，通过横向的竞争对比分析，包括受众的反馈及时对产品的内容进行迭代更新，以便于提升内容产品的质量，提升对于用户的吸引力。

因此，相对传统的制片人的职能而言，产品经理的职能更符合现在多变市场环境下的要求，不仅更专注于内容产品的生产，而且在某种程度上还为整个产品在渠道、用户甚至售后领域中用户的反馈而服务，是全盘规划的核心人物，对每个阶段的内容都熟悉并且专业。最关键的一点是产品经理能够及时解决许多专业的问题，并且在新的媒介运营规律下，把新的解决方案及时应用于生产运营的多个环节中，不断提升传统媒体的运营效益和传播效率。

二 发展：新技术为生产赋能重塑产品

互联网的发展和新媒体传播使得无论是报纸还是电视等传统大众媒体逐步失去了往日的优势，媒介生态发生了革命性的变化。一方面，新媒体为传媒业带来诸多机遇，也给传统的大众媒体带来巨大挑战，传统媒体处于兴奋、困惑与焦躁交织并存的状态中；另一方面，技术带来新的媒介形式，社交媒体、网络视频、虚拟现实等新技术影响并重塑了媒介表达方式，改变人们的媒介接触习惯，进而带来更广泛的产业逻辑与媒介文化的变革。传媒业进入新旧媒体共存的时代，传统媒体纷纷寻找生存途径与转型策略，以适应这个飞速变化的时代。

在当前新媒体市场的激烈竞争中，新技术塑造的媒介形态的崛起，是传统媒体受众流失的重要原因。据 eMarket 报道，2021 年中国成年人每天看手机的时间达到 196 分钟，相比于 2020 年的 171 分钟，同比增长 14.6%。传统媒体受众不断流失到技术附加值更高的、以手机为首的新媒体中。

技术既能成为新媒体超越传统媒体的重要原因，也能成为传统媒体弯道超车的利器。更为重要的是，如今大多数主流互联网产品，都会通过一套行之有效的数据获取、数据建模、数据分析技术，进行产品全流程精准开发。在用户研究、商业分析、产品策划、产品运营中，用户画像、竞品分析、行业分析、灰度测试、留存等各种问题，无一不围绕用户数据进行深度分析，进而进行精准决策。对于传统媒体而言，尽管内容相对于新媒体更加专业，但在借由数据对用户认知、态度、行为进行精准分析方面，尚存在短板。

此外，目前的诸多技术能够重塑媒体的生产、分发流程。譬如，AI 技术的普及在媒体业已经形成了如机器人写稿、媒体智能采编、新闻个性化推荐、媒体监管治理、新闻传播的大数据分析与传播效果追踪等诸多应用；VR、AR 等虚拟现实、增强现实技术的普及能够给新闻报道、盛会及节日报道带来全新体验。

新媒体技术重塑内容产品的能力，主要是体现在三个方面：首先，在内容层面拥有更加广泛的素材范围可供选择，对原有的资源和素材可以跨越时空进行共享。其次，制作的门槛也在逐步降低。在后期配乐方面可以不受版权的约束和控制，在后期剪辑方面不受大型机器的制约，智能手机等小屏传播也降低了对于像素和清晰度的要求，使得广大用户更关注于内容的“叙事”功能。最后，网络平台对于内容生产者会部分开放底层用户的数据，使得内容的制作更具有针对性，也更容易直接满足用户的需求，这是以往的传统媒体内容生产所不具备的。

新的技术为内容的创作和想象力的呈现开辟了空间，也意味着能够给观众带来耳目一新的体验和感受。因此对于新技术的理解和在应用层面上的尝试与创作，都意味着将来能够打开更大的市场，树立独树一帜的企业形象，这是传统大众媒体所不具备的思维方式。因此需要媒体更多关注社会热点、关注技术进步，以及关注技术应用领域的发展，包括某些相关领域的发展趋势，因为这些相关领域往往能给内容生产带来很大的启发。

第二节　强调用户首位的运营策略

以往那种自说自话的单向传播方式，虽然能够准确地传递信息，但是因为面对的受众不一样，只是简单搬运并不能够达到很好的传播效果。在新媒体环境下，我们必然需要更多地尝试以全媒体的方式来应对市场上大众的多种需求。这种通过改变内容策略和渠道经营策略的方式最终实现的，依然是满足用户伴随着媒介技术进步而不断增长多元化的信息需求。因而在媒体的实际运营过程中还需要强调以用户为中心策略的落实，这应该是从经营战略贯穿到经营策略和具体项目实施的核心，毕竟在社会层面上，媒体的存在价值之一就是为了满足用户不断增长的信息需求。

一　发现：党媒议程与网民态度的双向互动

在微博、微信等较大的网络舆论场上，本书发现党媒的议程与网民的议程及态度存在双向互动的模式，这既反映了传统媒体的新媒体化运营的成效，又体现了新媒体运营的根本思路：将用户的利益放在首位，以用户为中心。

双向互动模式的实质是，当网络上出现较大型的舆论事件，尤其是涉及当事网民的根本利益、牵动全网网民的共情、代表网民们重要诉求的网络舆论事件时，网民不断曝光、新媒体相继发酵。当真实情况难以从信源不够可靠的新媒体渠道获得时，网民愈发倾向于期待党媒发声，尤其关注《人民日报》、央视、新华社等几个最权威的官方媒体的态度。而党媒在微博等重要网络舆论场上的发声，往往作为官方解释，能起到良好的议程设置作用。

双向互动的结果是，网民的舆论诉求有了有效传达的渠道，传统媒体也能够通过新媒体平台快速感知舆情，避免陷入自说自话的境地。若要达成良性的双向互动，就要将用户的利益放在首位、以用户为中心。

二 发展：以舆论引导为核心的运营方针

互联网＋思维的核心要素之一就是用户，新媒体时代的核心理念之一也是以用户为中心。以用户为中心不仅意味着用户生产内容 UGC 时代的到来，更加折射出不断满足用户需求的紧迫性和必要性。因此，对传统媒体而言，想要获得成功、赢得用户，都需要时刻保持警惕，追踪用户媒介使用行为及习惯的变化，从而进行分析和总结，根据自身特色，梳理出一套契合目标用户使用习惯的媒介运行方案。一方面，传统媒体需要拓展终端与渠道，发展移动互联网的用户；另一方面，传统媒体要推出新闻产品，强化内容优势，以服务留住人，以内容影响人。

此外，产品运营需要有独特的产品定位，锁定目标用户，分析同类竞品，打出差异化优势。这意味着除了传统媒体的采编岗位外，还应有人负责落实产品的研发、测试、推广、维护等工作。对于区域性传统媒体而言，差异化优势战略即意味着区域性传统媒体需要以扎根本土的策略为运营核心，深入当地民众的日常生活，挖掘他们的需求，尤其是互联网公司产品难以覆盖到的差异化需求。

UGC 不仅是对于传统主流媒体内容的补充，使传统主流媒体更具有多元化的视角，能够更具代表性，也意味着媒体运营者可在更大范围内对用户的尊重。虽然某种程度上 UGC 所生产的内容质量无法与专业的媒体从业者和组织机构所制作的内容相比，但其以用户的视角来制作，天然就具备广泛传播的基因。如何能够用好、引导好，并且与 UGC 的内容进行更好的融合，才是媒介融合发展路径上重要内容。

第三节 突出人才价值的管理模式

传统媒体作为曾经风光无限的信息提供渠道，在人们生活中发挥着重要的作用，不仅在于它能够提供丰富的信息，而且在传媒行业中也具有引领性。它不仅在生产生活中给人们提供很多的参考和支持，还成为人们生活中娱乐消遣的核心。

曾经的传统媒体记者风光无限，对社会的运行起到监督的作用，具有较高的社会地位，这是源于媒体的公信力、信息传播的高效率和媒介的专业属性。传统媒体的从业者，都是以专业技能为基础进行信息再造和生产的。

新媒体时代，社会化媒体的流行意味着更多的媒体从业者需要直接面向终端消费群体进行思考和探索，他们不仅需要掌握传统媒体信息生产过程中所需要掌握的专业技能，而且需要在更大范围上向信息生产的上游和下游延伸渗透。这不仅是专业技能上的提高，而且在整个组织层面也需要对他们的这种行为或是转型方向给予特定的支持，尤其是在内部的组织激励和考核制度等方面，需要调整到更能促进高质量内容生产的体制和机制，毕竟内容的关键是生产者，而生产者的积极性则是需要制度来提供保障的。

一 发现：传统媒体人才结构失衡，激励机制有待探索

互联网兴起前，作为唯一的大众媒体渠道，传统媒体曾经经历过一段快速的发展期。这段时期，传统媒体内部积累了大量编制内工作人员。随着媒介环境的变迁，部分员工无论在内容创新，还是平台感知上都开始落后，难以适应新媒体环境的变革，但是编制内员工的身份决定了这部分人难以以市场规则进行流动。在互联网兴起后，内容渠道的互联网化决定了传统媒体必须匹配相当数量的新媒体产品、运营、开发人才。而由于人才引进机制与管理机制的市场化不足，大量传统媒体引进的新媒体人才面临质与量上达不到需求的问题。

部分传统媒体反映，在数量上，引进的人才远远不能满足其各项事业发展的需求，尤其是特殊专业、高层次人才几乎引进不到；在质量上，公开招聘的人才由于是通过考试选拔，存在专业能力欠缺的问题，无法“拿来就用”，直接上手参与业务。行业的特殊性与传统的事业单位“逢进必考”存在矛盾，同时由于提供不了相应待遇，吸引不到社会优秀专业技术人才。这导致大量传统媒体的人才结构失衡且人员的专业素质参差不齐，

无法满足目前传统媒体广泛面临的网络化与数字化建设需要。

而在员工管理制度方面，部分传统媒体的管理体制和机制行政化、机关化色彩较浓；与今日头条等市场化媒体公司比较，文化氛围偏向保守；业务考评和薪酬激励上并没有完全形成良性机制，没有建立现代人力资源管理体系与 KPI 考核体系；强调等级制，内部沟通成本高，没有以团队的方式高效协作，缺乏职能部门进行有效率的统筹。这些因素都限制了传统媒体人才的发展上限。当人才价值无法实现时，传统媒体人才流失的现象就非常普遍。

整体而言，传统媒体中员工的问题大致可分为如下几个方面。

1. 媒体从业者的思想状态造就了不同的工作氛围。员工结构的老龄化，对于年轻员工的吸引力减弱，同时已经形成的氛围也变得更加封闭保守，排斥新员工的到来。

2. 媒体的技术更新无法跟上社会快速变化的节奏。这个也与传统媒体从业者的年龄有关，年龄较大的人往往由于工作的惯性，缺少对于新技术、新环境的适应和学习能力，从而会对市场上多变的新技术失去兴趣，进而无法生产出新的内容产品，形成恶性循环。

3. 对劳动成果的认知和态度，更多的看作是“制度的要求”而非个人的“成就”和“作品”。在传统媒体中从业人员往往认为自己是信息生产的一部分，那些成功的内容是集体劳动的成果，而非个人的成就。

二　发展：发展适应全媒体时代的人才结构与管理模式

人才的有效获取、激励与使用，是媒介融合最根本的一环。对人才招聘而言，传统媒体可以拓宽招聘渠道，通过互联网招聘平台发布招聘信息；优化招聘流程，设置多维度考核方式。

在人才结构方面，转型中的传统媒体需要各种人才，特别需要的人才有：新媒体内容生产型人才、产品经理、新媒体运营推广人才、数据与技术型人才等。对这些人才能力的要求也从单一变为多元。以新媒体内容生产型人才为例，新媒体内容生产型人才主要包括视频制作人才与文字内容制作人才。对于视频制作人才而言，需要具备新媒体视频策划、录制、剪辑与推广互动等能力，同时要了解不同视频平台的布局，掌握视频策划的思维和视频策划的方法，提供有价值的视频内容。对于文字内容制作人员而言，不仅需要具有较好的文字撰写功底，同时还需要有较强的文案策划能力。因为新媒体的内容制作不仅仅只是具有“新闻属性”，还包含诸多信息或资讯的要求。新媒体人才需要从过去面向新闻受众的“新闻采编”岗位走向面向新媒体用户的“内容生产者”。不仅要生产传统媒体时期的核心业务内容，同时要为各种组织或个人的微信公众号、微博、今日头条等自媒体提供内容。

在人才考核方面，对人才的评价与激励需要以 KPI 考核体系驱动，内容考核的指标尤为重要。新媒体上考核指标应区别于传统媒体，传统媒体以收视率为单一标准的考核方式显然不再适用新媒体环境。首先，新媒体环境下的考核指标相对多元，需要从多个不同维度进行考量；其次，相对收视率而言，这些指标测量难度更大，收集方式也更为复杂。

在内部培训体系上，传统媒体需要建立资源支持的培训体系。这主要是因为随着媒介融合的深化，转型对工作人员的要求正在不断提高，确实存在老员工掉队、不符合转型升级要求的情况。从长远来看，随着改革的深入，这一情况一定会更加严峻。良好的培训体系能合理规避新旧人才碰撞带来的组织架构风险，利于传统媒体媒介融合长期有效的转型推进。这也意味着建立起面向未来的培训体系，不仅需要从媒体的生产内容上，还要从经营指标层面和全媒体流程掌握的维度上，让每个环节的员工都具备整体的思考能力，强化与他人的沟通和协作水平。

整体思考能力的建设，意味着有不同专业背景的人，通力协作对整个组织的长远目标能够有一个清晰的认识。在这个基础之上，也应该建立起一套扁平化的组织形式，平等的沟通氛围，便于不同专业的人进行深度沟通，从而整合社会上不同专业领域的信息资源，形成自己的核心竞争力。同时也意味着增加组织自身差异化程度能够给社会提供创新的产品，从而吸引到独特的受众群体，这也为自身的发展、为组织的进步和独特性奠定良好的基础。

第四节　全媒体运营的发展趋势

全媒体的发展意味着采取多种媒介形式，以实现对信息的传播，并通过互联网的主流应用方式来实现融媒体转型的落实。伴随着移动互联网时代的到来，尤其是智能移动终端的普及，一些主流媒体的融媒体转型具体步骤往往是通过渗入智能移动终端，从而接近大众的新媒体生活，进而将互联网上 C 端的用户更好地纳入融媒体的移动平台之中，并进一步按照对新媒体的全新数字化管理的方式实现全媒体影响力。

相对于以往的传统主流媒体的发展来说，无论是曾经风靡一时的“内容为王”，还是颇具影响的“渠道为王”，现在都已经不再成为亘古不变的真理，也无法通过以往的经验来实现对现代媒介的经营，按照以往的传播规律更无法解释现阶段纷繁复杂且灵活多变的传播现象。好的互联网产品或是好的媒介平台，将不会仅仅只通过单一经验和维度，就能达到在媒介融合方面的全面成功。更大程度上，融媒体的成功是要基于对新技术的开发和对新生代用户的深度洞察，进而通过满足用户的需求来凸显融媒体平台或内容对于用户的价值感。

这就要求在特定场景下，基于用户大数据的积累，提供个性化的媒体内容服务以及由此衍生的其他相关服务，从而通过准确的、专业的、个性化的媒介定位让目标群体体会到方便和价值感。与以往传统行业一样，过去内容为王就是强调媒介文化产品为核心的生产资源组织。同样，只有通过互联网媒体介入人的生活，真正能够对以往习以为常的内容生产、运营、服务等多个阶段进行深度的、多角度的分析，切实做到以用户需求为核心，积极关注、平等地与用户进行沟通和交流，才能够真正使得我们的融媒体转型、面向移动互联网背景所构建的全媒体系列和社交媒体矩阵产生巨大的影响。

事实上，全媒体应该是一个更宽泛的概念，全媒体的建立并不仅仅是以媒体为中心，只要做好内容就可以了。全媒体应该把用户关系、传播的技术、媒介平台、媒介体系以及制作的元素和内容纳入整个传播系统之中，不应该仅仅强调它的媒体属性和信息双向传递的功能。事实上成功的全媒体是需要有基础的，需要覆盖人们生活的轨迹、应用场景以及需求，发展成功的全媒体意味着能够满足用户个性化的使用需求。毕竟，伴随着互联网技术的应用和发展，日常生活需求也实现了升级。包括更精准的信息、更贴心的服务、更便捷的生活已经成为网络服务的标配。因此，全媒体的发展空间意味着用户不断变换的生活场景和持续发展的需求，能与全媒体技术进步和在此基础上持续发展的媒介生态相匹配，并实现在宏观层面上的良性共生，通过产品的快速迭代和不断与用户需求的互动，最终高度渗透进人们的生活，成为人们日常生活的一部分。

全媒体最核心是“以人为本”，虽然所有的技术都是为了满足人的需求才获得了更多的资源以快速迭代和发展，然而，环境的进化和人需求的不断满足使得全媒体的发展是一个持续变化的过程。在此过程中，内容的生产只是满足用户需求的一部分，成功的媒介融合还需要覆盖更多的领域。例如，用户服务、平台运营、数字化的分析体系和智能媒体创新应用、智能算法的推荐和智能用户雷达的建立，这些都将有利于让未来的新媒体变得更加智慧，更能贴近人们生活，也更能服务目标群体。在未来数字化的大环境下，全媒体服务都是通过智能算法在多个层面上满足人们在个性化的媒介需要，这种润物细无声地满足用户需求的方式，恰恰是高科技技术应用的最好表现。

一　发现：全媒体是主流舆论形成的媒介环境

（一）全媒体代表着商业社会和政府声音的主流舆论

在目前这个实践的阶段，全媒体同样是代表政府主流声音或是主流舆论的策源地，同样承担着政府喉舌的功能，继承了传统主流媒体的宣传和信息传播的功能。想要服务好融媒体用户，既不能只靠官方权威的信息源和特定的信息源，也不能只靠文化工业背景下生产的视频新闻和报纸杂志，而是需要回归媒体对于用户的核心价值：为用户生产个性化的内容产品，不断提升其与媒介之间的关联。

同时，在商业社会的背景下，融媒体转型也同样需要有统一的品牌形象，在构建自身竞争力的同时也要适应商业社会对于新型媒体平台的要求。全媒体的特定功能或是产品的策划和生产，不仅需要传递整齐划一的产品风格，为了能够在新的场景和环境下获得新型的商业模式，获得更好的资源进而促进发展。与此同时，在形成或塑造主流舆论的场景下，也还需要承担以往传统媒体引导舆论、传递主流话语和声音的责任。

全媒体的成功，不仅要遵循政府对于舆论引导的要求，也需要满足商业对于融媒体的要求。这与以往传统媒体经营的商业模式基本保持一致，新商业模式的改良和存在意味着像传统媒体一样专注于自身文化产品和生产环节的专业主义结束。现阶段融媒体的发展需要满足党和政府舆论引导的需要，同时也需要满足商业社会发展的需求，但根本上都是为了实现为人民服务的目的。

（二）全媒体是包括传统媒体和互联网媒体在内的统一声音

传统媒体在向融媒体、全媒体转变的过程中，其核心的定位和功能依然没有变，包括组织结构和生产方式在内的传统媒体的运营思维依然存在一定的惯性。加上其独特的定位和生存的需求，必然会致使人们开始尝试按照统一的内容生产逻辑来供应全媒体运营所需的内容。同时，这也是媒体所具有服务社会的公益属性最好的体现，包括承担社会责任和进行社会价值观的引导和塑造。

在向融媒体进行转化的过程中，传统媒体不仅融合了互联网的新技术以实现良好的互动，而且在此基础上也对功能进行了优化。在内容资料共享、编辑、策划、使用环境以及传播渠道方面实现多样化和基于数据分析的优化，在充分应用数字技术的前提下引导用户相互交流沟通并建立社交关系，从而建立与用户之间的强关联和高黏性。

全媒体的打造，也意味着传播渠道和内容呈现方式的改变。信息传播方式的改变，不仅丰富了多种信息的媒体表现方式，也意味着能够适用于持续变化的多种传播渠道。然而，全媒体应用的核心目标在于多样化的渠道和媒体的智能化升级，更好地引导用户使用和接收信息，促进传播效果的提升。与此同时，表现形式和传播方式的多样化并不意味着内容本身的复杂多样，其生产和策划在全媒体内部的工作流程中，有统一的指挥协调机制；通过不同的把关和策划机制让信息本身变得更具有渗透性和传播性。

相对于以往传统媒体的内容生产流程，组成全媒体的多种形式和媒介是经过互联网改造并被赋能数字化提升的新型媒体形式，拥有丰富而相互协作的传播渠道和统一的内容传播管理机制。虽然对传统媒体转型带来了很大的挑战，但却在适应新的形势和提升传播效果方面效果卓著。多个领域与此同步发展，对于新媒体形式的深度理解，对于新技术的创新应用和新的运营管理方式，这些巨大的改变意味着从业者需要经过持续的系列培训，才能够与新的平台进行深度匹配，让全媒体具有良好的传播效果。同时，全媒体在肩负的引导社会价值体系和社会责任方面并没有改变，在传播形式和规律有所改变的基础上，仍然要承担党和政府宣传的功能，只是这种宣传从直接的信息传递变成了舆论引导。

（三）全媒体存在于动态变化媒介生态的基础之上

全媒体产生于传统媒体向新媒体的过渡和转变的过程中，是一种技术导向的媒介生态的改变，因此，伴随着新媒体技术的持续进步和发展，移动互联网的媒体形式也在逐步地发生变化。传统媒体向新媒体融合的过程中，在不断地利用新媒体的技术而逐渐地数字化和互联网化，伴随着技术基因的持续进步和用户的不断成长，无论是在媒介的生态还是用户的生产市场方面都在不断地进化，呈现出动态发展的势头，而这种变化都在朝着更好地满足媒介用户内在的新需求而演变。

因此，全媒体的存在基础依然是持续变化的，这就使我们无法用固定不变的方式，去看待全媒体的结构特点。它的存在是动态的发展过程，包括内容、组织、专业技能、新技术应用等多种维度，都呈现出快速变化的趋势。因此，关注媒介技术的进步能让全媒体的生态与整个互联网和用户使用习惯的发展保持一致，从而能够更好地判断方向和提前准备，以实现更大的成功，引领一切的发展。全媒体存在于社会现实之中，会让已有的媒介生态变得更加丰富多元，全媒体与媒介生态之间的关系变得更加融合。

二　建议：将新媒体技术应用于媒介的运营

（一）加强社交媒体和传统媒体舆论引导的功能

鉴于全媒体是在传统媒体的基础上实现的融媒体转型，并且具备互联网媒体的基因，即采取数字化网络传播技术和多媒体的应用，从而能够在新的互联网背景下更好地绑定用户、服务用户，满足用户不断提升的多方面需求。在这种背景下，媒体融合的方向应该被牢牢把握，必须要明确全媒体对于社会舆论的引领，明确自身的定位依然是国家喉舌，时刻牢记自己所肩负的社会责任。这种定位也进一步明确全媒体的存在，必须要通过引领舆论的发展方向，提供正确的舆论导向，来体现出自身对于社会的核心价值。

同样，融媒体的转型也意味着主要传播范围的变化。它意味着信息的传播从特定可控的官方媒体和渠道，转移到公共区域的社交媒体平台和互联网。这种转变意味着在技术和经营模式上的重要改变，媒体融合使得传统媒体不仅具有互联网的技术，而且共享商业媒体的平台和渠道。因此需要掌握互联网对于媒体经营所需要的特殊规律：从对于媒介渠道和传播内容的把握上，转变到以用户为中心的管理方式上。

管理的重点从对于内容的播控和策划，转变到以对用户管理为核心的内容生产上。其中，相比以往的传统媒介来说，对于内容的生产和传播只是媒体融合系统中的一个局部环节，系统化地认识传播渠道、用户关系、内容生产就需要对传播的渠道和媒介平台进行科学的统一管理，应该将网络上公共领域的信息传播纳入统一的信息管理体系，以实现对于舆论的引领和管控。可以预见，成功的互联网舆论信息管理将能显著减少负面信息的传播和网络暴力的发生，减少网络诈骗和暗网等影响互联网安全和健康发展的因素，从而杜绝有害信息的传递，创造更健康的网络舆论环境。

（二）结合用户反馈数据和媒介共生系统对内容的传播效果进行分析

互联网的核心特质之一就在于人与人之间的平等交流，社交媒体的核心本质在于人与人之间的关联，而社交媒体的信息双向互动为人际信息交流提供了技术上的支撑和可能性。因此从社交媒体上更容易获取用户的全面数据，这种包括主动行为、态度、价值判断和传播内容的全面记录，将会更加有助于了解用户的真实想法和核心需求。

传统媒体与互联网媒体最大的区别就在于，传统媒体是从点到面的传播，是有一个核心的信息源进行无差别的传播，同时也会进行大规模的无差别复制并向人群传播信息，人与人之间是没有沟通关联的，人与信息源之间的反馈是不平等的。这种模式的重点在于信息的传播，管理的重点也在于信息传播渠道。因此，进入互联网时代后，伴随着传统媒体所垄断的渠道失去技术领先的优势，大量的受众在互联网重建自己的内容消费渠道之后也就离开了传统媒体，同时在互联网上建立和调整信息获取渠道以及用户之间相互交往的方式。能否进入网络用户的注意力领域，能否被他们看见，将会是融媒体成功的基础。

媒体融合的新特征在于满足互联网传播的特殊属性。例如，通过多媒体的形式提供内容及平台，更好地方便互联网用户在自己熟悉的网络平台上获取信息和媒体内容，让用户能够通过网络平台发表见解以及建立丰富的人际关系。唯有如此，才意味着融媒体真正融合了互联网平台的技术特征，突破了原有传统媒体对于受众的限制，鼓励用户参与和建构信息的传播与互动。反之，如果还是鼓励传统媒体的那种技术限制和内容生产的惯性思维，那么融媒体也就无法融入整个互联网传播体系。虽然传统媒体所承载的内容不会有太多的用户，但在融合的起步阶段就应该树立互联网思维，把用户看作是可以交流并且延续传播的独立个体，尊重客户才会有持续发展的可能，才能不断地引起内容的裂变式传播和持续性迭代。因此全媒体需要像互联网媒体对待用户一样，更多地关注用户的反馈和所产生的数据，并依据这些数据来助力内容的策划生产和运营决策。

在融媒体时代内容传播效果的好坏不仅仅取决于内容本身，也取决于它所适应的环境、面对的人群、传播的渠道以及呈现的方式，所以对于传播效果的深度分析需要基于整个互联网平台运营的数据，以及网络用户的反馈和互动方式所留下的痕迹。唯有如此，才能够保证对于用户的理解和认知有的放矢，保证在此基础上的内容运营有据可依，保证经营成果和目标有标准可以衡量，保证发展和规划是科学可行的。

（三）媒介技术进步为全媒体的深化和发展拓宽了生存空间

目前许多广电和纸媒在进入互联网时代之后，面临前所未有的挑战，尽管有了更为广泛的内容传播空间，但一直无法把握全媒体概念的核心。全息媒体的提出，拓展了内容的承载空间，不再仅仅局限在图片文字，也不再有冗长的后期编辑、加工校对的过程。除此之外，虽然传统的媒体制作和传播成本较低，传播时效也未必更慢，但随着智能手机的大量普及，智能终端布局的限制和植根于智能手机的智能软件的应用，也会给内容的传播和主流媒体的运营带来极大的挑战。这是挑战也是机遇，挑战来自竞争激烈的互联网平台，机遇来自新的信息传播和消费模式，以及运营模式。所以媒介融合全媒体中的“全员”和“全效”媒体意味着既有网络社交媒体功能的加持，同时也为拓展新的传播方式带来了种种可能。

伴随着 VR/MR/AR、视频直播和可穿戴设备的发展和应用，媒体内容的“全息”化也为我们拓展了思路和承载的空间，不仅能够探索新媒体的新应用方式，而且还可以通过这种新型的应用来实现突围，进而嵌入年轻用户的日常生活中，探索一些新的应用场景，从而不断加深融媒体与大众日常生活的关联。面向未来，我们可以展望，在将来的应用场景中所有的功能也在不断拓展，不仅在虚拟空间中应用的场景可以实现，在现实环境中同样存在融合的可能。

融媒体的成功需要在新的技术条件下不断拓展其应用空间，挖掘在传统媒体历史发展中所积累下来的人才优势，通过提升专业的策划能力和跨界合作领域上的拓展，实现对媒介技术进行深度的研究和应用创新。同时，无论是在生产环节和还是运营环节，切实做到"以人为本"的经营理念，持续根据业务的流程配置相应的人力资源，并且组合成为有意义的组织和架构，以适应互联网传播的特殊性。与此同时，还应发挥大组织在资源和信任度方面的优势，持续跨界破圈与其他领域的组织机构进行协作，不断提升生产运营人员的技术能力和理论应用能力，从而在快速迭代的互联网环境中跟上节奏，逐步引领潮流。